데모스테네스 3

나남
nanam

한국연구재단 학술명저번역총서
서양편 455

데모스테네스 3

2025년 2월 25일 발행
2025년 2월 25일 1쇄

지은이   데모스테네스
옮긴이   최자영
발행자   趙相浩
발행처   (주) 나남
주소   10881 경기도 파주시 회동길 193
전화   (031) 955-4601 (代)
FAX   (031) 955-4555
등록   제 1-71호 (1979. 5. 12)
홈페이지 http://www.nanam.net
전자우편 post@nanam.net

ISBN 978-89-300-4187-4
ISBN 978-89-300-8215-0 (세트)

책값은 뒤표지에 있습니다.

이 책은 2019년 대한민국 교육부와 한국연구재단이 우리 시대 기초학문의 부흥을
위해 펼치는 학술명저번역사업의 지원을 받은 책입니다(2019S1A5A7069146).

한국연구재단
학술명저번역총서
455

데모스테네스 3

데모스테네스 지음

최자영 옮김

Demosthenes

데모스테네스 ③

차 례

데모스테네스 ④

데모스테네스 ⑤

일러두기

1. 이 책은 그리스어 원문과 영문판, 프랑스어판, 일본어판을 함께 참고하여 번역했다. 미국 Loeb 총서의 *Demosthenes*〔C. A. Vince 외 편집 및 번역, 1962~1978〕를 기본으로, 그 외에 그리스어 Kaktos 판본, *Demosthenes*(1994), 프랑스 Belles Lettres 판본, *Démosthène plaidoyers politiques*(O. Navarre & P. Orsini 편집 및 번역, 1954), 일본 京都大學學術出版會의 西洋古典叢書 《デモステネス 弁論集 1》(2006) 등을 참고했다.

2. 'demos(데모스)'는 민중, 민회(*ekklesia*), 행정구역으로서의 촌락 등 여러 가지 의미로 쓰인다. 행정구역을 지칭하는 경우, 구(區)로 번역했다.

3. 인명·지명 표기에 있어 외래어표기법보다 그리스어 발음을 우선시했다. (예: 아테네 → 아테나이, 테베 → 테바이, 다리우스 → 다레이오스)

4. 본문 중에 표기된 숫자는 고전 원문의 쪽수(절)이다.

5. 참고문헌 표기에 있어, 고대 문헌의 장과 절은 '12. 34.'와 같이 표기했는데 '12장 34절'을 뜻한다.

6. 고대 아테나이 화폐단위는 1탈란톤 = 60므나, 1므나 = 100드라크메, 1드라크메 = 6오볼로스이다. 탈란톤과 므나는 주조 화폐가 아니라 무게(*money*)로 측량하며, 드라크메와 오볼로스는 주조 화폐(*coin*)이다. 탈란톤은 소 한 마리 가격에 해당하며, 소의 팔과 다리를 사방으로 늘여 편 상태의 모양(머리는 제거)으로 만든다. 금속의 가치에 따라 1탈란톤의 은은 더 가볍고, 동은 더 무겁다.

20

면세특권 관련하여 렙티네스에 반대하여

해제

이 변론은 공적 사안 관련 소송으로, 기원전 355/354년 데모스테네스가 아직 젊은 나이였을 때 발표된 것이다. 당시 아테나이 도시가 특별하게 기여한 이들에게 주는 특혜는 도시에 대해 져야 하는 부담을 면제해 주는 것이었고, 이 특권은 상속되었다. 그런데 기원전 4세기 중엽의 경제적 어려움과 계속된 전쟁에 따른 재정지출이 막심한 상황에서, 356/355년 렙티네스는 이 같은 도시 부담으로부터의 면세제도를 없애자고 제안했다.

그는 면세제도의 폐기로 도시 재정 부담이 빈자에게 돌아가는 것을 막고 도시 재정에 숨통을 틔울 수 있을 것이라고 보았다. 이 제안은 불평등 완화와 도시 축제 기금 등의 확보에 도움이 될 전망이었으나, 이 같은 취지의 법이 도시법에서 요구하는 요식 절차를 누락한 채 통과되었다.

바티포스라는 이가 이 법이 불법이라고 고소했으나 재판이 열리기 전에 죽었고, 그 아들인 압세피오스가 고명한 장군 카브리아스의 아들 크테시포스와 함께 이 소송을 이어받았다. 크테시포스는 부친으로부터 면세특권을 상속받았는데, 이 법에 의해 손해를 본 사람이다.

이 소송은 당해 법의 합법성 여부에만 관련한 것일 뿐, 렙티네스 자신은 어떤 위험부담을 지지 않았다. 법을 제안한 이로서 사적으로 책임져야 하는 시효가 지났기 때문이다. 위법이라고 주장하는 측의 변호인은 포르미온과 젊은 나이의 데모스테네스였고, 전자가 먼저 발언하고 데모스테네스가 뒤를 이었다.

데모스테네스 발언의 요지는 도시를 위해 기여한 이에 대한 특혜를 거둔다면, 다음에 그런 기여를 하려고 하는 이가 없어지리라는 것이다. 이 변론에서는 데모스테네스의 다른 변론에서 보이는 치열함이 덜하고 자못 온건하며, 변론 기법에서도 아직 숙달된 상태에 도달하지 않은 것으로 평가된다. 이 변론에서 보이는 이 같은 특징들은 아직 데모스테네스가 약관(弱冠)의 나이에 머물렀던 사실을 보여 주는 것이라 하겠다.

이 소송의 결말은 분명히 알려져 있지 않다. 디온 크리소스토모스[1]가 전하는 바에 따르면, 이 법은 폐기되었다. 그러나 이후 특별히 기여한 이들에게 면세 특권이 부여되었다는 언급은 어디서도 보이지 않는다.

---

1 디온 크리소스토모스는 기원후 1세기 비티니아 지역 프루사 출신 헬라스인으로, 견유학파이며 스토아철학자이다. 80권에 달하는 그의 연설문이 남아 전한다. 티투스와 도미티아누스 황제 때 로마에서 거주했고, 도미티아누스에 의해 로마, 이탈리아, 비티니아 등지로부터 추방된다.

1. 배심원 여러분, 제가 이 소송에서 최선을 다하여 원고 측에 편 승한 것은 두 가지 이유 때문입니다. 하나는 이 법을 폐기하는 것이 도시에 득이 된다는 생각, 또 하나는 카브리아스[2]의 어린 아들을 위한 연민입니다. 분명한 것은, 아테나이인 여러분, 렙티네스나 또 다른 누구라도 이 법을 옹호하는 이는 그 정당한 이유를 아무것도 댈 수가 없다는 사실입니다. 다만 면세를 받는 이가 하잘것없는 몇몇 사람들뿐이라고 함으로써 그들의 주장을 정당화하려 하겠지요. 2. 누가 몇 사람을 비난한다고 해서 모든 이로부터 그런 특혜를 빼앗는 것은 부당하다는 점을 구태여 언급하지는 않겠습니다. 이런 점은 거론된 바 있고,[3] 또 여러분도 아마 그에 대해 알고 있을 것이기 때문입니다. 그러나 제가 기꺼이 렙티네스에게 묻고 싶은 것은, 몇몇이 아니라 이런 특권을 가진 모든 사람이 그가 말하는 하잘것없는 이들이라면, 그가 여러분을 이 용렬한 사람들과 같이 도매금으로 취급하느냐는 것입니다. "아무도 면세 처분하지 않는다"는 원칙으로 현재 면세특권을 가진 이들로부터 그 특권을 빼앗고, "지금부터 면세 처분하는 것은 불법"이라는 추가조항으로 여러분들로부터 면세특권을 부여하는 권한을 박탈하는 것이죠. 물론 지금 특혜를 누리는 이들이 그에 상응하는 자격이 없으며, 또 민중이 원하는 누구에게 그런 특권을 줄 권한이 없다는 말을 그가 대놓고 할 수는 없겠지요. 3. 그러나 실로 민중이 쉬이 속아 넘어가니까 그런 점을 염려하여 이런 식의 법안을 제안했다

---

2 카브리아스의 아들은 청년 크테시포스이며, 법을 비난하는 이들 가운데 속한다.
3 데모스테네스보다 먼저 발언한 변론인으로 포르미온이다.

고 변명할 수는 있어요. 정작, 이 같은 논리라면, 온갖 권리와 헌정 체제를 여러분이 박탈당하지 말라는 법이 있습니까? 모든 사안에서 그런 식으로 당하지 않는다는 보장은 절대로 없는 거예요. 수도 없이 여러분은 속아서 조령을 통과시키기도 하고,4 또 강한 쪽이 아니라 약한 쪽 동맹국에 편승하기도 했어요. 5 여러분이 많은 현안을 처리하면서 그 같은 일이 발생하고, 또 그런 것은 불가피하다고 저는 봅니다. 4. 그렇다고 해서 다음부터 의회나 민회가 어떤 현안에 대해서 예비안건을 심사6하거나 표결하지 말아야 하는 것이겠습니까? 저는 그렇게 보지 않습니다. 우리가 속는다고 우리 권리를 빼앗겨서는 안 되는 것이죠. 오히려 속지 않는 법을 배우고, 또 우리 권리를 뺏길 것이 아니라, 속인 자를 벌하는 법을 만들어야 하는 것이죠.

5. 이 문제는 당분간 비켜 놓고, 다음과 같은 현안을 생각해 보도록 하지요. 속아서 가끔 비열한 인간에게 특권을 부여하는 일이 있더라도 여러분이 면세특권 부여의 권한을 가지는 것, 아니면 그런 권한을 상실한 채 자격이 있는 사람으로 생각되는데도 특권을 부여할 수 없는 것 중에 어느 것이 더 좋을지 하는 것인데, 아마도 여러분은 전자가 더 좋다고 볼 것 같습니다. 왜냐고요? 마땅하게 자격이 있는 사람보다 더 많은 수에게 특권을 주면 많은 사람들로 하여금 여러분에

---

4   속아서 조령을 통과시킨 경우는 참조, 이 변론 §166; Aritophanes, *Nephelai*, 588.

5   잘못된 동맹의 선택 관련하여 참조, Isokrates, 4. 53.

6   *probouleuein* (*probouleuma*). 의회에서 법안 등 안건을 예비심사 (*probouleuma*) 하고, 이것을 민회로 넘기면 민회에서 토의 (*bouleuma*) 하여 결정한다. 고대 아테나이에서 의회는 예비심사를 할 뿐, 최종 결정권이 없다.

14

게 잘하도록 격려하게 되는 것이지만, 자격이 있음에도 아무에게도 특권을 부여하지 않는다면 서로 잘하려고 경쟁하는 것을 막아 버리게 되는 것이니까요. 6. 또 다른 이유도 있어요. 자격 없는 자에게 특권을 부여한 사람은 천진한 사람으로 간주되지만, 선을 행한 자에게 아무런 은혜를 베풀지 않은 사람은 고약한 사람이 되는 것이에요. 고약한 것보다는 천진한 것이 더 나은 것이므로, 이 법은 세우는 것보다 폐기하는 것이 더 낫죠.

7. 곰곰이 생각해 보면, 아테나이인 여러분, 면세특권을 누리는 사람들을 비난하는 이가 있다고 해서 은혜를 베푼 사람들로부터 특권을 빼앗는 것은, 제 소견으로는, 도무지 합리적인 것 같지 않아요. 면세특권 제도가 있으나, 비난하는 사람들이 주장하듯이, 그 누구든 특권을 누리는 사람들이 하잘것없고 무익한 사람이라고 한다면, 그래서 기여한 바가 있는 사람들에게 아무런 보상도 해 줄 수 없게 된다면, 어떤 상황이 발생하겠습니까?

8. 여러분은 다음과 같은 점도 고려해야 합니다. 지금도 유효하며 오래전부터 있었던 것으로서 렙티네스 자신도 좋지 않은 것이라고는 말할 수 없는 법에 따르면, 공적 부담은 각각 1년의 휴지기를 두고 지속되므로 반년은 면세 기간이 되는 것이죠. 이 반년의 기간은 여러분에게 아무런 공을 끼치지 않은 사람은 물론 모든 이에게 적용되는 마당에, 여러분에게 기여한 바가 있는 사람들에게 부여한 특권을 빼앗는단 말입니까? 그러면 안 되지요. 바람직하지도 않고 적절한 것도 아니니까요. 9. 아테나이인 여러분, 시장에서 사기를 치면 안 된다는 법이 있어요. 누군가가 사기를 친다고 해도 그것이 공적으로 해를 끼

치는 것이 아니에요. 그런데 도시가 개인들에게 적용하려고 만든 이 법을 공공생활에는 적용하지 않으려 하고, 도시에 기여한 사람을 기만함으로써 결코 적지 않은 해악을 끼치려는 것이 부끄러운 일이 아닙니까?

10. 돈을 잃지 않으려고만 할 것이 아니라 명예도 아껴야 하는 것이, 여러분은 돈보다 명예를 더 중시하고, 또 여러분뿐 아니라 여러분의 선조들도 그랬습니다. 그 증거가 있어요. 돈을 많이 벌어서는 명예를 위해 썼고, 명예를 위해서는 어떤 위험도 불사했고, 또 사재(私財)까지 죄다 털어 넣었어요.7 지금 이 법은 도시에 명예보다 수치를 가져오고, 또 여러분뿐만 아니라 여러분의 선조들에게까지 그러합니다. 세 가지 욕을 얻어먹게 되는데, 그것은 깍쟁이, 배신자, 은혜를 모르는 자입니다.

11. 아테나이인 여러분, 이 같은 법을 세우는 것은 여러분의 관습에 전적으로 어울리지 않습니다. 이런 점을 지난날 우리 도시에서 있었던 한 사례를 통해 간략하게 말씀을 드리도록 하겠습니다. 30인 참주가 페이라이에우스8 사람들에게 대적하기 위해 라케다이몬인들로부터 자금을 빌렸다는 말이 있습니다. 도시가 하나로 통합되고 상황이 진정되자 라케다이몬인들이 사신을 보내와서 돈을 요구했어요.

---

7 공적 장소. 참조, Demosthenes, 22. 26 이후.
8 많은 민주파 아테나이인은 30인 참주를 피해 페이라이에우스로 갔다. 기원전 403년 5월경 트라시불로스가 필레(아테나이 서북부)의 민주파와 함께 페이라이에우스에서 거사했다. 30인 참주는 스파르타 총독(*harmostes*)의 힘을 뒷배로 하여 이들에게 저항했다. 무니키아에서 양측이 충돌했고, 30인 참주가 패배했다.

12. 논의를 거쳤는데, 한편에서는 도시(아테나이 도심)에 있던 빌린 사람들이 갚도록 하자고 하고, 또 다른 한편에서는 화합9의 첫 번째 상징이 공동으로 빚을 갚는 것이라고 주장했어요. 그러자 민중(민회)은 스스로 빚 갚는 데 동참하기로 하고, 화합에 금이 가지 않도록 하자고 결정했지요. 그때, 아테나이인 여러분, 여러분은 약속을 어기지 않으려고 여러분에게 잘못을 범한 사람들을 위해 돈을 지불하기로 했어요. 그런데 지금, 이 법을 파기하기만 한다면, 돈을 부담하지 않고도 여러분에게 기여한 이들에게 보상할 수 있는 마당에, 오히려 신의를 버리는 편을 택하려는 건가요? 저는 거기에 동의할 수 없습니다.

13. 지금 우리 도시의 관습은, 아테나이인 여러분, 다른 많은 사안은 물론 제가 말씀드린 점을 통해 보더라도, 진실하고 유용합니다. 그리고 재물 관련해서는 최대의 이득이 아니라 어떤 것이라도 선을 도모하려 합니다. 그런데 이 법을 제안한 사람에 대해서 저는 잘 모르고, 또 그가 비열한 사람이라고 제가 평가하거나 그렇게 알고 있는 것은 아닙니다. 그러나 이 법을 통해 볼 때 그 성품은 우리 도시의 기풍과는 아주 다르다는 생각을 갖게 됩니다. 14. 제 소견에, 여러분이 그의 말을 듣고 이런 법을 세울 것이 아니라, 오히려 그가 여러분을 좇도록 하고, 이 법을 폐기하는 것이 더 좋을 것 같습니다. 또 도시가 렙티네스의 말을 따라 그와 같이 될 것이 아니라 오히려 그를 설득하여 도시의 기풍에 따라 거듭나도록 하는 것이 더 유익하다고 봅니다.

---

9   페이라이에우스 항구의 민주파와 아테나이 도심의 과두파 사이에 협상이 이루어져 아테나이가 다시 하나로 통합된 사실을 가리킨다.

그가 실로 쓸모 있는 사람이라 하더라도, 제가 잘은 모르지만, 도시의 덕성을 능가하지는 못할 것입니다.

15. 제 생각에, 배심원 여러분, 민중에 의해 수여되는 보상이 다른 정치체제에서보다 더 나은데, 지금 이 법이 그런 장점을 제거하려 한다는 점을 고려하신다면, 현안에 대해 여러분이 더 나은 판단을 하실 것 같습니다. 특권을 받는 자가 누리는 물질적 혜택과 관련하여 참주들이나 과두정치 체제를 가진 자들은, 원한다면 쉽게 선택된 이를 당장에 부자로 만들 수가 있습니다. 그러나 민중으로부터 부여되는 특권이 그 명예와 안정성에 있어 더 낫다는 사실을 깨닫게 될 것입니다. 16. 수치스럽게 아첨해서 받는 것이 아니라, 평등한 체제에서 선한 이들 가운데서 명예를 누릴 자격이 있는 사람으로 평가받는 것은 감사할 일이죠. 서로 평등한 사람들로부터 인정받는 것은 참주로부터 받는 것보다 더 가치 있다고 평가되니까요. 그들(참주나 과두) 사회에서는 미래에 대한 두려움이 현재의 기쁨보다 더 크지만, 여러분에게서는 한 번 받으면 상실할 것이 아닌가 하는 두려움 없이, 적어도 지금까지는, 누릴 수가 있어요. 그런데 이 법은 특권에 대한 믿음을 없앰으로써, 17. 여러분에게서 받는 특권을 더 나은 것으로 만드는 가치를 제거하려 하고 있어요. 실로 어떤 정치체제에서거나 따르는 무리들에게 감사를 표하는 권리를 제거하는 것은 결코 사소한 것이 아닌 보호막을 정치체제에서 제거하는 것과 같습니다.

18. 아마도 렙티네스는 이 같은 점에 대해 여러분의 주의를 희석하려고 다음과 같은 주장을 펼 수도 있어요. 지금 공적 부담이 빈곤층10에게 할당되지만, 이 법이 통과되면 가장 부유한 자들이 부담하게 될 것이라

고 말이지요. 이 말은 언뜻 들으면 일리가 있는 것도 같지만, 자세히 살펴보면 거짓이라는 게 드러나요. 우리들에게는 거류외인[11]이 지는 공적 부담과 시민들이 지는 부담이 있는데, 면세특권은 이 두 가지 경우에 각기 수여되어 왔고, 이것을 렙티네스가 없애고자 하는 겁니다. 그러나 전쟁, 도시 방어를 위한 특별세는 물론 삼단노선주의 부담은 전통의 법에서도 당연히 아무에게도 면세특권이 허용되지 않았고, 이것은 렙티네스가 특별히 언급한 하르모디오스와 아리스토게이톤의 후손들에게도 마찬가지에요.

19. 그러면, 렙티네스가 제안한 법에 따를 경우, 어떤 사람들이 공적 부담을 새로 지게 될 것이며, 만일 우리가 그의 법을 무시하는 경우, 얼마만큼의 사람들이 부담에서 면제되는 것인지 살펴보도록 하죠. 가장 부유한 삼단노선주들은 언제나 일반 공적 부담에서 면제되었어요. 반면, 재산이 빈약한 사람들은 부득이 면세 처분받기 때문에 이 법의 적용을 받지 않습니다.[12] 그러니 이(렙티네스) 법이 시행된다고 해도, 이들 양쪽 계층 어느 쪽에서도 새로이 공적 부담을 지는 이들이 늘어날 일이 전혀 없어요. 20. 그(렙티네스)는 거류외인이 많으므로 그들에게 부담을 지우면 된다고 대답할 수도 있죠. 그렇지만 그가 다섯 명이라도 불러 모을 수 있다면, 제가 헛소리를 한 것이라 인정하겠습니다. 그러나 사리가 그렇지 않죠. 오히려 기존의 (면세특권) 법을 그대로 둬야 공

---

10 *penetai*.
11 *metoikoi*. 아테나이의 거류외인은 시민과 같이 다소간 각기 형편에 따라 공적 부담을 져야 했다. 그런 경우 기여가 인정되면, 거류외인세를 면제받기도 했다.
12 통상 3탈란톤 이하의 재산을 가진 이는 공적 부담에서 면제되는 것으로 알려져 있다.

적 부담을 지는 거류외인이 그(5명) 보다 더 많아지고, 또 시민들도 삼
단노선주 부담을 지므로 면세받지 못해요. 사람들이 모두 (면세받는 이
없이) 공적 부담을 질 경우 도시에 어떤 득이 있는지 생각해 볼 것 같으
면, 그 이득이란 것이 도시가 당할 수모에 비하여 아주 보잘것없는 것
이에요. 21. 생각해 보십시오. 면세특권을 받은 이방인이 10명 있다고
칩시다. 사실은 맹세코, 제가 이미 말했듯이, 5명도 안 될 것이지만요.
시민들도 대여섯 명이 안 돼요. 두 경우를 다 합하면 16명이 되죠. 까짓
것 여러분이 원한다면, 20명 혹은 30명이라고 칩시다. 무창단 지휘
자,13 체육 담당자,14 연회 담당자15 등 해마다 돌아가는 공적 부담을 지
는 이가 도대체 몇이나 되나요? 60명 혹은 그보다 약간 더 많아요.

22. 한 해 30명의 코로스 비용 부담자를 더하기 위해서 우리 자신에
대한 세상 사람들의 불신을 야기할 필요가 있을까요? 그런데 우리가 참
으로 명심해야 할 것은 도시가 존재하는 한 많은 이들이 공적 부담을 질
것이고 절대로 사람이 부족하지는 않겠지만, 앞선 수혜자들이 부당한
대우를 받는 것을 보면 아무도 우리를 위해 봉사하려 들지 않을 것이라
는 점입니다. 23. 그래도 좋다고 칩시다. 그러나, 혹여 비극 상연 등
공적 부담을 질 사람들16이 아주 부족한 경우가 생긴다면, 신의 이름을
걸고, 비극 상연 기부자 등 부담17을 삼단노선주 부담18같이 공동납세

---

13 *choregoi.*
14 *gymnasiarchoi.*
15 *estiatores.*
16 *hoi choregein.*
17 *choregia.*

단19을 꾸려 운영하는 것, 혹은 기여자에게 부여했던 특권을 회수하는 것, 둘 중 어느 것이 더 좋겠습니까? 제 소견으로는 전자가 더 좋을 것 같습니다. 지금 렙티네스가 제안한 법에 의하면, 이들(30명)이 각각 공적 부담을 지는 기간 동안에만 다른 이들(60명)에게 유예 상황을 조성할 뿐, 그다음에는 모두 그전과 같은 부담을 져야 합니다. 반면, 공동납세단을 구성하면, 자신의 형편에 따라서 소액으로 공동부담금을 납부하고, 가진 자산이 아주 적다고 해도, 아무도 고통받는 이가 없게 되는 것이죠.

24. 그런데, 아테나이인 여러분, 어떤 사람들은 이런 취지에 전혀 이의를 제기하지 않다가, 아주 엉뚱하게도 반대 의견을 내기를, 한편으로 도시의 금고에 든 것이 없고, 다른 한편으로 개인들이 면세특권으로 부를 챙기는 것은 좋지 않다고들 합니다. 그런데 이 두 가지 말이 다 맞지 않습니다. 여러분에게 피해를 끼치지 않고도 큰 재물을 가진 사람을 시기하면 안 되지요. 만일 그 재산이 도둑질한 것이라든가 부당한 방법으로 얻은 것이라면, 그에 상응하는 벌을 주는 법이 있습니다. 그러나 우리에게 반대하는 이들은 그렇게 하지도 못하고, 그런 말을 할 권리도 없어요. 25. 현재 공공금고에 들어 있는 것이 없다는 점과 관련해서는, 면세특권을 없앤다고 공금이 더 늘어나지 않는다는 사실을 유념하십시오. 공적 부담은 나라의 세수나 자산과 아무 관

---

18 *trierarchia*(삼단노선주 부담). 이 변론이 발표되기 3년 전(357 B. C.), 페리안드로스 법에 의해 납세분담조합(*symmoria*, 복수형 *symmoriai*) 제도가 도입되었다.
19 *synteleia*.

련이 없습니다. 오히려 그런 것과는 무관한 두 가지 가능한 이득, 즉 부와 세인들로부터 얻는 신용 중에서, 지금 우리 도시는 두 번째 것을 얻을 수 있습니다. 만일 누가 재물 없이는 명예도 유지할 수 없다고 주장한다면, 바른 생각이 아니죠. 무엇보다 우리에게 돈이 많이 생기게 해 달라고 저는 신에게 빕니다. 그렇지 않으면 적어도 우리가 믿음과 의리는 유지하게 되기를 바랍니다.

26. 이들(반대편)은 일부 사람들이 면세특권을 누리면 그들의 재물만 늘리게 될 것이라고 말하지만, 그렇지 않고 오히려 여러분에게 득이 되는 예를 제가 들어 보겠습니다. 여러분이 알고 있듯이, 삼단노선주 부담을 지는 사람과 전시(戰時) 특별세를 내는 사람, 두 집단 모두 면세특권 가진 이는 아무도 없어요. 누구든지 재물을 많이 가진 이가 이 같은(두 가지) 부담을 많이 질 것 아닙니까?[20] 당연하죠. 이런데 충당하기 위해 도시에 풍부한 재물이 있어야 한다는 점은 모두가 동의하는 것이에요. 그런데 무창단 지휘자가 부담하는 비용은 하루 한순간 극장 공연 관객을 즐겁게 하지만, 전쟁을 위한 병력에 드는 돈은 온 도시의 안전을 지속적으로 지켜 줍니다. 27. 무엇이건 여러분은 여기서 준 것은 저기서 거두어들여요. 그래서 면세특권을 부여해도, 삼단노선주 부담을 질 정도로 재물을 가진 이는 그 면세의 덕을 보지 못하는 거예요. 삼단노선주 부담과 관련하여 어떤 이도 면세특권을 갖지 못 한다는 사실은 여러분 모두가 숙지하고 있는 것이라 제

---

20 이 같은 입장(돈은 필요가 생길 때까지는 부유한 이들의 손에 그대로 두는 것이 안전하다는 의견)이 이 변론과 같은 해에 발표된 Demosthenes, 14. 28에도 나온다.

가 생각합니다만, 서기가 그 관련 법을 여러분에게 읽어드리겠습니다. 자, 삼단노선주법을 들고 관련 부분을 읽어 주십시오.

법

9명의 장관(아르콘)을 제외하고는 아무도 삼단노선주 부담 관련 면세특권을 갖지 못한다. [21]

28. 보십시오, 아테나이인 여러분, 9명 장관을 제외하고는 아무도 면세받지 못한다고 법에 분명하게 규정되어 있지요. 그래서 재물이 적어 삼단노선주가 되지 못한 이들은 전쟁을 치르는 데 특별세를 부담하는 반면, 삼단노선주들은 삼단노선주도 되고 특별세도 부담하고 해서 이중으로 기여하는 거예요. 그런데, 렙티네스 씨, 당신이 제안한 법이 한두 개 부족에서 각기 무창단 지휘자를 한 명 내고, 그가 다른 사람 대신에 한 번 경비를 부담한 다음 그 의무에서 벗어난다면, 다수 사람들에게 무슨 도움이 되겠습니까? 제가 보기에는 안 될 것 같습니다. 오히려 전 도시의 명예와 신뢰를 갉아먹는 것이죠. 득보다 해를 훨씬 더 많이 끼치는 것이니 이 법을 여기서 폐기해야 하겠지요? 저의 생각은 그렇습니다.

29. 제가 말씀드릴 것이 또 있습니다. 배심원 여러분, 렙티네스의 법이 분명히 말하는 것은 "시민, 동일세 납부자,[22] 이방인, 그 누구

---

21 이 법조문은 후대에 삽입된 것으로 간주된다.
22 *isoteles*. 동일세 납부자는 거류외인 등이 참정권만 제외하고 시민과 같은 권한을

라도 면세받지 못한다"라는 것이에요. 그런데 어떤 종류의 면세를 받지 못 한다는 말입니까? 무창단 지휘자 부담인지 다른 특별세인지를 가리지 않고, 그저 "하르모디오스와 아리스토게이톤의 후손을 제외하고는 아무도 면세받지 못한다"라고 하고 있어요. 그리고 '아무도'라는 것은 모든 이를 포함한다는 것이고, '이방인'이란 것은 아테나이 땅에 거주하는 사람에 한정되는 것이 아니라는 뜻이거든요. 그러면 보스포로스의 통치자인 레우콘23과 그 후손들에게 여러분이 부여했던 특권도 빼앗는다는 뜻이 됩니다. 30. 레우콘은 출생으로 보면 물론 이방인이지만, 여러분이 아테나이인으로 받아들였어요. 그래서, 렙티네스의 법에 따르면, 레우콘은, 이 두 가지 신분 어느 쪽으로 보거나, 면세특권을 누릴 수가 없게 되는 겁니다. 24 더구나, 모든 다른 기여자들은 일시적으로 도움을 준 것이지만, 레우콘의 경우는, 곰곰이 살펴보신다면, 우리를 위해 도시가 필요로 하는 것 이상으로 지속적으로 봉사해온 사실이 드러납니다. 31. 실로 우리는 다른 곳 사람들보다 더 많은 곡물을 수입해야 한다는 사실을 여러분은 아시지요.

갖는다. 거류외인세를 납부하지 않고 또 소송 등에서 보호자(*prostates*)를 필요로 하지도 않는 것이 그러하다. 시민과 같이 공적 부담을 진다. 다만 구(*demos*)나 부족의 명부에 등재되지 않는다.

23 레우콘은 사티로스의 아들로 보스포로스의 왕이었다. 오랫동안 왕위(393~348 B. C.)에 머물렀고, 아테나이와 우호적이었다. 아테나이 배가 자기 땅에서 곡물을 싣고 아테나이로 오도록 편의를 도모하여 기여한 바가 있어, 아테나이 시민권을 부여받았다.

24 아테나이인에게만 적용되는 법이므로 이방인은 해당 사항이 없고, 또 아테나이 시민들도 면세 대상이 아니므로 이 법과 무관하다.

지금 흑해에서 우리 항구를 향해 오고 있는 곡물은 그 외 다른 모든 지역으로부터 들어오는 수입 총량에 맞먹습니다. 그런 사실은 놀라운 것이 아니지요. 그곳 지역은 곡물이 아주 많이 생산될 뿐 아니라 무역을 관장하는 레우콘이 아테나이로 곡물을 실어 나르는 상인들에게 면세 혜택을 부여했어요. 그러고는 여러분의 항구로 향해 오는 배들은 선적 특권을 누리게 하겠다고 공언했습니다. 레우콘은 자신은 물론 그 자식들까지 누리는 면세특권 혜택을 여러분 모두에게로 되돌려 준 거예요.

32. 그 혜택이 얼마나 되는지를 보십시오. 그가 자국 곡물수출상으로부터 30분의 1어치의 세를 거두어요. 지금 보스포로스에서 아테나이로 오는 것이 40만(메딤노스)[25] 정도 되는데, 이 숫자는 곡물 감독 위원들[26]의 장부에서 확인할 수 있습니다. 이렇게 30만 메딤노스에서 1만, 나머지 10만 메딤노스 가운데 3천 정도를 그가 우리에게 공여했어요. 33. 지금 그가 테우도시아[27] 무역항을 개설했는데, 거기서도 이 같은 혜택을 우리 도시로부터 박탈하려 하지 않아요. 우리네 상인들 말로, 그곳은 보스포로스에 조금도 뒤지지 않는다고 하는데, 그곳

---

25 *medimnos*. 솔론은 곡물 수확량에 따라 4계층으로 구분하여 국가의 부담을 달리 지웠다.
26 *sitophylakes*. 곡물 감독 위원은 아테나이에 5명, 페이라이에우스 항구에 5명이 있다. 이들은 곡물 거래, 생산 등을 감독한다. 참조, Aristoteles, *Athenaion Politeia*, 51. 3
27 밀레토스의 식민지로 크리마이아(크림) 반도의 동남쪽에 있는 테오도시아를 지칭한 것으로 추정된다.

에서도 그는 똑같이 우리에게 면세 혜택을 베풀었어요. 저는 이 사람 (레우콘) 은 물론 그 조상들에 의해 여러분에게 부여된 또 다른 혜택들도 말씀드릴 수도 있지만, 그만 생략하도록 하겠습니다. 다만 말씀드릴 것은, 재작년 전반적으로 곡물이 부족했을 때, 그가 여러분이 가용하도록 충분한 양뿐만 아니라, 칼리스테네스가 여분으로 쓸 수 있도록 은 15탈란톤에 달하는 양을 추가로 보내왔다는 사실이에요.

34. 그렇다면, 아테나이인 여러분, 법을 통해 그에게 주어지는 특혜를 여러분이 없애 버리고 이후 그런 특권을 수여하지 못 하도록 불법화했다는 사실을 그가 알게 된다면, 혹 여러분이 마음을 고쳐먹는다 한들, 여러분에게 이렇듯 호의적이었던 그에게서 여러분이 더는 무엇을 기대할 수 있겠습니까? 이 법이 가결된다면, 레우콘만 무언가를 잃는 것이 아니라 그의 나라로부터 곡물을 수입하는 여러분의 특권도 사라진다는 점을 여러분은 모르십니까? 35. 실로 여러분이 그에게 부여한 특혜를 취소하는 행위를 그가 묵인하고 자신이 여러분에게 베푸는 혜택을 그대로 유지하리라고 생각하는 이는 여러분 중 아무도 없겠죠. 그러니 이 법은 분명히 너무나 큰 불이익을 여러분에게 가져올 뿐 아니라, 여러분이 가진 자원의 일부를 당장에 상실하게 할 것입니다. 그런데도 여러분은 여전히 특권 부여의 기존 법을 없애려 하십니까? 그것은 여러분이 오래전에 결정한 것 아닙니까? 레우콘에 관한 법령을 가져와서 읽어 주십시오.

36. 레우콘이 여러분들로부터 얻은 특권이 얼마나 당연하고 타당한 것인지, 아테나이인 여러분, 이 조령들이 여러분에게 밝혀 줍니다. 이 조령들의 사본이 돌에 새겨져 여러분과 레우콘에 의해 보스포로스, 페이라이에우스, 히에론28 등에 세워졌지요. 이 (렙티네스의) 법에 의해 여러분이 끌려 들어갈 치졸함의 깊이, 그리고 그것이 개인보다 국가 신뢰도를 더 크게 낮춘다는 점을 생각하십시오. 37. 그곳에 기념비가 세워진 뜻은 다름 아니라 여러분이 수용하고 또 제안한 협약의 표시인 것인바, 레우콘이 그 협약들을 지키고 언제나 여러분에게 득을 주려 한다는 점이 명백한데도, 여러분은 서 있는 기념비들을 무효로 만들려는 거예요. 그런 짓거리는 아예 그것들을 끌어내려 없애는 것보다 더 안 좋은 것이에요. 세상 사람들이 우리 도시를 비난할 때, 그곳 기념비가 그들 말이 진실이라는 증거가 될 테니까요.

38. 보십시오. 레우콘이 사람을 보내어 무슨 연고로, 혹은 무슨 잘못으로 우리가 그의 특권을 없앴느냐고 묻는다면, 신 앞에 맹세코, 무슨 변명을 할 것이며 여러분을 위해 결정사항을 적는 사람이 무슨 말을 적겠습니까? 아마도 제 짐작에, 특권을 부여받은 사람들이 그만한 자격이 없는 것이라고 쓸 거 같군요. 39. 그렇다면, 레우콘이 이렇게 대답하겠지요. "그렇군요. 일부 아테나이인이 불량배이나 그것 때

---

28 히에론은 보스포로스의 아시아 쪽 곶으로, 흑해로 나가는 출구 쪽에 위치해 있다. 흑해에서 오는 곡물 실은 상선이 오가는 길에 이곳 히에론에서 정박한다.

문에 선량한 아테나이인들에게 주던 특권을 없애야 한다고는 생각하지는 않습니다. 오히려 (아테나이인) 민중[29]을 좋은 사람들이라고 보고 그들 모두에게 혜택을 베풀 것입니다". 우리들이 하려는 짓거리보다 그(레우콘)가 하는 말이 더 타당하지 않습니까? 적어도 제가 볼 때는 그렇습니다. 어떤 나라에서든 자신들에게 혜택을 베푼 사람들을 위해서라면, 비열한 이들도 오히려 그 혜택에 포함시키는 것이 세상 사람들의 관례입니다. 무가치한 이들이 있다는 핑계로 그만한 혜택을 받을 만하다고 인정되는 사람들의 혜택까지 없애려 하기보다 말이죠. 40. 아무리 생각해 봐도, 제가 보기에는, 누구라도 원하는 이가 레우콘을 상대로 재산교환[30] 소송을 걸지 않고 가만 내버려두지는 않을 것 같아요. 레우콘은 언제나 이 땅에 재산을 두고 있거든요. 이 법에 의해 누군가가 레우콘의 재산과 교환하려 한다면, 레우콘은 재산을 잃거나 아니면 어쩔 수 없이 공적 부담을 져야 하겠죠. 이런 상황에서도 그를 가장 곤혹스럽게 하는 것은, 금전 문제가 아니라, 자신에게 주어진 혜택을 여러분이 빼앗는다는 사실일 것입니다.

41. 아테나이인 여러분, 또 레우콘을 다치지 않도록 하는 데 유념하셔야 할 것은, 특권에 대한 관심은 궁핍이 아니라 명예 때문이라는 사실, 또 다른 어떤 이가 형편이 넉넉하여 여러분에게 기여한 바에 대해 당시 여러분에게서 받은 면세특권이 지금 그에게 없어서는 안 되는 것이라 여기지도 않을 것이란 사실입니다. 제가 누구를 두고 하는

---

29 *demos*.
30 참조, Demosthenes, 4. 36, 28. 17.

말 같습니까? 키레네의 에피케르데스죠. 31 그는 특권을 받은 사람들 가운데 그 누구보다 더 자격이 있는 사람이었어요. 그것은 그의 기여가 굉장하거나 특별해서가 아닙니다. 그것은 우리가 특권을 부여했던 사람들 가운데서도 우리가 베푼 은혜에 감사하는 사람을 찾기가 몹시 어려웠을 때, 그가 우리에게 은혜를 베풀었기 때문이지요. 42. 당시 그의 공덕을 기려서 통과된 조령에 의하면, 에피케르데스는 그때 시켈리아에서 구금당하여 질곡에 처해 있던 우리 동향인들에게 1백 므나를 기부함으로써 굶주림에 죽어가던 그들을 구하는 데 앞장섰습니다. 그 후 여러분이 그에게 면세특권으로 보상했는데, 이후에도 그는 30인이 들어서기 직전 일어났던 전투에서 사람들이 자금이 없어 시달리는 것을 보고 그들에게 임의 기부로 1탈란톤을 내놓았어요.

43. 제우스와 신들의 이름으로 아테나이인 여러분, 여러분 스스로 자문해 보십시오. 한 사람이 여러분에 대한 자신의 선의를 어떻게 그 이상으로 분명하게 내보일 수 있는지를 말입니다. 아니면 나라의 재앙을 목격한 최초의 사람으로서, 그가 영광을 기리는 승자에 편승하지 않고 오히려 패자의 편을 들어서 언젠가 그 패자가 되돌려 줄지도 모르는 그런 호의를 기다린 것이라면, 우리에게서 학대받기에 그런 그보다 더 부적합한 사람이 있겠습니까? 그 후에도 더한 궁핍이 휩쓰는 것을 보고 그는 한 번 더 시혜자가 되어서, 사재(私財)를 모으려 하지 않고, 다만 여러분의 대의가 실패하지 않도록 뒷받침하는 데 노

---

31 에피케르데스 관련 정보는 다른 곳에는 전하지 않는다. 기원전 415~413년 시켈리아 원정 당시 발언할 때, 상당히 연로했을 것으로 추정된다.

심초사했습니다. 44. 그 같은 위기에 즈음하여 실제 행동으로 자신의 재산을 민중들에게 나누어 주었으나 형식적이고 명예뿐인 면세특권을 얻었던 이 사람이 여러분들에게서 빼앗기게 될 것은 면세특권이 아니라, 여러분을 향해 그가 가졌던 신뢰입니다. 왜냐하면, 그가 면세특권을 받았으나 실제로 그 혜택을 누려 본 적이 없음이 명백하기 때문이지요. 신뢰를 상실하는 것보다 더 큰 불명예가 어디 있겠습니까? 이제 여러분은 그의 명예를 기려서 통과된 조령의 내용을 듣게 될 것입니다. 그리고 살펴보십시오, 아테나이인 여러분, 이 법으로 얼마나 많은 조령들이 폐기될 것인지, 얼마나 많은 이들에게 피해를 줄 것인지, 그리고 얼마나 많은 기회에 그들이 여러분을 위해 스스로 희생하려 했는지를 말이지요. 그렇다면, 여러분은 이 법이 가장 어울리지 않는 사람에게 당치 않은 피해를 끼치게 된다는 점을 깨닫게 될 것이니까요. 자, 읽어 주십시오.

조령

45. 배심원 여러분, 에피케르데스가 어떻게 기여하여 특권을 수여받게 되었는지 조령을 통해 들으셨습니다. 그가 여러분에게 100므나하고 다시 1탈란톤을 주었는지 하는 점에 대해 개의치 마십시오. 제 생각에는 그 돈을 받은 이들은 그가 베푼 돈의 양이 아니라 그의 성의, 자발적 행위, 그리고 그가 택한 시기에 감동하는 것이기 때문입니다. 46. 우리를 위해 헌신하려는 모든 이들에게는 똑같은 보상이 주어져야 하겠으나, 위기 시에 친구가 되어 준 사람들에게는 특별한

배려가 있어야 합니다. 분명히 에피케르데스가 그와 같은 이죠. 아테나이인 여러분, 그런 기여에 대해 우리가 아무런 배려를 하지 않고, 또 아무 잘못도 없는데도 그 시혜자의 아들들로부터 보상을 없애 버린 것이 드러난다면 우리의 수치가 아니겠습니까? 47. 그에 의해서 생명을 부지했고 그에게 이 면세특권을 부여했던 이들이 그것을 그로부터 빼앗으려 하는 여러분들과 다른 세대라고 해도, 그런 이유가 그 행위의 악랄함을 면제해 주는 것이 아닙니다. 아니, 그 점이 바로 잔인한 것입니다. 그(에피케르데스)의 관대함을 알고 경험한 사람들은 이렇게 보답할 가치가 있다고 여겼지만, 이야기를 전해 듣기만 한 우리들이 그런 특권을 부당한 것이라 하고 취소하려 한다면, 일반적으로 행해지는 잔인함보다 더 큰 죄를 짓는 것이 아닐까요? 48. 이 경우와 관련한 저의 주장은 400인 체제[32]를 무너뜨린 사람들, 그리고 추방되어 민주파를 도왔던 이들에게도 똑같이 적용됩니다. [33] 조령으로 그들에게 주어진 보상의 일부가 취소된다면 그들 모두가 무자비하게 대우받는 것이라고 저는 생각하기 때문입니다.

49. 여러분 중 누구라도 지금 우리 도시가 그 같은 시혜자를 필요로 하지 않는다는 말에 넘어가신다면, 상황이 그렇게 되기만을 그가 신들에게 기도하도록 하시고, 저도 그 기도에 동참하겠습니다. 그러나 동시에 그가 반성하도록 할 것은, 첫째, 폐기되지 않는다면, 효력

---

32 아테나이 과두정부 수립은 기원전 411~410년이었다. 참고로, 30인 참주정부(404/3 B. C.)가 수립된 것은 그로부터 약 6년 후 펠로폰네소스 전쟁의 종전 직후였다.

33 30인 참주정부 시기의 일이다.

을 발생하게 될 법의 거취를 두고 투표하는 것이라는 점, 둘째, 사악한 법들은 잘 유지되고 있는 것으로 보이는 도시들도 파멸시킬 수 있다는 점입니다. 위기에 처하여 유용한 대책, 좋은 법, 유능한 사람들, 모든 사안에서의 질서 유지 등에 의해 더 좋은 방향으로 인도되지 않는다면, 정치체제는 다소간에 발전하지 않을 것이고, 또 완벽한 번영을 누리는 것 같은 나라들의 경우에도 소홀하면 점점 쇠퇴하게 되는 것이지요. 50. 많은 이들이 튼튼하게 계획을 짜고 아무것에도 소홀함이 없을 때 번영을 이룬다 해도, 같은 방식으로 그것을 지키는 수고를 하지 않기 때문입니다. 그 같은 실수를 오늘 여러분이 하는 일이 없도록 하시고, 번영하고 있는 우리 도시의 명예에 먹칠하게 될 법에 찬성하려는 생각을 버리시고, 또 언제라도 위기가 닥치면 도시를 위해 봉사하려는 사람들이 줄어들도록 하는 일이 없도록 하십시오.

51. 아테나이인 여러분, 부당한 지경에 처하지 않도록 여러분이 배려해야 하는 이들로 말하자면, 얼마 전 포르미온34에 의해 보고되었고 또 지금 제가 말씀드리는 그같이 막중한 위기를 당하여 사재를 털어 여러분을 도운 이들뿐 아니라, 또 다른 많은 이들이 있습니다. 라케다이몬인들에게 대항한 싸움에서, 그들 자신의 도시의 명운을 통째로 걸고 우리와 동맹을 맺고, 여러분의 도시를 위해 말과 행동으로 도왔던 사람들이 그들입니다. 52. 이들 중 일부는 여러분에게 베풀었던 선의 때문에 조국조차 보존하지 못했습니다. 첫 번째 사례로 제가 소개할 것은 코린토스의 망명객들입니다. 이 이야기는 여러분

---

34 이 재판에서 포르미온은 데모스테네스를 상대로 한 공동 고소인이다.

가운데 연로한 분들의 전언을 통해서 제가 들은 것에 불과하다는 점에 대해 미리 양해를 구합니다. 그들의 전언 중 우리에게 쓸모 있었던 몇 가지 사례들은 제가 생략하도록 하겠습니다. 다만, 코린토스[35] 근처에서 라케다이몬인과 굉장한 전투가 벌어졌고, 그 전투가 끝난 다음, 그곳(코린토스) 주민들이 우리 군대를 성안으로 들어오지 못하도록 하고, 라케다이몬인들과 협상하려고 사신을 파견하기로 결정했어요. 53. 그런데 이들(코린토스 망명객)은, 그날 아테나이인이 패배하고 우리의 적군(라케다이몬인)이 길목을 장악하고 있는 사실을 알면서도, 우리를 배반하거나 그들 자신의 안전을 구하지 않았고, 오히려 펠로폰네소스의 전체 무장 병력이 지척에 있는 상황에서도 다수의 뜻을 무시한 채 성문을 열고 우리를 맞아 주었습니다. 이렇듯, 그들은 여러분을 배반하거나, 위험부담 없이 자신의 안전을 도모한 것이 아니라 전투를 치룬 여러분들과 함께 어떤 일이 닥쳐도 감내하기를 택했던 것입니다. 이렇게 그들은 우리 군대를 영입하여 여러분과 여러분 동맹군 양측을 모두 구해 주었습니다.

54. 그 후 라케다이몬인과 안탈키다스[36] 평화조약이 체결되자 라케다이몬인들은 그들의 행위를 벌하여 추방했지요. 그러나 여러분이 그들에게 피난처를 제공했고, 선하고 진실한 사람의 도리를 다했습니다. 법령을 통과시켜 그들이 원하는 모든 것을 들어주었으니까요. 그런데 실로 지금 우리가 그 법령들이 유효한가를 가지고 논란을 벌

---

35 이 전투는 기원전 394년에 있었다.
36 참조, Demosthenes, 15. 26.

이고 있습니까? 안 되지요. 아테나이인들이 자신에게 은혜를 베풀어 준 사람들에게 부여한 것을 그대로 보유하도록 할 것인지의 여부를 두고 논의한다는 사실이 알려진다면 그런 소문 자체로서 불명예가 될 것입니다. 그런 문제는 오래전에 논의되었고 결정이 났던 것이기 때문이지요. 그 조령을 여러분에게 읽어 주십시오.

조령

55. 배심원 여러분, 여러분 때문에 추방된 코린토스인들을 위해 여러분에 의해 통과된 조령은 이와 같습니다. 그러나 생각해 보십시오. 만일 누군가 그런 위기 상황을 알고 있는 사람이 있어, 직접 목격하거나 사실을 알고 있는 사람들로부터 전해 들었거나 간에, 그가 이 법으로 일단 수여된 특권이 폐기된다는 말을 듣는다면, 그 법을 만든 우리들의 비열함을 어떤 식으로 비난하겠습니까! 그리고 우리가 곤경에 처했을 때는 그들에게 그렇게 관대하고 자상했으나, 일단 우리가 원하던 것을 다 충족시키고 나자 그렇게도 배은망덕하고 치사하게 그들이 누리는 특권을 빼앗고 앞으로 그런 특권을 부여하지 않는 법을 제정하다니요! 56. 우리는 "아, 그런 게 아니고, 그들 중 어떤 이는 특권을 누릴 자격이 없거든요"라고 말할 수도 있겠지요. 그들의 주장에는 그 같은 사고방식이 흐르고 있어요. 그렇다면, 우리가 고백해야 할 것은, 한 사람의 공은 상이 주어질 때 검토되어야 하는 것이지, 무한정 시간이 흐르고 난 다음 평가하는 것이 아니라는 사실을 우리가 고려하지 못 하고 있다는 사실입니다. 애초에 아무런 상도 내리지

않겠다고 판단할 수는 있으나, 주었던 것을 빼앗는 것은 심술 때문이라, 여러분들은 그런 동기를 가진 것으로 비쳐서는 안 되겠지요.

57. 더구나, 부득이 이실직고하는 것이 좋을 것 같아, 주저 없이 여러분에게 말씀드리도록 하겠습니다. 도시의 경우는 개인이 하는 것과는 다른 방식으로 공을 평가해야 한다고 봅니다. 왜냐하면, 그 평가 대상이 같지 않기 때문입니다. 사생활에서 우리 각기 결혼해서 가족이 되는 데 적합한 사람을 찾으려 하는 등, 그 같은 부류의 일들이 있고, 그런 문제들은 관습과 취향으로 결정되는 것이죠. 그러나 도시의 공적 사안에서는 민중이 자신을 위한 기여자와 구원자를 찾는 것이고, 그런 문제는 출생이나 의향이 아니라 명백한 사실을 기준으로 최선의 결정에 이르게 됩니다. 그래서, 우리가 도움을 필요로 할 때, 누구라도 원하는 이로 하여금 기여하도록 하지만, 일단 편익을 보고 난 다음에 그 기여한 이의 사람 됨됨이를 이러쿵저러쿵 따집니까? 그런 것은 실로 바른 처사가 아니지요.

58. 또 이런 말도 나올 수도 있겠네요. 피해를 본 것은 제가 언급한 이들뿐이고, 제가 지적한 말들이 오직 이들에게만 해당되는 것이라고요. 그러나 그것은 진실이 아닙니다. 제가 여러분을 위해 기여한 이들과, 이 법이 폐기되지 않는 한, 그 법에 의해 특권을 박탈당하게 될 사람들을 제가 다 밝혀낼 수는 없는 일이지요. 다만 한두 개 조령에 대해 여러분에게 말씀드리는 것으로서, 이 문제에 대한 논의를 마감할까 합니다.

59. 무엇보다 첫째, 여러분이 엑판토스를 지지하는 타소스 사람들에 대해 그 특권을 폐기한다면 그들을 해치는 것이 되지 않을까요? 라

케다이몬인 수비대를 추방하고 트라시불로스를 받아들임으로써 타소스를 여러분 손에 넘긴 사람들 말이에요. 37 그들이 자신의 나라를 여러분에게 넘김으로써 그들은 트라케와 인접한 지역의 동맹을 여러분 쪽으로 견인하는 역할을 했지 않았습니까? 60. 둘째, 비잔티온을 트라시불로스에게 넘김으로써 여러분을 헬레스폰토스의 지배자로 만들어 10분의 1세를 거둘 수 있도록 했고, 그래서 자금을 쉬이 조달하여 라케다이몬인들로 하여금 여러분에게 유리한 조약을 맺도록 유도한 아르케비오스38와 헤라클레이데스39에게 부당한 대우를 하는 것이 아닐까요?40 결국 그들이 추방되자, 여러분을 위해 헌신하다가 추방된 이들을 위하여, 제가 보기에도 적절한 조령을 통과시켜서, 그들에게 특별대우영사, 41 시혜자의 직함과 면세특권 등을 부여했지요. 여러분을 위하다가 추방되었던 그들은 여러분으로부터 마땅한 보상을 받은 것이었어요. 그런데 그들이 아무 잘못도 하지 않은 마당에, 우리가 그들에게서 특권을 빼앗아야 하겠습니까? 그런 짓거리는 철면피한 것이지요.

61. 여러분이 다음과 같이 생각하신다면, 가장 합당하게 상황을 처리하는 것이 될 것 같습니다. 지금 피드나 혹은 포테이다이아, 혹은 필리포스에게 종속되어 여러분에게 적대적인 다른 어떤 지역, 예를

---

37 기원전 389/388년 엑판토스와 그 추종자들이 트라시불로스에게 타소스를 넘겼다
38 참조, Demosthenes, 23. 189.
39 헤라클레이데스는 안탈키다스 평화조약 협상에 기여했다.
40 트라시불로스는 기원전 390년 비잔티온을 장악하여, 헬레스폰토스에서 흑해로 들어오는 상선을 관할하는 권리를 얻게 되었다.
41 참조, 이 변론 §131.

들면, 타소스나 비잔티온이 라케다이몬인에게 우호적이어서 여러분에게서 떨어져 나간 것과 같은, 그 같은 지역에서 권력을 장악한 무리가 그 도시들을 여러분에게 넘기는 대신 여러분이 타소스의 엑판토스와 비잔티온의 아르케비오스에게 수여한 것과 같은 특권을 요구하는 경우에 대해 생각해 보십시오. 62. 거류외인 가운데 일부 선택받은 자들이 공적 부담을 면제받는 것은 바람직하지 않다고 생각하여, 이곳에 앉은 분들 가운데 일부가 그들의 제안을 거부한다고 생각해 보십시오. 그런 경우 여러분은 그들의 주장을 어떻게 받아들이겠습니까? 여러분은 그런 심술에 찬 궤변론자들의 말을 거부하려 하지 않겠습니까? 그렇다면, 이익이 될 때는 그런 반대를 심술이라고 생각하는 반면, 지금 과거 시혜자들에게 부여했던 특권을 폐기하자는 제안은 솔깃하다면 수치스러운 일입니다. 이제 다른 주제로 넘어가 보십시다.

63. 피드나와 또 다른 곳을 필리포스에게 넘긴 이들은 무엇 때문에 우리를 버린 것일까요? 필리포스가 그들의 헌신에 보답할 것이라고 계산했을 것이라는 사실이 모든 사람들 눈에 명백하지 않습니까? 그렇다면, 렙티네스 씨, 당신은 어느 쪽을 택하시겠습니까? 우리들 적으로 하여금, 당신이 재량할 수 있다면, 우리를 해치고 그들에게 이익을 가져다준 이들에게 영예를 수여하지 않도록 사주할 것인지, 아니면 우리에게 이익을 가져다준 시혜자들이 누리는 특권의 일부를 박탈하는 법을 우리가 제정하도록 할 것인지 말입니다. 제 소견에는 전자가 나을 것 같군요. 그러나 지금 다루는 문제에서 너무 멀리 벗어나지 않도록 타소스인들과 비잔티온인들을 기리기 위해 통과된 조령들을 들고서 읽어 주십시오.

조령들

64. 배심원 여러분, 여러분은 조령들을 들으셨습니다. 아마도 언급된 사람들 중 일부는 더 이상 이 세상 사람이 아닐 것입니다. 그러나 그들이 이룬 행적은 일단 이루어진 이상 영원히 남습니다. 그래서 이 기념비들은 영원히 그 가치를 인정받아야 하고, 그들 중 누구라도 살아 있는 한 여러분들로부터 홀대받지 않고, 또 죽어서도 이 기념비들은 우리 도시의 덕성을 기릴 것이며, 우리를 위해 헌신하려는 모든 사람들에게 많은 시혜자들이 어떻게 그 보답을 받았던가 하는 사실의 증거로서 영향을 미칠 겁니다. 65. 실로, 아테나이인 여러분, 여러분이 망각하지 않도록 제가 부탁드리고 싶은 것은 다음의 사실입니다. 여러분을 위해서 이들이 당한 불행이 그들 자신에게는 영원한 것으로 남지만, 그들이 그 대가로 여러분에게서 받았던 특혜가 지금 폐기되려 한다는 사실을 세상 사람들에게 보이고 알리는 것이 아주 수치스럽다는 사실 말이지요. 66. 불운[42]에 처한 그들로부터 여러분이 부여한 포상을 빼앗기보다는, 그 특혜를 보유하도록 함으로써 그들의 아픔을 달래어 주는 것이 훨씬 더 타당할 테니까요. 제우스의 이름을 걸고, 제가 여러분에게 드리는 질문은, 실패할 경우 여러분의 적으로부터 바로 보복받을 위험이 있지만, 성공한다 해도 여러분으로부터 받게 될 대가마저 불확실할 때, 여러분을 위해 헌신하기를 택하는 사람이 과연 있을 것이냐는 것입니다.

---

42 불운의 추방에 대해서는 참조, Isokrates, 14. 48.

67. 배심원 여러분, 만일 제가 이 법에 반대하는 이유가 많은 이방인 시혜자로부터 면세특권을 뺏는 것만 염려할 뿐, 우리 동향인들 가운데 명예를 수여받을 만한 이가 있다는 점을 지적하지 못하는 것으로 보인다면, 실로 저는 아주 곤혹스러워할 겁니다. 속임수가 아니라 저의 바람은 여러분에게 온갖 혜택이 가득하고, 가장 고귀한 이들과 최다수의 시혜자들이 동향 시민들이었으면 하는 것이기 때문이에요.
68. 무엇보다 먼저 코논[43]의 경우 여러분은 그 혹은 그의 활동에 대한 불만이 그에게 주어진 특권을 폐기하는 사실을 정당화할 수 있는 것인지를 반성해야 합니다. 그와 동시대인인 여러분 중 일부가 증언할 수 있듯이, 추방되었던 민주파들이 페이라이에우스에서 귀환한 직후 우리 도시는 전력이 너무 빈약해서 배가 한 척도 없었는데,[44] 장군으로서 페르시아인을 도우면서 여러분들로부터 어떤 도움도 받지 못했던 코논이 바다에서 라케다이몬인을 격퇴하고, 그리스의 모든 참주들이 여러분에게 경의를 표하도록 만들었어요. 그는 섬들로부터 총독[45]

---

43 코논은 티모테오스의 아들로, 펠로폰네소스 전쟁 때 아테나이 해군지휘관이었다. 기원전 405년 여름 아이고스포타모이 해전에서 패배한 다음 키프로스에 있는 친구 에우아고라스에게로 갔다. 기원전 399년 페르시아 왕과 협상을 시작했다. 총독 파르나바조스의 원조를 받아, 고명한 크니도스 전투에서 스파르타의 해군사령관 페이산드로스를 격파했다. 그 후 에게해에서 스파르타 총독(harmostes)을 추방했고, 아테나이에 장성(長城)을 쌓는 데도 관여했다. 아테나이는 그의 기여에 감사하여, 면세특권을 부여하고 청동 등신상을 건조했다 이것은 기원전 6세기 말 아테나이 참주 살해자 하르모디오스와 아리스토게이톤 다음에 그 같은 영광을 얻은 첫 번째 시민이 되었다. 참조, 이 변론 §70.
44 펠로폰네소스 전쟁이 끝난 다음 아테나이는 12척의 배만 남기고 다른 모든 배를 파기하도록 강제되었다.

들을 소탕했고, 이곳 아테나이로 와서는 성벽46을 재건했지요. 그는 헬라스의 패권 문제를 다시 한번 아테나이와 스파르타 간에 분쟁의 씨앗으로 점화한 첫 번째 인물이었어요. 69. 실로 세상 사람들 가운데 그만이 비문에 "코논이 아테나이인들의 동맹국들을 해방시켰기 때문에"라고 적혀 있어요. 배심원 여러분, 이 비문은 여러분 자신을 위해서 코논에게 주어진 영광이며, 여러분들에게 주어진 영광은 전체 헬라스인을 향한 것입니다. 우리 가운데 누군가가 다른 곳 사람들을 위해 은혜를 베풀게 된다면, 그 영광은 우리 도시의 이름으로 돌아오는 것이니까요. 70. 그래서 그의 동시대인들이 그에게 면세특권을 부여했을 뿐 아니라 청동으로 그의 조각상47을 만들어 세웠고, 그는 하르모디오스와 아리스토게이톤 이래로 그런 명예를 부여받은 첫 번째 인물이 되었습니다. 그들 생각에 그는 라케다이몬인들의 제국을 타도함으로써 의미심장한 참주정을 종식시켰던 것입니다. 그러니 여러분이 제가 드리는 말씀에 좀 더 관심을 기울이도록, 여러분이 코논을 위해 통과시킨 조령들을 서기가 읽어드릴 것입니다. 읽어 주십시오.

---

45 *harmostai*. 총독이란 라케다이몬인 지배자로서, 라케다이몬(스파르타)이 펠로폰네소스 전쟁에서 승리한 후 곳곳에 총독을 두어 지배했다.
46 아테나이 성벽은 펠로폰네소스 전쟁이 끝난 기원전 404년에 파괴되었다가, 기원전 394년에 재건되었다.
47 코논의 조각상은 아고라의 '왕의 스토아'에 있었고, 그 옆에 그의 친구인 키프로스 참주 에우아고라스의 조각상도 있었다.

조령들

71. 실로, 아테나이인 여러분, 코논은 제가 말씀드린 그런 공적에 의해 여러분만이 아니라 다른 많은 이들에 의해서도 명예를 수여받았 습니다. 그들도 자신이 입은 은혜에 감사의 정을 표하는 것이 마땅하 다고 생각했던 것이죠. 그러니, 아테나이인 여러분, 다른 곳 사람들 에게서는 그가 받은 특권이 유지되는데, 여러분들에게서만 그것을 빼앗긴다면, 그것은 여러분의 수치가 될 것입니다. 72. 들리는 소문 에 따라 공적이 있다고 판단하여 그가 살아 있을 동안 많은 명예를 수 여해 놓고는, 죽고 나니 그 공적을 망각하고는 수여한 특권의 일부를 없애려 하는 것은 바람직한 것이 아니죠. 아테나이인 여러분, 그가 이룬 많은 업적이 칭찬의 대상이 되고, 그 모든 업적들이 그에게 수여 한 특권 박탈을 부당한 것으로 만들지만, 그중에서도 가장 값진 것은 장벽의 재건입니다. 73. 이런 점은 당대 가장 유명한 인물이었던 테 미스토클레스가 그 같은 업적을 이루었던 사실에 비추어 본다면, 누 구라도 깨닫게 될 것입니다. **48** 역사가 전하는 바에 따르면, 테미스토 클레스는 동향인들에게 성벽을 건조하도록 사주하고, 라케다이몬에 서 사신이 오면 붙잡아 두도록 명한 다음 스스로 사신이 되어 라케다 이몬인들에게로 갔어요. 협상이 진행되는 동안 아테나이에서 성벽을 건조한다는 소식이 들어왔으나, 그는 그런 소식을 부인하면서, 직접 (아테나이로) 사신을 보내어 상황을 확인해 보라고 그들(라케다이몬인

---

48 참조, Thucydides, 1. 90 이후.

들)에게 말했습니다. 보낸 사신들이 돌아오지 않자 그는 그들에게 다시 다른 사람을 보내라고 제안했습니다. 실로 여러분 모두가 그가 그들을 속인 사실을 알고 있으리라 저는 믿습니다.

74. 제우스 앞에 맹세코, 아테나이인 여러분, 지금 제가 말씀드리는 것을 나쁘게 여기지 마시고, 얼마나 진실에 부합하는가를 살펴주십시오. 제가 생각하는 것은 누구라도 은밀하게 행하기보다 공개적으로 하는 것이 더 낫고, 속임수보다 싸워 이김으로써 무언가를 얻는 것이 더 명예로운 것이므로, 성벽을 건조하는 일에서 코논이 같은 일을 한 테미스토클레스보다 더 큰 명예를 얻는다는 점입니다. 테미스토클레스는 그를 방해하는 사람들을 속였으나, 코논은 승리함으로써 목적을 이루었습니다. 그 같은 인물을 홀대하는 것, 또한 여러분이 그에게 수여한 것을 빼앗자고 여러분을 부추기는 변론가들보다 더 하잘것없는 존재로 취급하는 것은 바람직하지 않습니다.

75. 다른 것은 그렇다고 쳐요. 그런데, 제우스에게 맹세코, 카브리아스의 아들에게서 면세특권을 빼앗아 버리는 것을 우리가 못 본척하자는 겁니다. 그 아버지가 여러분에게서 받아서 자신의 아들에게 물려주었던 그 특권을 말이에요. 그러나 제가 확신하기로, 그런 주장을 지지하는 사람 중 한 사람도 바른 정신을 가진 사람이 없다는 거예요. 제가 말씀을 드리지 않아도 카브리아스49가 중요한 인물임을

---

49 장군 카브리아스는 아익소네구(區·demos) 출신이다. 아이깁토스로 가는 길에 아이기나를 지나가다가 그곳에서 스파르타 해군장군이며 총독(harmostres)인 고르고파스를 죽였다(357 B.C.). 기원전 376년에 낙소스 부근 해전에서 스파르타에 크게 승리했고, 기원전 357년 키오스에 대적하여 싸우다가 죽었다.

여러분은 물론 아시지요. 그럼에도 그의 공적을 간단하게 소개를 하는 것이 나쁘지 않을 것 같습니다. 76. 여러분의 사령관으로서 그가 테바이[50]에서 전체 펠로폰네소스인들에 대적하여 어떻게 전열을 배치했는지, 어떻게 아이기나에서 고르고파스를 죽였는지, 키프로스에서 또 그 후에는 아이깁토스에서 어떻게 승전비를 세웠는지, 그리고 마침내 어떻게 그가 거의 모든 세상을 돌아다니면서도 우리 도시나 그 자신의 이름에 누를 끼치지 않았는지, 이 모든 것들을 그대로 전하기가 쉽지 않습니다. 그리고 만일 그에 대한 저의 설명이 지금 이 분(카브리아스)에 대해서 여러분 각각이 가진 지식보다 더 부족한 것으로 드러난다면 큰 수모가 될 것입니다. 그렇지만, 저의 설명이 결코 사실을 축소하는 일이 없을 것 같은 그런 사안에 대해서 제가 여러분에게 말씀드리도록 하겠습니다.

77. 그(카브리아스)가 해전[51]에서 라케다이몬인을 격파하고 49척의 삼단노전선을 나포했습니다. 그 부근의 많은 섬들을 장악해서는 그것들을 여러분에게 넘기면서, 그들의 적의를 호의로 바꾸었습니다. 그리고 3천 명의 포로를 아테나이로 보내왔으며, 적으로부터 빼앗은 110탈란톤도 금고로 들여왔지요. 여러분 가운데 가장 연배가 높으신 분들은 제가 말씀드리는 사실들을 직접 목격하셨을 테지요. 그외에도 그는 20척 이상의 삼단노전선을 나포했는데, 한 번에 한두 척씩 손에 넣은 것으로서, 그것 모두를 여러분의 항구로 들여왔어요.

---

50 기원전 378년 아게실라오스가 원정할 때였다.
51 참조, 이 변론 §75.

78. 한마디로, 그가 여러분을 지휘하는 한, 모든 우리 장군들 가운데서 그만이 유일하게 도시, 항구, 배, 사람을 잃은 적이 없는 분이죠. [52] 그리고 여러분의 적들 가운데 누구도 여러분이나 그로부터 단한 번의 승리도 거둘 수 없었어요. 반대로 그가 장군직에 있는 동안여러분은 많은 적들에 대해 많은 승전비를 세웠지요. 여기서 그의 공적 중 어떤 것을 제가 놓치는 일이 없도록, 그가 나포해 들여왔던 모든 배들의 목록과 그것들을 나포한 장소, 도시 수, 포획한 재물 규모, 승전비를 세운 장소 등을 서기가 여러분에게 읽어드리겠습니다.

카브리아스의 공적 낭독

79. 배심원 여러분, 그가 해전에서 승리하여 이렇듯 많은 도시와배를 장악하고 너무나 많은 선을 가져왔으나, 도시에 어떤 누도 끼치지 않은 그가 여러분으로부터 수여받아 자신의 아들에게 물려준 그면세특권을 박탈당해야 한다고 생각하는 분이 혹 여러분 중에 있습니까? 저는 그러면 안 된다고 봅니다. 도리가 아니기 때문이지요. 도시하나라도 혹은 배 10여 척이라도 잃은 것이 있다면, 렙티네스와 그지지자들이 배반죄로 그를 탄핵했겠지요. 만일 그가 유죄 선고를 받았다면, 그는 영원히 폐인이 되었을 거예요. 80. 그렇지만 그는 오히려 17개 도시를 장악하고, 배 70척, 포로 3천 명을 잡아들였고, 110탈

---

[52] 이런 진술은 과장이 섞인 것으로 보아야 하며, 아테나이도 낙소스에서 18척의 배를 잃었던 것으로 전한다.

란톤의 금전을 들여왔으며 너무나 많은 승전비를 세웠어요. 그러니 이런 공적에 대한 대가로서 그런 특권이 당연한 것이 아닙니까? 더구나, 아테나이인 여러분, 카브리아스는 살아생전에 여러분을 위해 온갖 일을 수행했고, 그의 죽음조차 다른 누구가 아니라 오로지 여러분을 위한 것이었어요. 53 생전에 그가 이루었던 모든 것은 물론이고 그의 죽음에 의해서도 여러분은 그의 아들에게 관용을 베풀어야 합니다. 81. 아테나이인 여러분, 또 여러분이 유념하셔야 할 것은 우리가 시혜자들을 대하는 데 있어서 키오스인들보다 더 졸렬한 것으로 보여서는 안 된다는 점입니다. 카브리아스가 키오스인을 적대하여 무기를 들었을 때, 그들은 그전에 수여했던 특권을 무효로 하지 않았고, 옛 공적이 최근 범죄보다 우선하는 것으로 두었거든요. 그런데 여러분은 여러분을 위해 그들과 싸우다 죽어간 그에게 그 때문에 더 많은 명예를 수여하기는커녕, 과거의 공적으로 받은 포상의 일부를 그로부터 제거하려고 하고 있으니, 어떻게 여러분이 오명을 뒤집어쓰지 않겠습니까?

82. 더구나 그의 아들이 포상의 일부를 박탈당한다면 부당한 대우를 받는 겁니다. 카브리아스는 자주 여러분을 전쟁으로 이끌었지만, 그의 잘못으로 어느 누구의 아들이 고아가 된 적이 없으며, 오히려 그가 여러분을 위해 헌신한 결과 그 자신의 아들이 고아가 되었기 때문이지요. 그는 진실로 철두철미한 애국자였으므로, 사실이 그러하듯, 그는 가장 용의주도한 사령관으로 명성을 얻었지만, 그것은 전투에

---

53 참조, 이 변론 §75.

서 지휘관으로서 여러분을 위해서 그런 것이었어요. 그러나 그 자신에 관한 한, 위기에 처하면 몸을 사리지 않았고, 여러분이 그에게 수여한 명예를 더럽히기보다 그 자신의 목숨을 버리는 쪽을 택했습니다.[54] 83. 그의 부친이 이기거나 죽거나 둘 중 한쪽을 선택했던 것이 주어진 명예를 지키기 위한 것이었는데, 바로 그 명예를 우리가 그 아들로부터 빼앗으려 하다니요? 아테나이인 여러분, 그가 장군으로서 여러분의 이름으로 세운 승전비가 선명하게 세워져 모든 사람이 보고 있는 마당에, 그 승전비에 대한 포상의 일부가 박탈된 것으로 드러난다면, 우리가 뭐라 변명하겠습니까? 아테나이인 여러분, 지금 법이 타당한지 아닌지를 평가하는 것이 아니라, 여러분이 앞으로 당하는 희생에 대해 적절한 보상이 주어질 것인지 아닌지를 판단하고 있다는 사실을 유념하고 반성하지 않으시렵니까?

84. 카브리아스의 명예를 위해 통과된 조령을 가져와 주십시오. 보고 찾으십시오. 어딘가에 반드시 있을 테니까요. 그런데 카브리아스에 대해서 드릴 말씀이 한 가지 더 있습니다. 아테나이인 여러분, 지난날 이피크라테스에게 명예를 수여했을 때 여러분은 그이뿐 아니라, 그이 덕분에 스트라박스와 폴리스트라토스[55]에게도 함께 명예를 수여했지요. 티모테오스[56]에게 특혜를 부여할 때도, 여러분은 그 덕

54　카브리아스는 다른 함대를 두고 홀로 배를 가지고 키오스 항구로 쳐들어갔다가 장렬하게 전사했다.

55　기원전 4세기 가장 유능한 장군들 가운데 속하는 이피크라테스가 거느렸던 용병대장들.

56　코논의 아들 티모테오스.

분에 클레아르코스[57]와 또 다른 이들에게 아테나이 시민권을 수여했어요. 85. 그러나 카브리아스의 경우에는 그가 혼자만 명예를 수여받았어요. 그가 특혜를 받을 때, 만일 그가 여러분이 이피크라테스와 티모테오스 덕분에 다른 사람들에게도 포상했던 사실을 들면서, 자신의 경우에도 여러분이 다른 몇 사람을 포상해야 한다고 주장했다고 합시다. 그래서 그들이 실제로 면세특권을 받았으나, 반대자들이 그들에게 완강히 반대하면서 그들이 받은 특혜를 다 같이 박탈해야 한다고 주장한다면, 여러분은 카브리아스 자신으로부터도 면세특권을 빼앗을 것입니까? 86. 제가 보기에 여러분은 그럴 수도 있을 것 같아요. 그의 공로를 참작하여 여러분이 다른 이들에게도 포상한 것인데, 지금에 와서 그들 때문에 카브리아스 자신으로부터 면세특권을 박탈하려는 건가요? 말이 안 되는 것이죠. 기여한 바가 최근의 일이라면 여러분이 너무 관대하여 본인뿐 아니라 그의 친구들에게도 같이 명예를 수여하면서, 짧은 시간이라도 지난 다음에는 기여자 본인에게 주어진 특혜까지 박탈하려는 것은 언어도단이니까요.

카브리아스에게 명예를 수여하는 조령을 읽음

87. 여러분이 이 법을 폐기하지 않는다면, 아테나이인 여러분, 다른 이들은 물론 여러분이 지금 이름을 들으신 분들에 대해 피해를 주게 됩니다. 그러니 여러분이 스스로 살펴서 생각해 보십시오. 이미

---

57 클레아르코스는 폰토스(흑해) 헤라클레이아의 참주이며, 티모테오스의 친구다.

죽어 버린 이들이 지금 벌어지는 상황을 알게 된다면, 당연히 분기탱천하게 되겠지요. 그들 각각이 여러분을 위해 행동으로 이룬 것들 관련하여 평가가 말로서 이루어지게 되는바, 그들이 선하게 기여한 공적이 우리들의 고귀한 말로 칭송되지 않는다면, 그 수고가 공연한 것이 되어 버릴 것이니, 당하는 사람들로서는 어찌 불행한 일이 아니겠습니까?

88. 아테나이인 여러분, 우리가 여러분에게 드린 말씀이 진실로 완벽하게 정당한 것이라는 점, 그리고 어떤 발언도 여러분을 미망에 빠뜨리거나 속이려는 것이 없다는 점을 여러분이 이해하도록 하기 위해서, 우리가 부적절한 것으로 간주하여 반대하는 (렙티네스가 제안한) 법 대신, 우리가 발의한 법을 이 자리에서 소개하도록 하겠습니다. 이 법을 통해 우리가 다음과 같은 점에 주의를 기울였음을 여러분이 알게 될 거예요. 여러분이 수치스런 행동을 하는 것으로 비치는 일이 없도록 한 것이 그러하고, 또 만일 누가 특혜를 수여받은 이들 가운데 어떤 이에 대해 이의를 제기하고, 그 이의가 정당한 것이라면, 여러분의 판정을 거쳐, 그로부터 특혜를 거두어들일 수가 있도록 한 반면, 특혜를 받아서는 안 된다고 이의를 제기하는 이가 아무도 없는 경우라면, 받은 특혜를 유지할 수 있도록 한 것입니다. 89. 이런 온갖 조치들 가운데 어떤 것도 우리가 새롭게 고안한 것이 아니에요. 렙티네스가 위반한 전통의 법에 따라, 이미 입법 관련하여 다음과 같은 절차를 따르도록 규정되어 있는 것이니까요. 만일 어떤 이가 기존의 법에 어떤 것이 옳지 못하다고 생각하여 이의를 제기할 때는, 기존의 법이 폐기될 경우 그것을 대신할 대안을 함께 제출하도록 되어 있어

요. 그러면 여러분이 들은 다음에 그중 더 나은 것을 선택하게 되는 것이죠.

90. 이런 입법의 절차를 수립한 솔론이 다음과 같이 생각한 것은 물론 아니었어요. 법을 집행하기 위해서 임명된 법무장관들(테스모테타이)이 관직에 임하기 전에 두 가지 검증 절차, 즉, 의회와 여러분이 관할하는 재판소를 각기 거치도록 하면서도, 그들의 공적 활동과 다른 모든 시민의 정치 행위를 조율하는 법률 자체는 함부로 통과되어 문제를 발생시키며, 검증 과정도 없이 단번에 효력을 발생하도록 한다는 것 말이에요. 91. 실로 그 당시 사람들은 (솔론이 제정한) 입법 절차에 따라 입법하는 동안, 기존의 법을 사용했고, 새 법을 만들지 않았어요. 그런데 일부 위정자들이 권좌에 올라, 제가 알고 있는 바에 의하면, 원할 때마다 아무렇게나 원하는 방법으로, 스스로 입법의 권력을 행사하게 됨으로써, 서로 모순되는 법률들이 너무 많이 생겨나게 되었어요. 그래서 여러분은 오랜 기간 위원회를 꾸려서 서로 모순된 법률들을 정리하도록 했습니다만, 58 여전히 이 작업을 완수하지 못했지요. 92. 그래서 법이 조령과 무슨 다른 점이 있는 것도 아니고, 또 조령이 법에 따라 만들어져야 하는데, 오히려 조령보다 나중에 만

---

58 아이스키네스(3. 38.)에 따르면, 법무장관들(테스모테테스)은 해마다 법전을 살펴서 서로 모순되는 법이 있는지를 확인하고 정리하여 제거하는 작업을 한다. 또, 데모스테네스에 따르면, 민중이 부정기적으로 입법위원회를 선출하여 법을 검토하고 입법 의견을 내도록 한다. 드물게는 정치체제의 변화로 법의 개정이 이루어지기도 한다. 기원전 411년 과두정치 체제 수립이 그 예이다. 참조, Aristoteles, *Athenaion Politeia*, 29. 3. 1 이후.

들어진 그런 법도 여러분이 가지고 있어요. 말로만 할 것이 아니라, 제가 말씀드린 그런 법을 직접 제가 소개해드리려 하니, 저를 위해 그 전 입법위원들(nomothetai)을 구성하는 법률을 들고 읽어 주십시오.

법률

93. 아테나이인 여러분, 솔론이 훌륭하게 수립해 놓은 입법의 절차를 보십시오. 법안을 제출하려는 이는 맹세하면서, 여러 가지 결정권을 행사하는 여러분 앞으로 출석해야 해요. 그런 다음 모순을 빚는 법률들이 폐기되고 각 사안과 관련하여 한 개의 법안으로 수렴되는 겁니다. 그러면 법에 정통하지 않은 평범한 시민도 서로 모순되는 법들에 의해 혼동되거나, 법률을 온통 꿰고 있는 사람들에 비해 상대적으로 불이익을 당하는 일이 없어지게 되며, 모든 이가 같은 법을 읽고, 무엇이 바른 것인지를 단순하고 분명하게 알게 되는 것이에요. 94. 더구나 그전에 미리 솔론은 부족 시조 영웅들[59]의 조각상 앞에 법 내용을 전시하도록 하고, 민회가 열리면 서기에게 주어서 읽도록 했

---

59 *eponymoi*(부족 시조 영웅). 여기서 *eponymoi*(단수형 *eponymos*)는 부족 시조 영웅을 뜻하는 것으로 각 부족마다 전성의 영웅들의 이름을 따서 시조로 삼는다. 그 영웅들의 조각상을 세워 놓고, 그 앞에서 법률을 제안하거나 불만을 발표하거나 한다. 이와 달리 9명의 장관(아르콘: 서기를 포함한 10명의 장관) 가운데서 수석 아르콘(내무부 장관)은 한 해의 명칭을 제공하게 되므로 명칭(*eponymos*) 아르콘이라 불린다. 당시에는 해[年]를 아르콘의 이름으로 대신했다. 그리스에서는 774년에 시작되어 4년마다 거행되는 올림픽 경기를 기준으로 '몇 번째 올림픽 몇 년째' 등으로 연대를 표기하기도 한다.

습니다. 이렇게 여러분이 제각기 여러 번 듣고 여유를 가지고 숙고한 다음, 올바르고 이익이 되는 것을 법으로 채택하게 하도록 했던 것이죠. 그런데 이 모든 여러 절차들 중 어떤 것도 렙티네스는 준수하지 않았어요. 그렇게 만들어진 법을 여러분이 통과시키려 할 것이라는 생각을 저는 할 수 없어요. 그러나, 아테나이인 여러분, 우리는 이같은 절차를 지켜서 그(렙티네스)의 것보다 훨씬 더 좋고 정당한 법을 제출합니다. 들어 보신다면 여러분이 그런 점을 깨닫게 될 거예요. 95. 우선 우리가 반대하는 법조문을, 그다음에 그 대신에 우리가 제안하는 법 내용을 읽어 주십시오.

법률

이것이 우리가 비난하는 렙티네스 법의 일부입니다. 그다음 우리가 더 나은 것으로 제안한 수정본 법률을 읽어 주십시오. 배심원 여러분, 읽는 내용에 주의해 주십시오. 읽으십시오.

법률

96. 거기서 멈추어 주십시오. 아테나이인 여러분, 이 법은 현재 유효한 것으로서 훌륭하고 선명하게 다음의 조항을 포함하고 있습니다. "민중에 의해 수여된 모든 포상은 유효하다." 이것은 땅과 신들, 천지간에 다 같이 적용되는 기준입니다. 렙티네스는 이 법을 비난하고 폐기하자고 발안하면서도 그 대안을 제출하지 않았습니다. 그러

니, 스스로 법을 위반한 이 같은 증거를 무시한 채, 그는 여전히 입법 발안하려 하고 있습니다. 그가 제안한 법이 선행 법과 모순되므로 불법인 것으로 규정하는 또 다른 법이 있는데도 말이죠.

법률

97. 아테나이인 여러분, "아무도 면세특권을 갖지 못한다"라고 할 때, '아무도'라는 것은 "민중에 의해 수여된 모든 포상은 유효하다"에서 민중이 특권을 수여한 이들과 충돌하는 것이 아닙니까? 분명히 그렇습니다. 대안으로 제시한 수정법60에서는 그런 충돌이 존재하지 않습니다. 여러분이 수여한 특혜는 유효하며, 다만 여러분을 속이고 훗날 여러분을 해치거나 온통 비열한 사람에 대한 유보조항을 담고 있습니다. 이런 유보조항을 가지고 여러분이 원하는 사람이 특혜를 받을 수 없도록 조치를 취할 수 있습니다. 법률을 읽어 주십시오.

법률

98. 아테나이인 여러분, 이 법을 들으시고 여러분은 이 법이 자격이 있는 이들로 하여금 받은 특혜를 유지하도록 하는 한편, 자격이 없는 것으로 평가받은 이들은 부당하게 받은 특권을 박탈당하도록 한다는 사실을 알게 되셨습니다. 앞으로 특권을 수여하든 박탈하든, 당연히,

---

60 아세피온(Asephion)이 작성했다.

그 모든 것이 여러분의 결정에 달려 있습니다. 렙티네스도 이 법이 정당하다는 점을 부인하지 못할 것이고, 혹 부인한다고 하더라도 그 근거를 증명하지는 못할 것이라고 저는 봅니다. 그러나 혹여 그가 앞서 법무장관들 앞[61]에서 한 말을 자꾸만 반복함으로써 여러분을 기만하려 할 수도 있습니다. 그에 따르면, (저희가 제출한) 이 법안은 여러분을 속이기 위한 것이고, 자신이 제안한 법이 무효가 된다 해도 저희가 제안하는 법안을 제출하지는 못할 것이라고 합니다. 99. 그러나 전통의 (솔론) 법에 분명히 규정하고 있는바, 법무장관들이 바로 우리가 제출한 법안을 여러분 앞에 상정하고, 렙티네스의 법이 여러분의 표결로 폐기되는 경우, 옆에 같이 상정된 다른 법이 효력을 갖게 됩니다.

62 다만, 누구라도 제게 토 다는 일이 없도록, 저는 이런 사실을 지금 거론하지 않도록 하겠고, 그 대신 다른 맥락에서 말씀드리려 합니다. 렙티네스가 발언 중에 분명히 인정한 것은 우리가 제안한 법안이 자신의 것보다 더 우수하고 공정하다는 점입니다. 다만, 그는 그것이 제출될 수 있는지를 문제 삼고 있어요. 100. 이 점과 관련하여, 첫째, 그가 원한다면, 법 개정을 제안한 이가 필히 대안의 법안을 제출하도록 강제하는 여러 가지 절차를 원용할 수 있어요. 둘째, 우리들, 즉 저, 포르미온, 또 다른 원하는 이가 있다면 그이도 법안을 제출한다는 사실을 보증합니다. 여러분이 주지하듯이, 민회, 의회, 재판소 앞에서 한 약속을 어기는 사람은 사형으로 처벌하도록 규정한 법이 있

---

61 판정 혹은 예비재판이 있었음을 말한다.
62 원래 있던 기존의 법이 무효인 것으로 결정 난 경우에 그러하다는 뜻이다.

어요. 그럼에도 우리가 이 사실을 보증하고 약속하는바, 법무장관들로 하여금 이런 사실을 기록하게 하시고, 그들에게 이 사안을 위임하십시오. 101. (저희가 제출한 법에 따라) 여러분은 스스로 품위를 손상하는 처사를 자행하지 마시고, 특혜를 누리는 이들 가운데 자격 미달된 이가 발견되면 특혜를 보유하지 못하도록 하시되, 각각의 경우 그 자격을 검토하여 판정하도록 하십시오. 이런 절차를 두고 공론에 불과하며 터무니없는 것이라고 렙티네스가 매도한다 해도, 그것은 절대 공론이 아닙니다. 그이에게 자신의 법안을 제출하도록 하시되, 우리가 그렇게 하면 안 된다는 말은 못 하도록 하십시오. 그가 자기 것만 제출하는 것보다 다른 법안을 (우리가) 같이 제출하여 여러분이 그중 더 적합한 것을 선택하는 것이 더 바람직한 것일 테니까요.

102. 아테나이인 여러분, 제가 보기에, 렙티네스는 말이죠, 제가 진술하기 전에 미리 렙티네스 당신에게 양해를 구하건대, 화는 내지 마십시오, 나는 당신(렙티네스)을 모독하려는 마음은 없으니까요, 이 렙티네스는 솔론의 법을 읽어 본 적이 없거나 아니면 그 법을 이해하지 못한 것 같아요. 최근친의 상속권을 침해하려는 뜻이 아니라 모든 이에게 상을 내릴 수 있도록 함으로써 서로 경쟁적으로 선의를 행할 수 있도록 하기 위해, 솔론이 모든 사람으로 하여금 만일 적자 후손이 없을 때 자신의 재산을 원하는 누구에게라도 양도할 수 있도록 하는 법을 만들었어요. 103. 그런데 그와 반대로, 사람들이 자신의 것을 누구에게나 양도하지 못하도록 하는 법을 렙티네스 당신이 제안한다면, 어떻게 당신이 솔론의 법을 읽었다거나 이해했다고 말할 수 있겠어요? 당신은 우리에게 은혜를 베푸는 이가 아무런 보상을 받지 못한

다는 사실을 명백하게 천명함으로써, 명예를 좇아 민중에게 헌신하려는 이들을 없애고 있어요. 104. 올바른 것으로 간주되는 다른 많은 〈솔론법〉이 있지만, 그중에 죽은 자를 흉보지 못하도록 한 것이 있어요. 그 법은 혹여 죽은 이가 자기 자식들에 의해 욕을 얻어먹은 경우라 해도 같이 적용됩니다. 그런데, 렙티네스 씨, 당신은 죽은 우리의 은인을 그냥 욕하는 정도가 아니에요. 당신이 은인을 비난하고 또 다른 사람에 대해서는 (면세특권 받을) 자격이 없다고 주장할 때, 당신은 그들을 해치고 있는 겁니다. 당신의 험담은 이들에게 어울리는 것이 아니에요. 그런 점에서 당신은 솔론이 의도한 바로부터 아주 멀리 떨어져 있는 것 아닌가요?

105. 특혜의 완전 폐지와 관련하여 어떤 이가 아주 긴요하게 제게 전한 정보에 의하면, 공헌 정도와 무관하게, 우리 소송상대가 이런 주장을 개진할 것이라고 해요. 훌륭한 체제[63]를 가진 라케다이몬인은 물론 테바이인들도 자국 시민들 누구에게도 아무런 포상을 하지 않는다는 것이에요.[64] 그들 가운데 일부 훌륭한 시민들이 있을 수 있는데도 말이지요. 그러나, 아테나이인 여러분, 제가 보기에 이 같은 모든 주장이 악의적입니다. 실제로 그들은 그렇지 않은데, 면세특권을 없

---

63 스파르타 정치체제는 2명의 왕, 30명이 장로의회(게루시아), 민회 등, 세 가지 요소로 구성되었다. 이런 스파르타의 체제는 민회가 중심이 된 아테나이 민주정 체와는 다른 점이 있지만, 과두정이라고 규정할 수 없다. 적어도 전통 체제가 유지되었던 고전기에 부가 소수의 손에 집중된 상태가 아니었기 때문이다.

64 스파르타인도 이방인에게 면세특권을 부여한 적이 있다. 만티네이아에서 에파메이논다스를 죽인 이와 그 자손들에게 면세특권이 주어졌다.

애려고 여러분을 설득하기 위해 헛소문을 전하는 것이지요. 제가 알고 있는 한, 테바이인, 라케다이몬인, 그리고 우리는 법, 관습, 정부형태 등에서 각기 서로 다릅니다. 106. 첫째, 라케다이몬인은 이들(렙티네스 일당)이 행하는 그 같은 언행을 할 수가 없어요. 아테나이인이나 다른 누구의 체제를 찬양하는 그런 언행 말이에요. 그런 일은 절대 있을 수가 없죠. 그들(라케다이몬인)은 자신의 체제에 이득이 되는 것을 찬양하고 행해야 하는 것이니까요. 둘째, 라케다이몬인은 그같은 보상을 수여하는 것은 아니지만, 다른 종류의 명예가 있어요. 그것을 우리 민중들 중 누구도 채택하기 싫어하는 것이죠. 107. 그게 어떤 것일까요? 따로 일일이 이야기하지 않고 개괄해서 말씀드리도록 하지요. 사람이 공적을 세워 게루시아⁶⁵라고 불리는 의회에 뽑혀서 들어가게 되면, 다수의 우두머리가 되는 거예요. 공적에 대한 포상은 국가의 권력자 집단에 동참하는 것인데요. 우리에게는 민중이 최고의 권위를 가지고, 다른 형태의 권력은 저주와 법과 다른 안전장치로서 금지되어 있습니다. 다만 명예와 면세특권이나 무료부양과 그에 유사한 포상제도가 있고, 유능한 시민은 누구라도 그런 것을 누릴 자격이 있는 것이죠. 108. 두 쪽 다 좋은 점이 있어요. 저쪽(라케다이몬)도 우리 쪽(아테나이)도 같이 말이에요. 그 이유가 뭐냐고요? 소수의 정치체제에서는 평등하게 권력을 가진 사람들이 서로 간에 화합을 도모하는 것인 반면, 민중의 자유는 유능한 시민들이 민중이 수여하는 상을 서로 받으려고 경쟁함으로써 수호되는 것입니다.

---

65 *gerousia*.

109. 테바이에서도 명예를 수여하지 않는 점 관련하여, 제 견해를 말씀드리겠습니다. 아테나이인 여러분, 여러분이 인간애와 올바름에 애착을 갖는 것과 달리, 테바이인은 잔인함과 교활함에 더 정통합니다. 기도가 영험하다면, 그들이 자신에게 기여한 이들에게 앞으로도 명예나 존경을 드리지 않도록 하고, 그 주변의 동족들도 그렇게 대우하도록 하십시오. 그들이 오르코메노스[66]를 어떻게 대우했던가를 여러분은 기억하고 있겠지요. 한편, 여러분은 완전히 그들과 반대로 해오던 관행을 계속 멈추지 마시고, 도시에 기여한 이들에게 명예를 수여하고, 토론과 함께 법률과의 조화를 통해 시민들로부터 정통성을 얻도록 하십시오. 110. 제 소견에, 일반적으로 다른 이들이 여러분보다 더 잘한다는 사실이 증명되는 경우에만, 그들의 관습과 도덕을 찬양하고 부득이 여러분의 것을 폄훼하게 되죠. 반면, 공공정책, 내부 화합, 그 외 여러 측면에서 여러분들이 그들보다 더 잘하고 있는데, 왜 여러분 자신의 기풍을 비하하고 다른 이들의 것을 모방하려 하십니까? 그들의 것이 논리상 더 좋은 것같이 보여도 여러분이 자신의 것들 아래서 누렸던 행운이 그것을 그대로 간직할 만한 이유가 되는 것입니다. 111. 이런 점들 이외에도, 제가 바르다고 생각하는 점을 말해야 한다면, 다음과 같아요. 아테나이인 여러분, 이곳의 법을 폄훼하기 위해서 라케다이몬인이나 테바이인의 법률을 거론하는 것은 옳지 못한 것이에요. 또 그 사람들을 위대하게 만들었던 어떤 제도들을 아테나이로 이식하기 위해서 어떤 사람을 죽이려 하거나, 민중이

---

66 기원전 364년 테바이인은 오르코메노스를 파괴했다.

번영을 이루었던 제도들을 음해하려는 이들에게 귀를 기울이는 것도 옳지 못한 것이죠.

112. 이들이 둘러대는 어설픈 논리가 또 있어요. 아테나이에서도 이전 세대 사람들은 기여한 바에 대해 그 같은 포상을 받지 못했고, 헤르메스의 기둥들67에 이름을 새기는 것으로 그쳤다는 것입니다. 그 금석문을 실제로 여러분에게 읽어드릴 수도 있겠습니다. 제 의견으로는, 아테나이인 여러분, 이런 주장은 당치 않다는 점을 별도로 하고라도, 여러 측면에서 도시에 득이 되지 않습니다. 113. 이런 이들조차 명예를 누릴 자격이 없다고 누가 말을 한다면, 그리고 그들 이전에도 또 이후에도 아무도 없다면, 도대체 누가 그런 자격을 가졌는지 말하도록 하십시오. 만일 그가 '아무도 없다'고 대답한다면, 역사의 과정에서 상을 받을 만한 자격을 갖춘 것으로 드러난 사람이 아무도 없다는 사실 때문에 제가 도시를 대하기가 민망할 것 같습니다. 또, 공적은 있으나 아무런 포상을 받지 못했다고 그가 말한다면, 분명히 그는 도시의 배은망덕함을 탓하는 것이겠지요. 그러나 여하한 경우에도 사실이 그렇지 않습니다. 사람이 자신의 주장을 악의적으로 왜곡하여 전개할 때, 그런 이가 제 눈에는 가증스럽게 보입니다.

114. 그러나 저는 진실과 정의에 따라 사실을 여러분에게 고하도록 하겠습니다. 아테나이인 여러분, 우리 선조들 가운데 많은 이가 열성

---

67 '헤르메스 주랑'은 아고라 북쪽, 케라메이코스와 채색 스토아(*poikile stoa*) 부근에 있었던 것으로 전한다. 참조, Aischines, Ⅲ(*Kata Ktesiphontos*). 그곳에 기원전 476년 키몬이 스트리몬강(마케도니아 동부)의 에이온을 장악한 것을 기리는 비문이 있었다고 한다.

으로 기여했고, 우리들 도시는 그때도 유능한 이들에게 명예를 수여했습니다. 다른 모든 것들과 같이, 그때 수여된 명예는 당시의 기풍을 반영하는 것이었고, 지금도 그 같은 것이 오늘의 기풍을 반영하는 것과 같습니다. 제가 이런 말씀을 드리는 것은 말이죠. 그들이 도시로부터 자신이 원하는 모든 것을 받았다는 뜻입니다. 115. 무슨 증거가 있냐고요? 당시 유능한 이들 가운데 한 사람이었던 리시마코스[68]는 에우보이아[69]의 과수원 100플레트론[70]과 농지 100플레트론, 은 100므나에다가 매일 4드라크메씩 받았습니다. 그가 수여받은 재물이 알키비아데스가 제안한 한 조령에 기록되어 있어요.[71] 지금과 달리 당시 우리 도시는 토지와 재물 면에서 부유했어요. 지금으로서는 언젠가는 다시 그렇게 될 것이라는 바람이 있죠.[72] 제가 이런 식으로 표현하는 것은 비관의 말을 피하기 위한 것이에요. 그러나, 오늘, 여러분 생각해 보십시오, 포상으로 내린 그 재물의 3분의 1만 준다고 해도 면세특권 대신 그것을 택하지 않을 이가 누가 있겠습니까? 제가 진실을 말씀드린다는 점을 증명하기 위해, 여기 조령을 소개해 주십시오.

---

68 리시마코스는 공정(Dikaios)으로 불리던 아리스테이데스의 아들이었다.
69 에우보이아는 기원전 446년 반란이 실패한 후 외부인들(Klerouchoi)이 들어와 땅을 나누어 가졌다.
70 1플레트론은 약 4분의 1에이커(약 300평)에 해당한다.
71 이 사실은 연대 미상이다. 알키비아데스의 정치적 이력은 기원전 430~415년 사이에 놓인다. 415년에 시켈리아로 건너갔기 때문이다. 나중에 기원전 408년에 사모스에서 돌아왔는데, 4개월(6월~10월)간 머물다가 다시 망명했다. 알키비아데스 조령은 그가 시켈리아로 떠나기 전에 통과된 것으로 추정된다.
72 당장은 풍족하지 않다는 사실을 간접적으로 표현한 것이다.

조령

116. 아테나이인 여러분, 지금 이 조령은 여러분같이 여러분의 선조들도 유능한 이들에게 명예를 수여했음을 증명합니다. 만일 그들이 오늘 우리들의 것과 다른 방법으로 명예를 수여했다면, 그것은 다른 문제입니다. 리시마코스나 다른 어떤 이가 우리 선조로부터 아무것도 얻지 못했던 사실을 우리가 인정한다 해도, 이것이 우리로 하여금 이미 수여한 사람들에게서 그것(면세특권)을 박탈하는 것을 자못 정당화하는 것이 되겠습니까? 117. 수여할 것이 없다고 생각하여 아무것도 안 준 사람들은 어떤 잘못을 저지른 것이 아닙니다. 그러나 이미 부여했던 특권을 아무 잘못한 것이 없는데도 나중에 빼앗는 것은 터무니없는 일이죠. 우리 선조들이 일단 수여했던 것을 되돌려 받은 사실이 있는지를 제게 증명해 보십시오. 그러면 여러분도 그같이 하는 것을 제가 양해하도록 하겠습니다. 그래도 망신은 그대로 당하게 될 것이지만요. 그러나 우리 역사를 통틀어 그 같은 예를 아무것도 찾을 수 없다면, 왜 그런 전례가 우리 세대에서 만들어져야 하는 것이겠습니까?

118. 다시 아테나이인 여러분, 여러분이 신중하게 또 세심하게 유념해야 할 것은 오늘 여러분이 법정으로 와서 법에 따라 판결하겠다고 맹세한바, 그 법은 말이에요, 라케다이몬인, 테바이인의 법이 아니고, 최초의 우리 선조들이 언젠가 사용했던 그런 것이 아니라, 사람들에게 면세특권을 부여했던 법인 동시에, 렙티네스가 자신이 제안한 법을 통해 없애려 하는 법이라는 사실입니다. 또 여러분이 유념하실 것은 참조할 법률이 없을 때는 여러분이 가진 최선의 양식에 비추어 판결

하겠다고 맹세한 사실입니다. 당연한 것이죠. 그러니 그 최선의 양식을 법률 전반에 걸쳐 적용하도록 하십시오. 119. 아테나이인 여러분, 은인에게 명예를 수여하는 것이 옳은 일입니까? 그렇죠. 그렇다면, 그에게 일단 주어진 것을 보유하도록 하는 것이 바른 일입니까? 바른 것이죠. 그렇다면, 여러분이 한 맹세를 좇아 스스로 그 원칙에 따르십시오. 여러분의 선조가 그 같은 맹세를 한 적이 없다고 말하는 이가 있으면, 그를 나무라십시오. 또 우리 선조가 수많은 은인 가운데 누구에게도 명예를 수여한 예가 없다고 하는 이들이 있다면, 그런 이들을 악하고 본 바 없는 이로 매도해야 합니다. 악하다고 함은 엄청난 거짓말로 선조를 배은망덕한 사람들로 치부하기 때문이며, 본 바 없다 함은, 실제로 상황이 그렇다 하더라도 그런 것을 따라 전하기보다 부인하는 것이 더 낫다는 점을 깨닫지 못하기 때문이지요.

120. 제 짐작에, 렙티네스가 준비한 또 다른 주장은 그가 제안한 법이 사람들로부터 조각상이나 무료급식권73을 박탈하는 것이 아니고, 또 도시로 하여금 공이 있는 사람에게 명예를 수여하지 못하도록 하는 것이 아니라, 딱 이것 한 가지(면세특권 박탈)만 제하고는, 여전히 조각상도 세우고 무료급식의 특혜도 주며, 그 외 여러분이 원하는 것은 다 할 수 있다고 하는 것이에요. 그러나 그가 짐짓 도시가 재량할 수 있도록 남겨 놓겠다고 하는 권리 관련하여 제가 이런 점을 말씀을 드려야 하겠습니다. 이미 수여한 특권을 박탈하는 순간, 여러분은 다른 모든 이

---

73 국가에 공이 있는 이들이 프리타네이온(도시 행정부가 있는 곳) 식당에서 식사할 수 있는 권한을 말한다.

들의 신뢰를 상실하게 된다는 사실 말입니다. 조각상을 세우고 무료급식권을 수여하는 것이 어떻게 여러분이 주었다가 박탈해 버리는 면세특권보다 더 안전한 것이 될 수 있습니까? 121. 더구나 이런 곤혹스런 사태가 발생하지 않는다고 해도, 모든 시민을 최고의 은인들과 동급으로 만들거나, 아니면 그런 상황을 피하기 위해서 명예를 아예 수여하지 않는 것은 도시를 질곡으로 몰아넣는 것입니다. 통 큰 시혜를 요구하는 상황이 자주 발생한다는 것은 여러분에게 득이 되는 것이 아니며, 개인이 그런 시혜를 감당하는 것도 쉬운 일이 아니지요. 122. 그러나 적당한 규모의 시혜, 평화 시 정치적 활동을 통해 제공할 수 있는 것, 말하자면, 배려, 공정, 노력, 또 그에 유사한 덕성들은, 제 소견에, 포상 대상으로 삼는 것이 득이 될 뿐만 아니라 불가피한 것입니다. 그래서 포상은 정확하게 그 자격에 따라 민중에 의해 각자 개인별로 수여되어야 하는 것이죠.

123. 또한, 일단 명예를 수여받은 사람이 그것을 보유할 수 있다고 렙티네스가 주장할 것인바, 한편에서는 자신들이 기여한 바에 의한 대가로 여러분으로부터 특권을 받은 것이므로, 그것을 모두 그대로 보유하게 해 달라고 요구할 때, 그 요구는 아주 명쾌하고 솔직한 거예요. 그러나 다른 한편에서는 어떤 것을 자신들이 여전히 갖도록 남겨 놓을 것이라고 말하는 이가 자신들을 농락하는 것이라 여길 겁니다. 왜냐하면, 어떤 사람이 자격이 있어서 여러분으로부터 유일무이한 포상으로 면세특권을 받은 연후에, 그게 이방인이든 시민이든, 그것이 박탈된다면, 렙티네스 씨, 그에게 다른 무엇이 남겠습니까? 아무것도 없죠. 그래서 렙티네스 당신은 자격이 없다는 이유로 어떤 것을 박

탈하거나, 혹은 다른 부류의 특혜를 보유하도록 남겨 놓았다는 빌미로, 한 집단으로부터 그들이 가진 유일한 특권을 박탈할 권한이 없어요. 124. 간단히 말하면, 위험은, 전체 집단 구성원 중 누구에게 다소간 위해를 가하는 것이 아니라, 기여한 바에 대해 불안정한 명예를 수여하는 것에 있고, 또 제 발언의 요지는, 면세특권 자체가 아니라, 렙티네스의 법이 나쁜 선례를 만들어서 민중이 수여하는 것들이 아무런 확실성을 갖지 않는 것으로 화해 버린다는 사실입니다. 125. 면세특권을 폐기하도록 여러분을 설득하기 위해 이들이 고안해 낸 가장 파렴치한 주장 관련하여, 여러분이 속아 넘어가지 않도록, 제가 말씀드려야 할 것 같습니다. 그들은 기부금, 체육기금 같은 온갖 비용은 신성과 관련된 것이고, 신성 의무를 면제받는 것은 있을 수 없는 일이라고 주장할 것 같습니다. 그렇지만 제가 보기에는 민중이 부여한 것이라면 그 같은 면세혜택도 정당한 것이죠. 제가 부적절하다고 보는 것은 그들이 그런 말을 하면서 하는 수작입니다.

126. 다른 묘수가 없으므로 이들이 신들의 이름을 걸고 이 같은 면세특권 박탈이 정당한 것이라고 여러분을 설득하려 하는 것이 가장 불경스럽고 혐오스런 작태 아니겠습니까? 제 소견에, 누군가가 신의 이름으로 무언가를 할 때는, 그것이 인간이 하는 행위라 하더라도 비열한 것으로 비치지 않아야 하는 것이죠. 신성 의무의 면세와 공적 부담의 면세는 서로 다른 점이 있고 또 피고들이 공적 부담을 신성의 것으로 전이시킴으로써 여러분을 기만하려 하고 있으므로, 저는 렙티네스 자신의 말을 들어 제 주장의 증거로 삼으려 합니다. 127. 그의 법 첫 번째 문장이 다음과 같이 나옵니다. "렙티네스가 제안하기를, 가

장 부유한 시민들이 공적 부담을 지도록 하고, 하르모디오스와 아리스토게이톤의 후손을 제외하고는 아무도 면세특권을 갖지 못한다."
그런데 만일 신성 의무의 면세가 공적 부담의 면세와 같은 것이라면, 이 문장의 취지가 무엇이겠습니까? 신성 의무 관련 면세특권이 여기 거론되는 이들에게 수여된 적이 없기 때문입니다. 이 사실을 증명하기 위해서, 기념비의 사본74을, 그다음에는 렙티네스 법의 서두를 들고 읽어 주십시오.

기념비 사본

128. 기념비의 사본 내용을 들으셨습니다. 아테나이인 여러분, 여기 면세특권에는 신성 의무와 관련한 것이 없습니다. 자, 이제 렙티네스 법의 첫머리를 읽어 주십시오.

법

감사합니다. 멈추시고요. "가장 부유한 시민들이 공적 부담을 지도록 하고" 다음에 그는 "하르모디오스와 아리스토게이톤의 후손을 제외하고는 아무도 면세특권을 갖지 못한다"는 말을 붙였습니다. 만일 신성 의무를 위해 부담을 지는 것이 공적 부담을 수행하는 것이라면,

---

74 이 기념비 (*stele*·기둥)에 하르모디오스와 아리스토게이톤을 위한 조령이 적혀 있었다.

어떻게 됩니까? 그가 그런 사실을 뜻하는 것이라면, 그 자신의 법안이 비문의 내용과 모순됩니다. 129. 저는 렙티네스에게 질문하고 싶습니다. 공적 부담이 신성의 의무 항목 아래 속하는 것이라고 당신이 말하고 있는데, 그렇다면 당신이 빼앗지 않고 남겨 두겠다고 하고 또 우리 선조들이 수여했던 것은 어떤 면세특권이란 말입니까? 고래(古來)의 법에 따라 온갖 특별세와 삼단노선주의 부담에서 면세특권이 적용되지 않습니다. 또 공적 부담이 신성과 관련된 것이라면 여기서도 면세가 적용되지 않습니다. 130. 그런데 기념비문에서는 이들이 면세특권을 누릴 것이라고 합니다. 무엇으로부터의 면세이겠습니까? 거류외인세[75]겠죠? 남는 게 그것이죠. 다름 아니라 그것은, 비문이 증명하고, 당신도 법에 명시하고 있고, 앞선 역사가 온통 증명하고 있듯이, 정기적인 공적 부담입니다. 그 오랜 세월 동안 어떤 부족도 이들의 후손 가운데서 무창단(코로스) 지휘자의 부담을 맡기려 시도한 적이 없고, 아무도 그들에게 재산교환소송을 걸려고 하지 않았습니다. 누구라도 이 사실을 부인하려고 한다면, 여러분은 그 말을 곧 이들으시면 안 됩니다.

131. 또 그들이 여러분을 현혹하기 위해 주장할 수 있는 것은 메가라인과 메세네인의 경우 언젠가 면세특권을 받은 적이 있으며, 거기에는 리키다스,[76] 디오니시오스와 같은 예속노동자와 죄수들과 함께

---

75 *metoikion*.
76 리키다스는 카브리아스에 의해 해방되었고, 아테나이를 위해 자유를 주어 고용한 용병 대장이다.

그와 유사한 한 무리가 있었다는 것입니다. 그들이 이런 사실을 말할 때, 여러분은 이렇게 하십시오. 만일 그들이 진실을 말하는 것이라면, 이들이 면세특권을 받았던 사실을 기록한 조령을 가져오라고 하시는 겁니다. 여러분이 조령이나 법에 의해 수여하지 않으면 아무도 면세특권을 가질 수가 없기 때문이죠. 132. 여러 위정자들의 소개로 많은 이들이 여러분에 의해 특별대우영사(프록세노스)[77]가 되었고, 리키다스가 그 한 예입니다. 그러나 특별대우영사가 되는 것과 면세특권을 받는 것은 서로 같은 것이 아니죠. 그들 말에 현혹되지 마십시오. 리키다스, 디오니시오스와 또 다른 사람 등, 예속인들이 특별대우영사가 된 것은 그 같은 조령을 제안하도록 매수된 사람들에 의한 것이었고요, 여러분이 그들에게 현혹되어 다른 계층 사람들 — 공적이 있는 이, 자유인 태생, 관대한 기부자 등 — 에게 정당하게 수여한 특권까지 박탈하도록 해서는 안 됩니다. 133. 같은 맥락에서, 카브리아스가 당한 수모는 어떻게 가장 고약한 예가 되지 않을 수 있겠습니까? 정치꾼들이 그의 예속노동자인 리키다스를 여러분의 특별대우영사로 삼는 데 그치지 않고, 그 주인인 카브리아스에게 수여된 특권을 박탈하는 이유로 이용하니까요. 그것도 조작된 이유로 말이지요. 리키다스나 다른 이는 특별대우영사이지만 면세특권을 누린 것이 아니기 때문입니다. 그 특권이 민중에 의해 공개적으로 수여되지 않는

---

77 다른 도시 출신 이방인으로 아테나이에 거주하는 이들을 '프록세노스(특별대우영사)'로 임명하여 외교의 통로로서 아테나이와 이방 간의 관계를 돈독하게 하는 데 주요 역할을 하도록 한다. 이들은 다른 도시의 시민으로서 그 도시의 이익을 아테나이에서 주선하는 이들과는 다르다.

한 그러합니다. 그들은 그런 것을 받은 적이 없고, 소송상대인 피고들은 그런 사실을 증명할 수 없지요. 그럼에도 뻔뻔하게 그런 사실이 있다고 주장한다면 수치스런 짓거리가 됩니다.

134. 아테나이인 여러분, 이제 저는 여러분이 극도로 경계해야 할 점에 대해 제가 생각하는 점을 말씀드리겠습니다. 렙티네스가 자신의 법을 선전하는 말을 진실로 받아들이는 이가 있다 해도, 이 법이 통과된다면 그것이 우리 도시에 초래될 수치를 벗겨내는 것은 어떤 상황에서도 불가능하다는 사실 말입니다. 그것이 무엇일까요? 우리의 은인들을 기만했다는 사실을 세상에 드러내는 것입니다. 135. 제 소견에, 이것이 굉장한 수치라는 것은 여러분 모두 인정하시리라 봅니다. 다른 이들의 경우보다 여러분에게 얼마나 더 치명적인 것인지, 제 말씀을 들어 보십시오. 여러분에게는 너무나 아끼는 고래(古來)의 법이 있습니다. 그래서 만일 누가 거짓말로 사람들을 속이면 재판에 회부되고, 유죄로 판정되면 사형에 처해집니다. 그런데도, 아테나이인 여러분, 여러분이 다른 이들을 사형으로 벌하는 바로 그 같은 일을 스스로 행하는 것이 수치스럽지 않단 말입니까? 아니, 모든 사안에서 수치스런 일로 보이거나 실로 그러한 짓거리를 하지 않으려고 주의하는 것이 당연한 것이고, 특히 한 사람이 다른 이들의 짓거리에 대해 환멸을 느끼고 있을 때는 더욱 그러하죠. 이런 경우 그 전에 이미 수치스런 짓거리로 판단한 그런 행동을 피하는 데는 주저할 것도 없기 때문이에요.

136. 또 하나 여러분이 경계하셔야 할 것은 개인적 사안에서는 삼갈 행동은 공적 사안에서도 하지 않도록 해야 한다는 점입니다. 여러분 가운데 누구든 다른 이에게 개인적으로 주어진 특권을 빼앗으려

하지 않을 것이고, 그런 엄두조차 내지 않겠지요. 그렇다면, 여러분은 공적 사안에서도 그렇게 하지 마십시오. 137. 오히려 특권을 받은 이들 중 누군가가 그럴 만한 자격이 없다거나, 특혜를 받을 만한 공적을 행한 적이 없다거나 또 다른 하자가 있다고 법을 보호하는 이들78이 비난한다면, 지금 우리가 제안하는 법에 의거하여 그를 기소하도록 명을 내리십시오. 우리가 보증하고 약속한 대로 법안을 발안하거나 혹은 그들이 입법위원회로 임명79되어 법안을 발안하게 된다면 말이죠. 그런데 면세특권을 가진 이들에게는 제각기 적이 있을 수 있겠지요. 어떤 이에게는 디오판토스,80 어떤 이에게는 에우불로스,81 또 어떤 이에게는 또 다른 적이 있단 말이죠. 138. 이들(특혜 보유자들)에게 적대적인 이들도 망설이고 감행하려 하지 않은 터에, 아테나이인 여러분, 이들 가운데 아무도 그 개인적 적들로부터 박탈하려 하지 않았던 것을 여러분이 그 은인들로부터 박탈하려고 한 사실이 드러나게 된다는 점, 또 여러분에게 기여한 바 있고 아무도 비난하려는 엄두를 내지 않는 은인들로부터 일괄적으로 그 특권을 박탈하는 법을 통과시키는 것 등이 여러분에게 득이 되는 것인지를 생각해 보십시오. 자격 없는 이들이 있다 해도 극소수에 불과할 것이므로, 만일 그들이 하나, 둘, 혹은 그 이상으로라도 이들을 고발하고 재판을 받게 함으

---

78 이 변론 §146 참조. 법을 보호하기 위해 임명된 변호인단의 이름이 밝혀져 있다.
79 이듬해가 시작될 무렵(7월).
80 연사이며 정치가인 디오판토스는 관극기금을 관할하는 임무를 수행했다.
81 에우불로스는 아테나이의 재정 담당자로, 디오판토스로 하여금 관극기금을 관할하도록 임명했다.

로써, 합당하게 조치할 수도 있는데 말이지요. 저는 이런 것(렙티네스의 법을 통과시키는 것)이 바른길이 아니고 여러분에게 어울리는 것도 아니라고 봅니다.

139. 공적은 우리가 상을 수여할 때 조사하는 것이 바람직하다는 원칙에서 벗어나서는 안 됩니다. 그때는 이들을 포상하는 것에 아무도 반대하지 않았으니, 그 후 여러분이 그들에 의해 피해를 본 것이 없는 한, 그대로 유지하도록 해야 합니다. 만일 이들이 피해를 입힌 적이 있다고 주장한다면, 그들(렙티네스 법에 찬성하는 이들)은 이들이 그 잘못된 행위로 당시에 처벌받은 사실을 증명해야 합니다. 그런 잘못을 범한 적이 없는데도, 만일 여러분이 이 법을 통과시킨다면, 이들이 하자가 있기 때문이 아니라 여러분이 이들을 시기해서 그 특권을 박탈한 것으로밖에 보이지 않을 것이니까요. 140. 한마디로, 아테나이인 여러분, 온갖 비난들이 있을 수 있지만, 그중에서도 이런 상황만은 반드시 피해야 합니다. 왜냐고요? 시기란 여러 가지 면에서 사악한 성질의 표상이며, 시기에 찬 사람은 양해를 구걸할 자격이 없습니다. 게다가 수치로부터 오는 악습을 혐오하는 우리 도시에서는 시기보다도 더 낯선 악덕이 없습니다.

141. 이런 사실에 대해 우리는 많은 증거를 가지고 있지요. 무엇보다 세상 사람들 가운데 여러분만이 도시를 위해 죽은 사람들을 공공경비로 장례를 치르고, 또 공공장례식에서는 용감했던 이들의 공적을 기려서 장례 추도사를 선포합니다. 이 같은 것은 용감함을 추모하는 사람들의 것이지, 그 용감함이 가져오는 명예를 시기하는 사람들의 행사가 아닙니다. 그다음, 여러분은 예부터 운동경기에서 승리한

이들에게 가장 풍성한 상을 주었습니다. 그런 명예가 부득이 소수에게 한정되지만, 여러분은 우승자들의 명예를 질투하거나 폄훼하지 않았지요. 이런 고귀한 예들 외에도, 제가 보기에, 관대함에 있어 어떤 곳도 우리 도시를 능가하지 못해요. 우리 도시를 위해 기여한 사람들에 대한 그 같은 포상의 풍성함이 우리 도시에 기여한 이들에게 쌓여왔습니다. 142. 이 모든 것들이, 아테나이인 여러분, 정의, 덕성, 도량의 증거들입니다. 그러니 역사를 관통하여 명성을 얻은 우리 도시의 명예를 지금에 와서 실추시키지 마십시오. 렙티네스가 자신이 싫어하는 사람들에게 분풀이하도록 하기 위해, 오랜 세월 여러분에게 주어졌던 공명정대의 명성을 여러분 자신과 여러분의 도시로부터 제거하여 물거품으로 만들지 마십시오. 이 재판에 아테나이의 위신 이외의 다른 어떤 것이 달렸다고 생각하지 마십시오. 그 위신이 지난날같이 훼손되지 않고 보존될 것인지, 아니면 버려져 쇠락의 나락으로 떨어지든지 하는 양단 간 기로에 있습니다.

143. 렙티네스의 법에는 놀라운 것이 많지만, 그중에서도 가장 놀라운 것은 다음과 같은 사실에 무지하다는 것입니다. 범죄에 대해 무거운 형벌을 판결한 사람이 스스로 범죄를 꾸며내려는 마음을 먹지 않는 것같이, 기부에 대한 보상 제도를 폐기한 사람은 스스로 선한 행위를 구상하지 않을 것이라는 점 말입니다. 지금 만일, 개연성이 있는 것으로서, 렙티네스가 이런 점을 몰랐다면, 그 자신의 부덕을 구체화한 법을 여러분이 폐기하도록 함으로써 당장에 자신의 실수를 인정할 것이지만, 만일 그가 완고하게 그의 법을 통과시키기를 원한다면, 저로서는, 비난까지는 하지 않겠지만, 그를 칭찬할 수는 없습니

다. 144. 그러니 렙티네스 씨, 고집부리지 마시고, 당신 자신이나 당신 지지자들의 평판에 아무 보탬이 되지 않는 길에 집착하지 마십시오. 특히 이 재판은 더는 당신을 위협하는 것이 아닙니다. 145. 이 자리에 있는 아세피온의 부친인 바티포스는 렙티네스가 여전히 배상 의무가 있었을 때 그를 고소했으나 이미 죽었고, 또 시효가 지났으므로, 지금 우리의 관심은 온통 법률에 관한 것일 뿐이고, 그 법의 제안자는 아무런 위험을 지지 않습니다.

146. 법을 보호하기 위해서 임명된 변호인단이 있는데, 이들은 아주 유능한 변론가들이지요. 아카르나이의 레오다마스, 하제니아의 아리스토폰, 케라메이코스의 케피소도토스, 헤르키아의 데이니아스 등이 그들입니다. 82 그러면, 여러분이 그들에게 반박했을 것으로 추정되는 주장을 제가 여러분께 말씀드리도록 해 주시고, 그 반박이 정당한지를 판정해 주십시오. 83 먼저 레오다마스의 경우를 들겠습니다. 그는 카브리아스에게 특혜가 수여되는 것을 두고 비난하였습니다. 그 특혜에는 다른 것들과 함께 면세특권이 들어 있었어요. 이 사건이 여러분 앞으로 제기되었을 때 레오다마스가 패소하였습니다.

---

82 이들 4명이 렙티네스와 함께 5명의 법률을 보호하는 변호인단을 구성했다. 아리스토폰은 에우불로스가 등장하기 전 아테나이 정계의 주역이었고, 당시 80세 가까운 나이였으며, 75번 위법고소(graphe paramonon)를 당했으나 다 무죄로 풀려났다고 자랑한다. graphe paranonmon이 포함되는 graphe(고소) 절차에 대해서는 최자영, 《고대 그리스 법제사》, pp. 578~580 참조; 같은 책(전자책), 제9장, 2. 2. (5) 에이산겔리아와 그라페 비교.
83 여기서 데모스테네스는 배심원 재판관들이 법을 보호하는 변호인단의 논리에 반박했을 것이라고 전제한다.

147. 그런데 법률은 같은 사람이 같은 주제로 두 번 재판받는 것을 금지하고 있고, 민사소송(dikai·권리 다툼), 자격심사, 중재, 또 다른 것 등이 다 그러합니다. 이런 사실은 별도로 하고도 도무지 말이 안 되는 것이, 그때는 여러분이 카브리아스의 공적이 레오다마스의 말보다 더 강하다고 보았으나, 지금은 그의 공적에다 다른 기여자들의 것들이 모두 더해진 지금, 다 합친 것이 말보다 더 약해지는 그런 아주 황당한 일이 벌어지고 있는 것이죠.

148. 아리스토폰의 경우에는 제가 아주 탄탄한 반론의 근거를 들 수 있습니다. 그는 여러분의 투표에 의해 면세특권을 포함하여 특혜를 부여받았습니다. 저는 거기에 아무런 하자가 없다고 봅니다. 여러분이 여러분의 것을 원하는 이에게 수여할 권한을 가지고 있으니까요. 다만 제가 공정하지 않다고 보는 것은 말이죠. 그가 특혜를 받게 될 때는 아무런 반대도 하지 않다가, 다른 사람에게 수여되려 하니 화를 내면서 그 특혜를 폐기하도록 여러분을 설득하려 하는 거예요. 149. 더구나 겔라르코스에게 5탈란톤을 주자고 제안한 것이 아리스토폰이었어요. 겔라르코스가 그전에 페이라이에우스에 있던 민주파에게 그만큼을 주었기 때문이라는 건데요. 그건 잘했죠. 그런데 당신은 증인도 없이 건네진 대부금을 회수하기 위해서 민중의 이름을 팔면서, 다른 한편으로는 민중 자신이 증인이 되어 신전에 비문을 세운, 모든 사람이 알고 있는 것은 없애려 하는군요. 한편으로는 빛을 갚아야 한다고 제안하면서, 다른 한편으로는 민중이 수여한 것을 도로 빼앗으라고 재촉하는 그런 짓거리는 하지 않는 것이 좋겠어요.

150. 케피소도토스에 대해서도 제가 할 말이 있어요. 아테나이인

여러분, 한 변론인으로서 그는 누구에게도 뒤지지 않아요. 다만 그가 그 재능을 덕 있는 사람을 해치는 것이 아니라 악당을 벌하는 데 쓰는 것이 훨씬 더 명예로울 뻔했죠. 만일 그가 적을 둔다면, 그 적은 민중을 이롭게 하는 이가 아니라 해치는 이였으면 하는 것이 저의 바람입니다. 151. 이제 디니아스에 대해서도 한마디 드리겠습니다. 그가 삼단노선주 부담과 다른 공적 부담을 수행한 것에 대해 여러분에게 언급할 것입니다. 신들의 이름으로 제가 믿고 있듯이, 디니아스가 도시를 위해 기여한 바가 많다면, 제가 권하고 싶은 것은, 이미 다른 이들에게 수여된 특혜를 뺏으려 할 것이 아니라 오히려 자신에게도 특혜를 수여하도록 여러분에게 요구하라는 거예요. 더 품위 있는 이라면 다른 이들이 그 공적에 따라 받은 명예를 질시하기보다, 자신의 공적에 알맞은 보상을 요구할 것이기 때문입니다.

152. 그러나 모든 변호인에게 있어 다른 무엇보다 중요하고 공통된 것이 있어요. 그들은 모두 지난날 여러 번 이런저런 사안에서 변호인[84]으로 일했다는 것이에요. 지금 여러분은 아주 훌륭한 법을 하나 가지고 있는데, "민중에 의해 뽑힌 이는 누구도 한 번 이상 변호인으로 임할 수 없도록 한다"는 것이에요. 그것은 물론 이들만을 향한 것은 아니고, 변호인이라면 누구라도 자신의 지위를 이익의 추구나 모함에 이용하는 것을 막기 위한 것이죠. 153. 실로 하나의 법을 제안하려 하고 그 필요성을 홍보하려는 사람은 스스로 기존의 법을 준수한다는 점을 보여야 합니다. 그렇지 않으면 호법 위원으로서 한 가

---

84 *syndikos.*

지 법을 지키고 다른 것은 스스로 어기는 것이 되어 불합리하죠. 관련된 법을 들고 읽어 주십시오.

법

아테나이인 여러분, 이것이 전통의 훌륭한 법인 것으로 변호인들이 현명하다면 어기지 않고 지키도록 해야 할 것입니다.

154. 이제 몇 가지만 더 말씀을 드리고 제가 내려가도록 하겠습니다. 아테나이인 여러분, 제 소견에 여러분은 우리 법률의 가능한 최대 효력을 도모해야 하겠습니다만, 특히 도시의 강점과 약점을 좌우하는 법률에 신경을 쓰셔야 하겠습니다. 그러면 어떤 것이 그런 것입니까? 잘하는 이에게 상을 주고 악을 행하는 자를 벌하는 것입니다. 실로 공포와 법적 처벌에 의해 사람은 모두 나쁜 일을 하지 않는 것이고, 또 공적에 따르는 보상을 바라서 의무의 길을 택하는 것이라면, 우리 도시가 커지지 못하도록 또 우리 시민이 한 사람의 악한도 없이 정직해지지 못하도록 막는 것이 무엇이겠습니까?

155. 지금 렙티네스의 법은, 아테나이인 여러분, 공적에 대한 포상을 폐기함으로써 명예를 좇는 자들의 선의를 사장시킬 뿐 아니라, 심각한 치욕의 무능으로 도시를 몰아넣음으로써 해를 끼칩니다. 중대 범죄 각각에 대해 명백한 하나의 벌이 법에 의해 주어진다는 사실을 여러분이 잘 알고 있기 때문입니다. 그 법에 따르면, "어떤 재판이든 형량의 산정은 한 번으로 그치며, 신체형이나 벌금 중 어느 하나를 부과할 뿐, 두 가지 다 부과하는 것이 아니다"고 합니다. 156. 그러나

렙티네스는 다른 기준을 적용하여 말하기를, 만일 누군가가 여러분에게서 보상을 요구한다면, "불명예에 처해지고 그 재산은 몰수된다"고 해요. 여기에 두 가지 벌이 가해지는 거예요. "고발과 체포 구인에 의한다. 만일 유죄가 되어 공공금고에 빚진 자는 공직 임명 관련 법에 따라 처벌된다"고 되어 있는데, 여기서 처벌이란 사형을 뜻하며, 이런 경우 그런 벌이 내려진다는 겁니다.

157. 아테나이인 여러분, 이 법은 비열하고 사악하고 시기와 심술로 그득한 것이고, 그 밖의 속성은 이만 생략하겠습니다. 법을 기안한 이가 좋아한 것이 바로 이런 속성들인 것 같으나, 여러분은 그들을 추종하지 마시고 여러분 스스로 그런 비열한 생각을 가진 것으로 비치지도 마십시오. 제우스의 이름으로 제게 말씀해 보십시오. 우리가 참으로 피해야 할 것은 무엇이며, 모든 법이 지켜내야 할 것은 무엇인가요? 서로 죽이는 일이 일어나지 않도록 특별한 파수꾼으로 아레오파고스 의회가 존재합니다. 158. 이런 법들 가운데 드라콘은 서로 죽이는 것이 끔찍하고 사악한 것이라고 보고, 살인자는 정화수, 헌주(獻酒), 잔치, 신전, 시장 등에 출입하지 못하게 했으며, 그 외 살인을 저지할 수 있는 다른 절차들을 마련했습니다. 그러나 그는 절대로 정당방위에 대한 권리를 없애지는 않았습니다. 정당방위 살인의 조건을 규정하고 그런 경우 피고는 죄가 없는 것으로 선언한 것이죠. 여러분의 법이 정당하게 살인도 할 수 있도록 인정하는 마당에, 렙티네스의 법은 상응한 자격이 있거나 다른 어떤 이유 등으로 포상을 요구할 권리도 허용하지 않는 겁니까? 159. 그것은 아니지요. 아테나이인 여러분, 도시에서 살인을 억제하려 하기보다 여러분의 은인이 보

상받지 못하도록 하기 위해 더 열성인 것으로 비치지는 마십시오. 그러기보다는, 여러분이 받은 은혜에 보상해온 사례들과 데모판토스[85]의 기념비를 기억하십시오. 그 기념비는 이미 포르미온에 의해 언급된 것으로, 누구라도 민주정치를 방어하기 위해 피해를 본 사람은 하르모디오스와 아리스토게이톤과 같은 보상을 받을 것이라고 적혀 있고 또 맹세로 보증되는바, 여러분은 이 (렙티네스의) 법을 폐기하는 데 표를 던지십시오.

160. 이 모든 것을 차치하고, 제 말을 조금 더 들어 주십시오. 과거와 미래를 같이 다루는 것은 좋은 법이 될 수 없다고 하는 점 말입니다. 이 법은 "하르모디오스와 아리스토게이톤의 후손을 제외하고는 아무도 면세 혜택을 누릴 수 없다"고 합니다. 당연하죠. 그런데 "앞으로 면세특권은 수여되지 않을 것이다"라고 해요. 아니, 렙티네스 씨, 그 같은 다른 기여자가 나타나도 안 된다는 말입니까? 당신이 과거를 매도할 수 있다고 칩시다. 그런데 혹시 앞날까지도 예견할 수 있다고 보는 건가요? 161. 당신 말에 따르면, 신에게 맹세코, 더 이상 그런 사태가 발생하지 않을 거란 것이죠.[86] 저도 그랬으면 좋겠어요, 아테나이인 여러분, 그러나 우리는 사람이므로, 그런 일을 대비하고 아무도 불만을 갖지 않는 그런 법을 만들어야 하는 것이지요. 한편으로 축

---

85 데모판테스 조령은 기원전 411년, 400인 과두정부가 해체되고 난 다음에 통과되었다. 그 내용은 400인의 일원이었던 프리니코스를 살해한 이들에 대한 보상을 제안한 것이다.

86 참주정치는 과거의 일이고, 앞으로 참주를 살해한 하르모디오스와 아리스토게이톤과 같은 이는 더 이상 필요하지 않는 것인가 하는 이의 제기를 내포한다.

복을 기대하고 또 신이 그것을 이루어 주도록 기도해야 하겠으나, 다른 한편 인간이라는 한계가 있음을 우리는 유념해야 합니다. 라케다이몬인들도 이 같은 상황으로 내몰릴 것이라고 예상한 적이 없었고, 시라쿠사이인들도 과거에 민주정체를 가졌고 또 카르케돈인들로부터 공세를 거두어들이고 주변 이웃들을 온통 지배하며 바다에서 우리를 능가했으나, 들리는 소문이 사실이라면, 한 서기 관료에 불과했던 사람[87]이 참주가 되어 자신들을 지배할 것이라는 생각을 하지 못했답니다.[88] 162. 오늘날의 디오니시오스[89]도 디온이 소수의 병력으로 화물선을 타고 쳐들어와서는 그렇게 많은 수의 삼단노전선, 용병, 도시들을 거느리는 지배자가 되리라는 것을 예상하지 못했던 것이죠. 그러니, 저의 소견으로, 미래는 모든 사람들로부터 가려져 있고, 거대한 사건은 사소한 일에서 시작됩니다. 그러니 번영할 때 우리는 겸손해야 하며, 또 전부터 미래를 대비하고 있음을 보여 주어야 합니다.

163. 이 (렙티네스의) 법은 전혀 좋은 것이 아니고 또 여러분에게 득되는 것이 아니라는 점을 증명하기 위해 누구라도 아직도 많은 이유를 들어 설명할 수 있겠습니다. 그러나 이 정도 말씀드리는 것으로 양해를 구하고 저의 말을 그치면서 여러분에게 부탁드리겠습니다. 여러분이 이 법을 폐기했을 때와 하지 않았을 때, 여러분에게 어떤 상황이

87　시라쿠사이의 지배자가 된 디오니시오스 1세로 서기직으로 공직을 시작했다.

88　Diodoros Sikeliotes(13. 96)에 의하면, 대(大·Presbyteros)디오니시오스는 시켈리아 시라쿠사이의 서기였다.

89　소(少·Neoteros)디오니시오스(2세)로, 기원전 357/6년 숙부 디온에 의해 시라쿠사이에서 추방되었다.

전개될 것인지 계산하고 비교하십시오. 그리고 그 각각이 초래할 수 있는 모든 결과를 신중하게 고려하셔서 더 좋은 쪽을 선택하십시오. 164. 만일, 저희가 권하는 대로, 여러분이 법을 폐기한다면, 자격 있는 이가 여러분으로부터 마땅한 보상을 받을 것이며, 자격 없는 이는, 그런 이가 있는 경우에 한하여, 그 혜택을 상실하게 될 뿐만 아니라, 우리가 제안하는 다른 법에 따라서, 여러분의 결정에 의해 어떤 벌이라도 받게 될 것입니다. 그렇게 되면 우리 도시가 믿음과 정의가 있고 또 진실한 것으로 모든 이에게 비칠 것입니다. 반면, 저로서는 그런 일이 없기를 기도하지만, 여러분이 이 법을 통과시킨다면, 헌신한 이는 용렬한 이들의 손에 피해를 보고, 쓸데없는 인간들이 다른 이들에게 화근을 불러오지만 자신들은 어떤 벌도 받지 않게 됩니다. 그러면 아테나이의 명성은 제가 앞서 말씀드린 것과는 정반대가 되어, 모든 이의 눈에 신의 없고 보잘것없으며 용렬한 것으로 비치게 되는 것이죠.

165. 아테나이인 여러분, 여러분에게 어울리는 선과 미덕이 아니라 그같이 졸렬한 길을 택하는 것은 옳지 못해요. 여러분 각자가 공동의 결정이 초래할 결과에 대해 일말의 책임을 지셔야 합니다. 여기 참석한 모든 이는 물론 다른 모든 사람이 알고 있는 것은, 이 법정에서 렙티네스는 우리와 싸우고 있지만, 여러분 각자의 내면에서는 인간애와 시기, 정의와 악의, 모든 유용한 것들과 용렬한 것들이 서로 충돌하고 있다는 사실입니다. 166. 만일 좀 더 선한 동기를 가지고 저희에게 표를 주시면 여러분은 올바른 판단으로 스스로를 위한 명성을, 도시에는 이득을 가져오게 되고, 어떤 상황에 봉착하면 자진하여 여러분들과 위험을 함께할 이들을 얻게 될 것입니다. 이 모든 것들을 고려

하여 제가 여러분에게 부탁드리는 것은, 어떻게 하면 실수의 나락으로 떨어지지 않도록 할 것인지 노력과 주의를 기울여 주십사 하는 것입니다. 많은 경우와 많은 사안에서, 아테나이인 여러분, 여러분은 올바른 선택을 하지 못하고, 변론가의 소란, 폭력, 뻔뻔함으로 인해 왜곡된 판단을 내리곤 했습니다. 지금 여러분에게 어울리지 않는 그런 실수를 하지 마시고, 167. 올바르다고 믿는 바에 천착하시고 투표하실 때까지 유념하십시오. 그러면 여러분이 한 맹세에 따라 교활한 것을 부추기는 이들의 꾐에 반대하여 표를 던지십시오. 화폐 가치를 떨어뜨리는 자를 사형으로 벌하면서도, 온 도시를 비열하고도 신의 없는 것으로 타락하게 만들 말에 여러분이 현혹되는 일이 생긴다면, 저로서는 황당할 따름입니다. 다만, 제우스와 신들의 이름을 걸고 그런 일은 없기를 바랍니다.

더 이상 말씀드릴 필요는 없을 것 같고, 여러분은 제 말씀의 취지를 이해하셨으리라 믿습니다.

21

폭행* 관련하여 메이디아스를 비난하여

해제

〈폭행 관련하여 메이디아스를 비난하여〉는 법정에서 실제로 발화(發話)된 것도 아니고, 데모스테네스가 대중 앞에 공개한 것도 아니다. 그 이유는 데모스테네스가 연루된 상황에 기인한 것이다.

메이디아스는 아나기루스구(區)[1] 출신 아테나이인으로, 부유하고 오만하고 비정한 이였으며, 사회적·정치적 영향력을 행사했다. 데모스테네스가 등장하기 전에 정계를 휘어잡았던 에우불로스파에 속했다.

데모스테네스와 메이디아스는 오래전부터 서로 앙숙이었다. 앙금은 젊은 시절 데모스테네스가 부친으로부터 받은 유산과 관련하여 자신의 후견인을 고소하면서 시작되었다. 메이디아스는 편법으로 데모스테네스 재산을 가로채려 했다. 서로 맞고소했으나 메이디아스는 무죄로 풀려났다. 이것을 계기로 데모스테네스를 옹호하고 자기에게 적대적인 사람들이 부당하게 처벌받도록 사주했다.

---

* 'kondylos'(주먹이라는 뜻). 참조, 이 변론 §72, 'kondylois'(남성 복수 여격). 여기서 이 변론의 제목, *Kata Meidiou per tou Kondylou*가 나온다.
1 아나기루스(Anagyrous)는 에레크테이스 부족에 속하는 구(區·*demos*)이다.

양자는 정치적 노선에서도 달랐다. 데모스테네스는 평화와 함께 정치적·경제적 번영을 주창하는 에우불로스와 정치적 노선을 달리했고, 메이디아스는 후자를 지지했다. 데모스테네스도 물론 평화와 번영을 반대하는 것은 아니었으나, 모든 것에 우선하여 마케도니아 필리포스의 세력을 먼저 제거하려 했다. 에우불로스 법에 의해 관극기금의 군자금 전용이 금지되고, 또 에레트리아의 참주 플루타르코스의 세력 강화로 인해 두 사람 간 갈등은 더욱 첨예해졌다.

이 변론을 쓰게 된 계기는 다음과 같다. 기원전 348년 혹은 351년, 데모스테네스는 대디오니시아 제전에서 자원하여 자기 부족의 무창단(舞唱團) 지휘자가 되었다. 메이디아스는 그의 임무 수행을 번번이 방해했다. 데모스테네스가 지지부진한 것을 보면서, 그에 대한 메이디아스의 공세적 불법, 부당행위가 정점에 달하여, 극장에서 무창단이 무대에서 벗어나기도 전에 관중들 앞에서 데모스테네스에게 폭행을 가했다.

데모스테네스의 반응은 냉정했으며, 바로 반격을 시도하지 않았다. 며칠 후 종교적 제례가 끝난 다음 민회에서 '예비제출'[2]의 절차를 통해 메이디아스를 고소했다. 이 절차는 주로 종교적 제례와 비의(秘儀)에서의 부당행위, 그리고 공금 유용, 무고(誣告), 공직의 태만한 수행 등과 관련한 것이다. 이때 원고는 당번 행정부 임직원들[3] 앞으로 서면 고소장을 제출하고, 그러면 행정부는 제례 기간이 끝난 후 첫 번째 민회의 안건으로 올려, 소송 쌍방이 각기 변론을 마친 다음, 거수로 결정한다.

민회에서 유죄로 판단되면, 원고는 확정판결을 구하기 위해 법정에 제소한다. 이때 원고가 반드시 법정에 제소해야 하는 것은 아니고, 또 민회의 유죄

---

2 *probole*.
3 *prytaneis*. 의회 (*boule*) 에서 10개 부족의 각 부족당 50명 의원들이 (1년에 10분의 1 기간 동안 돌아가면서 행정부를 구성한다.

판단이 그대로 유죄로 확정되는 것을 뜻하는 것이 아니다. 다만 그것은 상징적·도덕적 의미를 가지며, 원고의 입장을 강화하는 결과를 낳는다. 특히 이 사건 경우처럼 피고가 정치적·경제적으로 영향력 있는 경우에 그러하다.

민회에서 메이디아스는 유죄로 판단되었다. 그래서 데모스테네스는 사건을 법정으로 가져갈 수 있게 되었다. 그러나 데모스테네스는 법정에 제소하지 않았고, 그 이유가 무엇인지 연구자들의 관심이 모이고 있다. 상대소송인들은 데모스테네스가 30므나를 받고 소를 취하했다고 하나, 데모스테네스 자신은 분명히 반복하여 그 같은 주장을 일축한다. 돈을 받고 소를 취하하곤 하는 이들과 달리, 데모스테네스 자신은 회유, 야합이나 겁박에 넘어가지 않았고, 다만 상대의 비열한 행위에 대해 중벌을 요구했을 뿐이라고 한다. 그것은 메이디아스의 행위가 신과 인간의 법을 저버리고, 온 도시의 합법적 가치를 모독하며, 민주정체의 합법성이 가져다주는 편안함을 훼손했기 때문이라는 것이다. 실제로 데모스테네스가 금전에 매수되었다는 비난은 근거가 없다고 보는 것이, 이 변론 이외의 다른 변론과도 정합적이다.

메이디아스는 영향력 있는 인물이었고, 그 주변에 포진한 인물들도 그랬는데, 에우불로스도 그 가운데 한 사람이다. 반면, 데모스테네스는 젊은이였고, 이렇다 할 뒷배를 갖추지도 못 했다. 패소 가능성이 있었으며, 그럴 경우 공적 경력에 누(累)가 될 전망이었다. 게다가 당시 아테나이는 올린토스 패전의 후유증을 앓고 있었고, 조금 뒤에 필로크라테스의 평화(346 B.C.)가 이루어지게 되는 과정에 있었다. 이 같은 이해가 충돌하는 소송에서 도시의 의견이 나뉘게 될 것이라는 점은 친구나 적을 가리지 않고 명백한 것이었다.

이 변론이 발표되지 않은 것은 데모스테네스가 메이디아스에 대한 소송을 포기한 데도 다소간 원인이 있다. 중복된 표현, 앞뒤 문맥이 전도된 곳, 증거가 갖추어지지 못한 곳, 마무리되지 못한 것으로 보이는 부분 등은 그 같은 정황과 맥을 같이 한다. 일부 연구자들은 몇 군데 문장의 위치를 바꾸었으면 하는 의견을 제시하기도 한다. 데모스테네스가 메이디아스를 법정에 고소했더라면, 이 같은 점들이 보완되어 이 글은 지금과 다른 모습으로 남아 전해졌을 것 같다.

이 변론은 아테나이 변론술의 전형을 보여 준다. 먼저 민회에서 고발이 행해진 사실, 부당행위 과정, 메이디아스의 이력, 고발할 수밖에 없었던 이유 등을 나열한다. 이어서 데모스테네스는 소송상대가 전개할 수 있는 반론에 대해 일견하고, 또 자신이 소를 제기하게 된 근거의 정당성과 함께 메이디아스의 행위의 실제적 부당성을 피력한다. 동시에 지난날 이 같은 사건에서 재판관들이 취한 입장에 비추어 지금 재판관들이 취해야 할 입장에 대해 거론한다.

이어서 메이디아스가 데모스테네스 자신은 물론 다른 시민들에게 저지른 부당행위의 대체를 소개하면서, 그에 버금가는 행위를 한 다른 이들과 비교한다. 다른 이들은 그 같은 공적·사적 부당행위에 의해 처벌받았으나, 메이디아스는 나쁜 짓인 줄 알면서도 이를 행했고, 그럼에도 처벌받지 않은 사실을 자랑으로 여긴다는 점을 지적한다.

맺음말에서 데모스테네스는 재판관들의 선의에 호소하고, 메이디아스 지지자들의 정체와 심보에 대해 언급하며, 메이디아스를 처벌하면 법의 효력을 증명하는 귀감이 되고, 아테나이 정치체제를 지키는 기초가 될 것이라고 한다.

이 변론은 어떤 형식으로든 발표되지 않은 것으로, 데모스테네스의 사적 변론의 기술과 취향을 보여 준다. 나아가 과장되지 않은 절제된 설명, 증거 자료, 언제나 정확한 정보는 아니더라도 역사적 사건들의 언급, 그리고 종교적 축제의 부정행위와 관련하여 현존하는 유일한 증언들이 이 변론을 더 가치 있는 것으로 만든다.[4]

---

4 〈메이디아스를 비난하여〉에 관한 관심으로 이미 20세기 초부터 연구 서적이 발간되었다. 참조, J. R. King, *Demosthenes Speech Against Meidias*, Oxford, 1901; W. W. Goodwin, *Demosthenes Against Meidias*, Cambridge University Press, 1906.

1. 재판관 여러분, 메이디아스가 모든 사람에게 하나같이 방자하고 무례한 사실은 여러분뿐만 아니라 다른 도시 시민들도 모르는 것이 아니라고 저는 봅니다. 저로서는, 그저 여러분 가운데 누구라도 그 같은 모욕을 당했더라면 으레 하게 되는 그런 행동을 한 것뿐입니다. 축제 때 발생한 사건과 관련하여 저는 원고로서 민회에 민원5을 제기했습니다. 디오니시아 축제6 때 나를 다치게 했을 뿐만 아니라, 제가 무창단 지휘자7로 봉사하던 전 기간에 걸쳐 그가 행사한 다른 많은 폭력에 대해서 말이죠. 2. 그러나 품위 있고 정당하게 행동하는 민중은 모두 제가 당한 피해를 알고는 너무 분노하고 좌절하고 또 염려하여, 피고와 그 지지자들의 필사적 노력에도 불구하고, 그들 말에 귀 기울이지 않았고, 그 재물과 약속에 눈 돌리지 않았으며, 만장일치의 거수투표로 그에게 유죄 선고를 내렸습니다. 재판관 여러분,

---

5 *proubalomen*. 이 동사가 민회에 제기하는 '*probole*(예비심의)' 절차로 해석한다. '예비심의'란 재판에 붙이기 전에 일단 문제를 민회에 제기하는 것인데, 민회에서 승소판결이 나도 재판소에 회부할 것인가의 여부는 본인이 알아서 결정하는 것이고, 재판에 붙이지 않을 수도 있으므로 '예비심의'라고 한다.

6 대(大)(혹은 도시) 디오니시아 축제를 지칭하는 것으로 본다. 아테나이의 축제 가운데 하나로, 엘라페볼리온달(3월 중순~4월 중순) 8~14일(3월 하순경)에 거행된다. 이 축제 기간에 아티카 각 지역 사람들이 아테나이 도심으로 모여, 디오니소스 신상을 들고 거대 행진을 벌인다. 마지막 3일간 새 비극을 상연한다. 이 비극은 처음에는 테스피스가 대충 만든 장소에서 상연되었으나, 그 후 지금 남아 전하는 디오니소스 극장이 만들어졌다. 이 변론에서 문제가 된 민회는 이곳 디오니소스 극장 터에서 열렸던 것이다.

7 *choregos*. 무창단 지휘자란 무창단을 구성하는 자금을 대는 이인데, 그이가 바로 무창단(*choros*)을 지휘·감독하는 권리와 책임을 갖는다.

지금 여기 계시는 여러분 중에도 그런 분이 있고, 또 다른 많은 시민이 제게 와서, 메이디아스를 소추하여 여러분의 법정으로 넘길 것을 제안하고 종용했습니다. 그 이유는, 제 소견에, 두 가지 중 하나입니다. 아테나이인 여러분, 신들에게 맹세코, 이들이 보기에, 제가 당한 피해가 심각한 것, 그리고 다른 사안에서도 사람들이 익히 보아왔던 것으로 무모하고 뻔뻔하고 더는 용납할 수 없는 메이디아스가 벌을 받도록 하고 싶었던 것이지요. 상황이 이러하므로, 3. 제가 마땅히 원용할 수 있는 조치는 모두 당연히 여러분을 위한 것으로서, 급기야 제가 소를 제기하고, 여러분이 보시듯이, 제가 이 자리에 서게 되었습니다. 아테나이인 여러분, 저는 이 사건 기소를 취하하는 대가로 거액을 챙길 수 있었으나 거절하였고,[8] 갖은 간청, 유혹은 물론이고, 제우스의 이름으로 맙소사, 협박까지 견뎌내야 했습니다.

4. 이제 남은 것은 여러분의 결정에 달려 있습니다만, 조금 전 재판정 앞에서 원고가 하는 수작을 제가 목격한바, 그가 여러분 중 다수에게 치근덕거리고 부탁하면 할수록, 더욱 제게 공정한 판결이 이루어지리라 믿습니다. 앞서 그렇게도 진심으로 저를 지지해 준 사안에 대해 여러분이 소홀하게 여길 것이라거나, 맹세한 재판관으로서 여러분 중 누구라도 올바르다고 여기지 않는 결정을 내려서 메이디아스가 앞으로도 대놓고 방자하게 횡포를 부리도록 여러분이 방치할

---

8   데모스테네스가 뇌물을 받고 소 취하하는 그런 행위를 하지 않았다는 사실과 관련해서는 참조, 이 변론 §39~40, 120, 151, 215~216.

것이라는 생각을 가짐으로써, 제가 여러분 중 누구를 모욕하고 싶지 않습니다. 5. 그러니, 아테나이인 여러분, 제가 만일 위법의 제안,[9] 사신의 배임, 혹은 다른 어떤 사안으로 메이디아스를 비난하려 했다면, 여러분의 동정을 사려 하지는 않았을 것 같습니다. 더구나, 제소견에, 그 같은 종류의 사건에서 원고는 혐의를 밝히는 데만 집중해야 하지만, 피고로서는 동정을 구할 수 있지요. 이 사람은 심판관을 타락시켰고 그 때문에 제 부족이 부당하게 우승[10]의 기회를 잃었을 뿐만 아니라,[11] 6. 저 자신이 구타당했으며, 제가 아는 한, 다른 어떤 무창단 지휘자도 당한 적이 없는 그 같은 수모를 제가 당했습니다. 또 민중(민회)[12]이 그런 행위를 괘씸하게 여기고 저의 분노에 편승하여 이미 유죄 선고한 이 사람의 범죄 행각을 제가 비난하기 위해 (피고로서) 이 자리에 선 것이므로, 스스럼없이 저는 여러분의 동정을 구하려 합니다. 제가 이런 식으로 말할 수 있는 것은 저 자신이 피고

9　*graphe paranomon*(불법제안 혹은 위법제안). 위법제안이란 기존의 법에 어긋나는 조령이나 법안을 제안하는 것이다. 누가 위법제안 혐의를 제기하면, 문제가 되는 법안은, 이미 통과된 것이라 하더라도, 그 적용이 보류된다. 법이나 조령을 위법하게 제안한 것으로 유죄 선고받으면, 벌금형을 선고받고, 법이나 조령은 무효가 된다. 위법제안으로 세 번 유죄 선고받으면 자격박탈을 당한다. 이 위법제안 혐의 제기는 흔히 악용되기도 한다. 한 예로, 아리스토폰은 75번 위법제안으로 기소되어 재판받았으나, 무죄 방면되었다고 자랑하는 사실은 상징적이다.

10　우승한 부족에게 상이 주어진다. 참조, 이 변론 바로 아래 §17~18.

11　승리를 거둔 무창단 지휘자의 부족에게 주어지는 상을 말하는 것으로, 이와 관련된 사건은 아래 §17~18에 언급된다.

12　*demos*.

의 처지에 있기 때문이고, 제가 당한 모욕에 대해 마땅한 처벌을 요구하지 않는 것이 불행이기 때문입니다.

7. 그러니, 재판관 여러분, 여러분 모두에게 호소하건대, 먼저 제 말을 귀담아들어 주시고, 그다음에, 메이디아스가 저뿐 아니라 여러분, 법, 또 다른 모든 것을 모욕했음을 제가 밝힌다면, 저뿐만 아니라 여러분 자신을 위해서도 도와주십시오. 사건의 개요는 대충 이와 같습니다, 아테나이인 여러분. 제가 피해당한 것이고, 다시 제 몸이 곤욕을 치렀던 것이에요. 그러나 지금 재판이 진행되고 판결되어야 하는 사안은 누구라도 또 그 같은 행위를 되풀이하여, 여러분 가운데 누구에게라도 겁도 없이 행패를 부리도록 내버려둘 것인지 여부를 결정하는 것입니다. 8. 그러니, 여러분 가운데 누가 지금까지는 이 재판을 사적인 것으로 간주해왔다 해도, 이제는 아무라도 그 같은 행위를 하지 않도록 조치하는 것이 모든 이를 위한 공적인 것이라는 사실을 유념하십시오. 이렇듯이, 이 사건은 공동 현안이므로 제 말을 살펴 들으시고 더 올바르게 보이는 것에 찬성투표를 해 주십시오. 우선 원고의 고소장을 민회에 접수하는 절차와 관련한 법조문을 (서기가) 여러분에게 읽어 드릴 것입니다. 다른 사안에 대한 것은 그다음 제가 말씀드리겠습니다. 법조문을 읽어 주세요. 13

---

13 법정의 서기에게 청중에게 낭독해 주기를 부탁하는 것이다. 법 규정 내용의 진위(眞僞) 여부에 대해서는 연구자들 사이에 의견이 일치하지 않는다.

법조문

행정부 당직자14들이 판디아15 축제 다음 날에 디오니소스 극장16에서 민회17를 소집한다. 이 민회에서 먼저 종교적 사안을 다루고, 그다음 디오니시아 제전의 행렬과 경기와 관련하여 불만이 있는 원고의 고소가, 응분의 처벌을 받지 않은 것에 한하여, (이 민회에서) 제기된다.

9. 아테나이인 여러분, 여러분이 들으셨듯이, 원고의 소장 제출 절차를 적은 이 법조문에 따르면, 판디아 축제 이후 디오니소스 극장 민회에서 원고의 소장이 소개되어야 합니다. 그동안 의장들18은 장관19이 디오니시아 제전을 주관하는 것을 감독하고, 축제 행사에서 술주정하거나 불법을 저지른 이가 있는지를 감시합니다. 이 사건이

---

14 *prytaneis*. 1년 10달을 각각 10개의 부족 중 한 부족이 번갈아 가며 행정부 (*prytaneia*)를 관할한다. 각 부족은 50명의 의회(*boule*) 의원들로 구성된다.

15 판디아는 제우스와 셀레네의 딸이다. 제우스와 판디아를 기리는 아테나이의 한 축제를 판디아라고 하며, 엘라페볼리온달(3~4월)에 거행된다. 대디오니시아 제전 다음에 열리며 엘라페볼리온달 14일로 추정된다.

16 *en Dionysou*(디오니소스에서). 이것은 디오니소스 극장을 뜻하는 것으로 본다. 참조, 이 변론 §206. 여기서 '*en to theatro*(극장에서)'는 '디오니소스'라는 말이 생략되어 있으나 디오니소스 극장을 뜻하는 것으로 본다. 여기서 민회가 열리곤 했기 때문이다.

17 *ekklesia*.

18 *proedroi*. 민회를 주관하는 한 부족 50명 행정부 당직자 의원들은 10명씩 5개 조로 나뉘고, 1개 조 10명이 7일 동안 의회와 민회를 주관하는데, 이들을 의장들 (*proedroi*)이라고 한다. 또 10명 중 매일 번갈아 1명을 뽑아서 대표(*epistates*)의 직을 맡도록 한다(Aristoteles, *Athenaion Politeia*, 44. 1).

19 *archon*.

보여 주듯이, 이 법조문은 주효하고 유익합니다. 이 같은 위협이 잠재해 있는 판에, 적지 않게 방자한 이들이 있어도, 그들이 재판에 회부되거나 처벌받을 위험이 없다고 믿는다면, 무슨 짓을 할 것인지 어떻게 알겠습니까?[20]

10. 저는 다음과 같은 법조문을 여러분이 들어 주셨으면 합니다. 그 법을 보면 여러분의 신실함은 물론 그(메이디아스)의 무모함을 여러분 모두에게 드러날 것입니다.

법조문

에우에고로스가 발언했다. 페이라이에우스에서 디오니소스를 기리는 축제에서 행렬과 함께 희극배우와 비극배우들이 출연하고, 레나이온 축제에서 행렬과 함께 비극배우와 희극배우들이 출연하며, 또 아테나이 도심(en astei) 디오니시아 제전을 거행할 때 행렬과 함께 소년들, 축제 하객들, 희극배우, 비극배우들이 참가하고, 또 타르겔리아[21] 축제와 경기가 벌어지는 날 등에는, 채무 불이행자를 포함하여 타인의 재산을 압류하거나 탈취해서는 안 된다. 이 규칙을 위반하는 이는 피해를 본 이에 의해 재판에 회부되고, 부당행위자로서 그에 대한 기소가 디오니시아 신전에서 열리는 민회에서 이루어진다. 이는 다른 범죄자들에 대해 적용되는 법률에 따른 것이다.

---

20 형벌의 정도는 범죄 예방의 기능과 연관된다. 법 적용이 초래하는 예방 기능에 대해서는 참조, Platon, *Protagoras*, 324b.

21 아폴론을 기리는 축제로서 타르겔리온달(5월 중순~6월 중순)에 열린다.

11. 재판관 여러분, 유념하실 것은, 법의 전반부에서 축제 관련 법을 어긴 이들에 대해 공적 기소가 이루어지는 반면, 법의 후반부에서 (여러분은) 채무자의 돈을 갈취하거나 그 같은 목적을 위해 재물을 빼앗거나 폭력을 쓰는 이들에 대해 고소하도록 하고 있습니다. 축제 기간에 신체가 폭력을 당하거나 혹은 공적 용도를 위해서 사재에서 갹출한 재물이 훼손되는 것은 옳지 못하다는 생각에서, 재판[22]과 표결[23]에 의해 승소한 이에게 귀속하는 것이라도 축제 기간만은 패소한 이, 원래 소유자의 재산으로 유지하도록 여러분이 양해했습니다. 12. 그러니, 아테나이인 여러분, 여러분 모두가 남다른 관대함과 경건함으로, 축제 기간에는 지난날에 지은 범죄에 부과되는 벌금의 징수를 중단하기까지 했습니다. 그러나 메이디아스는, 제가 말씀드릴 예정입니다만, 바로 축제 기간에 범죄를 저질렀으므로 극형으로 다스려야 합니다. 제가 당한 폭력 행각을 처음부터 차례로 낱낱이 고한 다음, 마침내 저에게 폭행을 가한 상황에 대해 말씀드리겠습니다. 그러면 죽어 마땅한 것이 아닌 행위가 하나도 없다는 사실이 드러날 것이기 때문입니다.

13. 3년(만 2년) 전 판디오니스 부족이 무창단 지휘자를 구하지 못했어요. 그때 민회가 열려 법에 따라 장관이 피리연주자들을 추첨하여 무창단으로 배정했는데, 극렬한 토론과 비난이 오가면서, 장관[24]

---

22 *dike.*

23 *psephos.*

24 *archon.*

과 부족 감독자[25]들을, 또 감독자들이 장관을 비난했어요. 그때 제가 앞으로 나와 무창단 지휘자가 되기로 자청하고, 제일 먼저 피리연주 자를 추첨하는 행운을 갖게 되었습니다.[26] 14. 아테나이인 여러분, 여러분은 모두가 이 두 가지, 저의 자발적 기부와 제게 주어진 행운을 진심으로 축하하여, 환호하고 손뼉을 치며 칭송과 감사의 정을 보내 주셨습니다. 그런데 거기에 딱 하나 예외로 못마땅한 얼굴을 보인 것 이 메이디아스였지요. 그는 축제가 진행되는 동안 줄곧 나를 따라다 니면서 다소를 불문하고 제게 문제를 일으켰어요. 15. 저의 무창단에 속한 대원들이 군역(軍役)에서 면제를 받는 데 반대하기도 하고, 또 디오니시아 제전에서 스스로 감독자의 후보로 나서서 뽑아 달라고 요 구하기도 한 일이 있고, 또 다른 사안들도 있지만 여기서는 생략하겠 습니다. 그로부터 괴롭힘 당하고 피해 입은 저로서는 그 같은 행위가 여느 다른 끔찍한 사건과 같이 분노를 자아내는 것이지만, 직접 당사 자가 아닌 여러분에게는 송사할 거리도 되지 않는 것처럼 보일 수도 있겠다는 사실을 제가 모르는 것이 아닙니다. 그래서 저는 여러분 모 두가 함께 분개할 사안에 대해 말씀드리려 합니다.

16. 위 사건에 이어서 그가 한 행위는, 제가 말씀드리겠습니다만, 도를 넘었어요. 그때 제가 바로 민중 앞으로 그를 고발했어요. 그런 일도 없었더라면, 지금에 와서 새삼스레 그를 법정에 소환하는 일은

---

25 *epimeletai.*
26 피리연주자들은 음악을 연주하여 연극 상연을 돕고 배우가 발언할 때 분위기 조성 을 돕는다. 무창단 지휘자(기부자)들이 차례로 추첨되어 이들을 뽑는다.

절대 없었을 거예요. 27 축제를 위해 만든 신성의 예복, 그 예복은, 제 소견에, 쓰임새가 끝날 때까지는 신성한 것으로 여겨져야 합니다. 그런데 그 예복과 함께, 제가 무창단의 장식을 위해 주문한 금관들을, 아테나이인 여러분, 그가 망가뜨리려 했어요. 야밤에 금(金) 세공인 집에 침입해서 그것을 망가뜨렸는데, 힘에 부쳐서 완전히 훼손하지는 못했지요. 이 도시에서 그 같은 폭력을 감히 시도하거나 자행했다는 말을 들어 본 적이 있다는 말은 아무도 못 할 겁니다. 그런데 거기에만 만족한 것이 아니었고, 아테나이인 여러분, 17. 그가 저의 무창단 지도교사까지 매수했어요. 만일 피리연주자 텔레파네스가 제 신실한 친구가 아니었고, 또 상황을 간파하고 그(메이디아스)를 멀리하면서 스스로 무창단을 결속하고 훈련시켜야 하겠다고 마음먹지 않았더라면, 우리 무창단은 경연도 못 할 뻔했지요. 아테나이인 여러분, 훈련도 못 한 채 출전하게 되어, 좋은 결과를 얻지 못했을 것이니까요. 더구나 그의 무법행위가 이런 정도에서 그친 것이 아니었고, 급기야 화관을 쓴 장관을 매수했고, 저를 노리고 무창단 지휘자들을 몰고 나타났으며, 판관들이 맹세할 때 옆에 서서 고함지르고 협박해댔지요. 그가 무대 양옆 측실28을 막고, 공적 지위도 없는 개인인 주제

---

27 데모스테네스는 민회에서 미리 이루어지는 '*probole*(예비심리)'의 긍정적 의미를 시사하고 있다. 민회의 예비심리에서 메이디아스의 유죄 결정을 받아 내지 못했더라면, 법정에 회부하지 못했을 것이라고 하기 때문이다. 특히 피고의 사회적 입지나 친교의 유대가 막강할 때 그러하다.

28 *ta paraskenia* (*para*는 옆, *skenia*는 무대란 뜻). 극장 뒤쪽 양측에 무대로 연결되는 공간으로, 무창단 등이 이곳을 통해 무대로 나아간다.

에 공적 통행29을 방해하는 등, 저에 대한 못된 짓과 말로 다 할 수 없
는 해악을 멈추지 않았던 거예요. 18. 민중이나 극장 심사관들 앞에
서 일어났던 그 같은 행위 관련하여, 재판관 여러분, 여러분 모두가
저를 위한 증인입니다. 실로 신빙성이 있는 것으로 간주되어야 하는
주장은 이곳 재판관들이 스스로 진실임을 증명할 수 있는 것이에요.
그렇게, 그가 경선 심판관들을 미리 매수한 다음, 실로 앞서 말씀드
린 행위에다 두 가지 비리를 더함으로써 실로 압권을 이루었어요. 그
가 제 몸에 폭행을 가했고 또 승기를 타고 있던 우리 부족이 우승하지
못하도록 방해한 것이 그러합니다.

19. 제 부족 사람들과 저 자신에 대해 메이디아스가 저지른 포학한
행위, 그리고 축제 관련하여 자행한 부당행위에 대해 제가 공소장을
제출한 것입니다. 아테나이인 여러분, 그 외에도 다른 많은 짓거리
한 것이 있는데, 제가 할 수 있는 데까지, 바로 여러분에게 말씀드려
야 할 것 같습니다. 또한 이 사람(메이디아스)이 여러분 중 다수에 대
해 자행한 또 다른 기상천외의 사악한 행위와 무례, 또 가증스러운 이
사람의 수많은 가공할 뻔뻔함에 대해서 말씀드릴 것도 있습니다.
20. 이렇듯 그에 의해 피해 본 이들 중, 아테나이인 여러분, 일부는,
그를 겁내고, 그의 무모함, 그와 함께 하는 무리들, 부, 그 외에도 그
가 가진 것들을 두려워해서, 입을 다물었어요. 다른 이들은 도전했으
나 실패했고, 또 다른 이들은 그와 타협했는데, 그렇게 하는 것이 최
선이라 여겼던 것이지요. 부득이 그런 길을 택한 이들은 자신의 편

---

29 양쪽 측실에서 무대를 향해 나아가는 통로.

익30을 위한 것이나, 법의 편익이라는 점에서 본다면, 그가 법을 어기면서 지금 저와 다른 모든 이를 음해한 사실에 대해 여러분이 단죄해야 합니다. 21. 그러니 그가 저지른 모든 범법행위를 합쳐서, 여러분이 적정하다고 생각하는 총량의 벌을 내리십시오. 이제 저는 우선 저 자신이 피해당한 것부터 증거를 대고, 그다음 여러분 관련한 것을 다루겠습니다. 그런 다음, 아테나이인 여러분, 그의 이력 전체를 검토함으로써, 그가 한 번이 아니라 수백 번 죽임을 당해 마땅하다는 사실을 제가 밝히겠습니다. 먼저 금세공장인의 증언을 듣고 저를 위해 읽어 주십시오.

증언

22. 헤르키아구(區) 출신 팜메네스의 아들, 저 팜메네스는 광장(시장)에 금세공 점포를 가지고, 거기서 거주하고 일을 합니다. 저는 데모스테네스를 위한 증인으로 나왔는데, 그는 금관을 만들고 금수를 놓은 의상을 지어 달라고 주문했어요. 디오니소스를 기리는 축제 행렬에 착용하려 했던 것이었지요. 제가 그것들을 다 만들어서 준비를 끝냈을 때, 데모스테네스에 의해 고소당했던 메이디아스가 야밤에 한 무리를 대동하고 제 집으로 쳐들어와서 화관과 예복을 망가뜨리려 했습니다. 그래서 일부가 훼손되었으나, 제가 나타나 저지하는 바람에 완전히 망가뜨리지는 못했습니다.

---

30 *dike.*

23. 이렇듯, 아테나이인 여러분, 이 변론 서두에 여러분에게 언급했듯이, 저는 그가 다른 사람에게 해를 끼친 많은 부당행위에 대해 말씀드릴 수 있어요. 그 무례하고 비열한 행위에 대해 제가 수집해 놓은 것을 바로 들으실 수 있겠습니다. 31 피해 본 이들이 제게로 모여드는 바람과 관련 사실을 모으기 용이했습니다. 24. 다만 그전에, 제가 귀동냥한바, 그가 여러분을 속이려 하는 술수에 대해 먼저 말씀드리려 합니다. 먼저 이 점에 대해 거론하는 것이 저를 위해서도 불가피한 것이지만, 귀담아듣는 것이 여러분 자신에게도 참으로 유익할 것이기 때문입니다. 왜냐고요? 기만(欺瞞)을 예방하는 그 같은 조언이 정당하고, 또 여러분이 한 맹세에 어울리는 결정을 내리는 데 도움이 될 것이니까요. 다른 무엇보다 제 말에 귀 기울이시고 마음에 새겨서, 그가 하는 말은 조목조목 따져 보도록 유의하십시오.

25. 우선 그가 사적으로 한 말을 통해 제가 얻은 정보에 의하면, 그가 다음과 같은 주장을 펼 것이 분명하다고 합니다. 제가 주장하는 것

---

31 이 변론 §19~21에서 데모스테네스는 민회의 예비심리 절차 관련에서 벗어나, 삶의 이력 등 다른 측면에서의 메이디아스의 부당행위에 대해 거론한다. §22에서는 예비심리에서 유일하게 거론되는 확실한 부당행위로서 금세공장의 증언이 나온다. §23에는 §19~21에는 다시 메이디아스의 부당행위가 다른 이들을 곤혹스럽게 한다는 것, §24에는 데모스테네스가 무창단 지휘자(기부자)로 있을 때 메이디아스가 그를 방해한 사실을 진술한다. 이런 서술의 순서가 딱히 정합적이지 못하다고 보고, 이것이 데모스테네스의 작품이 아니라거나, 혹은 수정을 거치지 않은 것이라거나 하는 견해가 있다. §23은 이 변론 §128(메이디아스가 다른 이들에게 누끼치는 부당행위에 대해 거론하기 시작하는 곳) 앞으로 옮기는 것이 좋을 것 같다는 의견도 제시되었다(W. W. Goodwin, *Commentary on Demosthenes* 참조).

같이, 실제로 제가 그에 의해 피해를 봤다면, 그를 상대로 사적 소송들을 제기해야 했다는 겁니다. 한편으로, 예복과 금관을 훼손하고 무창단 활동을 전반적으로 방해한 데 관련한 손해32 사건, 다른 한편으로, 제가 그로부터 신체를 폭행당했다고 주장하는 바의 폭행33 사건으로 말이지요. 34 제우스의 이름으로, 제가 그에게 공적 사안으로35 소를 제기하고 그가 감내해야 할 처벌이나 벌금을 제안해서는 안 된다는 거예요. 26. 그러나 제가 딱 하나 확신하고 있고, 여러분도 알아야 하는 것이 있습니다. 만일 제가 공적 부당행위로 소를 제기하지 않고 사소(私訴)의 절차로 했더라면, 그 반대 주장을 폈을 것이란 거예요. 다시 말하면, 만일 저의 주장이 사실이라면 공소를 제기하여 그에 합당한 처벌을 제안했어야 했다는 말을 제가 듣게 되었을 것이란 말이죠. 더구나 무창단이 도시에 속하고 예복이 오직 축제를 위해서 만들어진 것이었고, 또 피해를 본 저 자신이 무창단 지휘자이기 때문에 그렇게 해야만 한다고 말했을 거예요. 축제를 모독한 이에 대해 법이 규정한 벌이 아니고서, 다른 어떤 처벌을 누구라도 거론할 수 있느냐는 것이죠.

---

32 (dike) blabes.
33 (dike) hybreos.
34 데모스테네스는 여기서 민회의 '예비심리' 절차에 호소한다. 공적 행사인 축제와 관련하여 이루어진 부당행위이기 때문이라는 것이다. 폭력 재판(dike aikeias) 혹은 손해 재판(dike blabes) 등 사소(私訴)나, 폭력 관련 공소(graphe hybreos, 이 변론 §47 참조)에 의거할 수도 있지만, 자신은 사소나 공소가 아니라 '예비심리(probole)' 절차에 의거한다는 점을 밝힌다(이 변론 §26, 28 참조, proubalomen).
35 demosia.

27. 그 같은 상황에서는, 36 그가 이런 말들을 해댔을 것이라고 저는 봅니다. 제 소견에, 피고 및 부당행위자는 정작 처벌받게 되어 있는 절차를 피하려고 규정에도 없는 엉뚱한 절차가 적용되어야 한다고 말하는 경향이 있습니다. 그러나 현명한 재판관은 그 같은 핑계를 무시하고 폭력을 행한 이를 처벌해야 하는 겁니다. 28. 법에 따라 제가 사소37와 '폭행죄 공소'38 가운데서 선택할 수 있다는 주장을 그가 하지 못하도록 여러분이 금지해 주십시오. 그 대신 제가 고소한 바로 그 행위를 그가 하지 않았다거나, 아니면 그 부당행위가 축제와 무관하다는 사실을 그에게 증명하도록 하십시오. 제가 그를 상대로 공소 제기한 이유가 바로 그런 것이고, 여러분이 지금 투표로 결정해야 하는 것도 바로 그에 관한 것이니까요. 만일 제가 사소가 가져올 이익을 포기한 채, 39 그의 처벌을 국가에 위임한다면, 또 제 스스로 득 볼 것이 없는 이 같은 소송형식을 택한 것이라면, 실로 저는 여러분의 적의가 아니라 호의를 받을 자격이 있습니다.

36　실제로 원고는 공소를 제기했으나, 만일 원고가 공소를 제기하지 않고 사소를 제기한 것이라면 피고 측이 그런 말을 했을 것이라는 뜻이다.

37　*dike*.

38　*graphpe hybreos*. '*grphe*'는 '*dike*'와 달리 기소자가 상당 금액을 보증금으로 걸고 고소하는 것으로서, 재판에서 5분의 1의 찬성표도 얻지 못할 경우 보증금을 몰수당하는 위험을 감수하는 재판 절차이다. 참조, 최자영, 《고대 그리스 법제사》, p. 445, pp. 564~565, pp. 578~580; 같은 책(전자책), 제6장, 4. 3) 아르콘의 관할권; 제9장, 1. 송사(訟事)의 구분; 제9장 5. 소송억제장치: 벌금제도.

39　사소에서 피소한 피고가 무는 벌금 가운데서 일부가 다소간 원고에게로 돌아오는 경우가 있다.

29. 또 제가 듣기로, 다음과 같은 대단한 주장을 하려 한답니다. "저를 데모스테네스의 손아귀에 넘기지 마십시오. 저를 파멸시켜서 데모스테네스에게 이익이 되도록 하지 마십시오. 지금 그와 다투고 있는 저를 파멸시키렵니까?" 제 소견에, 그는 이 같은 넋두리를 자꾸만 반복하여 여러분이 저에 대한 편견을 갖도록 하려 합니다. 30. 그러나 사실이 그렇지 않고, 그와 유사한 것도 아닙니다. 여러분은 절대로 범죄자를 고소인의 처분에 넘기지 않습니다. 또 누가 피해 본 사람이 있다면, 여러분은 언제나 피해 본 쪽이 여러분에게 요구하는 그같은 벌만 내리는 것이 아닙니다. 오히려 여러분은 범죄가 발생하기 전에 법을 만들어 둔 것이에요. 누가 가해자이고 피해자인지 특정되기 전에 말이죠. 이런 법은 어떤 효과를 노리는 것이겠습니까? 도시 내 모든 이[40]가 피해당했을 때 법을 통해 구제받을 수 있도록 기회를 주려는 겁니다. 그래서, 법을 어긴 이를 벌하려 할 때, 여러분은 그를 고소인의 손에 넘기지 않고, 여러분 스스로 법을 확고하게 합니다.

31. 그에 더하여, "데모스테네스가 폭행을 당했다"고 하는 사실은 모든 이를 위한 공정과 공평과 관련된 사안이기도 합니다. (폭행이 일어난) 그날은 개인으로서의 데모스테네스뿐만 아니라, 여러분의 무창단 지휘자를 모욕한 것이니까요. 이 같은 점은, 가능하다면, 다음의 사실에서 이해하실 수 있겠습니다. 32. 여러분이 당연히 알고 계시듯, 법무장관들[41]은 아무도 그 이름이 '법무장관'이 아니고, 각기

---

40 '모든 이'에는 예속인도 포함된다는 점과 관련하여 참조, 이 변론 §46 참조.
41 *thesmothetes*(법무장관). 아테나이 10명의 장관 가운데서 6명이 법무장관이다.

고유의 이름을 가지고 있습니다. 어떤 이가 이들 가운데 누구를 사적으로 모욕하고 비난한다면, 그 모욕 관련으로 고소당하고 사소에 회부됩니다. 그러나 법무장관직과 관련하여 모욕한다면, 영원히 자격박탈[42] 형에 처해집니다. 이유가 뭘까요? 그 같은 부당행위를 한 사람은 법은 물론, 공공 화관과 함께 도시의 명예에 먹칠한 것이기 때문이지요. 법무장관이란 이름은 개인이 아니라 도시의 공직이기 때문입니다. 33. 같은 맥락에서 관을 쓴 장관을 폭행하거나 모욕하면, 자격박탈을 당하지만, 사적 관계에서 행하면 사소에 회부됩니다. 그런데 이것은 이들뿐 아니라 도시가 화관이나 모종의 명예에 따른 특권을 부여받은 모든 이에게 적용됩니다. 그러니 저의 경우도 마찬가지인 것이, 만일 메이디아스가 다른 어느 날에 사인(私人)으로서의 저에게 피해를 주었다면, 제가 그에게 사소를 제기하면 되었을 겁니다. 34. 그러나 신성한 축제의 날[43]에 여러분의 무창단 지휘자에게 폭력의 부당행위를 저지른 것으로 드러난 것이라면, 그는 공분을 사고 마땅한 처벌을 받아야 합니다. 데모스테네스인 동시에 도시의 공직인 무창단 지휘자가, 그것도 법률이 금하는 그 같은 날에 폭행당했기 때문이지요. 법률을 제정할 때는 그것이 갖는 비중을 가늠해야 하고, 또 제정한 다음에는 잘 적용되도록 감독해야 합니다. 그런 것이 여러분이 한 맹세, 또 보편적 공정성에 부합하는 것이죠. 35. 여러분은

이들은 예비심리(probole) 청구 사건을 민회에 상정하는 일을 맡는다.

42 *atimos*.

43 *hieromenia*. 큰 종교적 축제가 거행되는 날들을 말한다.

지난날 물질적 피해, 신체적 상해, 모욕 등에 관한 법률을 가지고 있었어요. 그런데 만일 그런 법으로 디오니소스 축제 기간에 벌어진 이들을 처벌하는 데 부족함이 없었더라면, 달리 이 같은 법이 필요 없었을 겁니다. 그러나 그것만으로 부족했던 거예요. 그 증거가 있어요. 신성의 달 동안 이 신을 위해 신성의 법을 여러분이 제정했으니까요. 그런데 누가 기존의 법과 이어서 제정된 법은 물론 기타 모든 법을 어긴다면, 그 행위에 대해 처벌을 면해야 하나요? 아니면 더 엄하게 처벌받아야 할까요? 제 소견으로는 후자입니다.

36. 누가 제게 귀띔하기를, 메이디아스가 언젠가 공격당한 적이 있는 이들의 예를 조사해서 파악한다고 하고, 이들이 스스로 당한 피해 관련하여 여러분 앞에서 발언하고 상황을 설명할 것이라고 해요. 예를 들면, 아테나이인 여러분, 여러분 법정에서 의장[44]이 폴리젤로스에게 폭행당했고, 최근에는 법무장관이 피리 부는 여인을 구하려 하다가 구타당하는 등, 또 그 같은 일들이 있었거든요. 그 사람(메이디아스) 생각에, 끔찍하고도 숱한 피해를 당한 다른 많은 이들의 사례를 들이댄다면, 그가 저에게 가한 폭력이 여러분에게 대단치 않은 것으로 보일 것 같았던 것이겠죠. 37. 그러나 제 소견으로는, 아테나이인 여러분, 여러분은 오히려 그 반대로 생각하셔야 할 것 같습니다. 여러분은 모든 이의 안전을 염려해야 할 테니까요. 이 같은 폭력이 자주 발생하는 이유는 가해자를 처벌하지 않기 때문이고, 반대로 앞으로 누구라도 그 같은 폭력을 행하지 않도록 예방하는 유일한 방도는

---

44 *proedros.*

폭력으로 붙들린 이가 나올 때마다 바로 가해자를 벌하는 것임을 모르는 이가 여러분 가운데 있습니까? 그러니, 세인에게 경고하려 한다면, 그런 폭력 사건의 사례야말로 메이디아스도 벌해야 하는 이유가 되는 것입니다. 그것도 그 부당행위의 빈도와 심도에 걸맞게 말이죠. 그 사람(메이디아스)이나 다른 이들을 무모하게 만들고 싶으시다면야 그를 방면하도록 하십시오.

[38.45 더욱이 메이디아스에 대해서는 다른 이들에게 베푼 그 같은 양해를 할 만한 이유도 찾을 수 없어요. 우선, 법무장관을 구타한 사람은 세 가지 이유를 제시했어요. 음주, 애정, 그리고 캄캄한 밤중이라 분간을 못했다는 것이죠. 그다음 의장을 폭행한 폴리젤로스는 분노와 다혈질 성격이 이성을 마비시켰을 뿐, 적의나 피해를 주려는 의도가 없었어요. 그러나 메이디아스는 이 같은 이유가 적용되지 않아요. 적의를 가지고 대낮에 의도적으로 저를 폭행했으니까요. 그때뿐아니라 때마다 그는 저를 고의로 해치려 했던 거예요. 39. 거기다가 저와 위 경우 피해 본 이들의 입장을 비교해도 닮은 점이 없어요. 첫째, 법무장관은, 여러분이나 법을 존중하거나 구애받지 않고, 사적으로 돈을 받고는 소(訴)를 취하했어요. 같은 식으로 폴리젤로스에게 폭행당한 사람도 사적으로 협상함으로써 법과 여러분을 도외시하

---

45 §38 이후부터 §40 중후반까지의 원문은 10세기경의 필사본 S(Parisinus 2934)와 F(Venetus Marcianus 416)에 폐기되어야 할 부분으로 화살표 표시가 되어 있다. 그러나 이 부분은 위 §36~37에 나오는 폴리젤로스의 폭력 행사와 법무장관이 당한 폭행 관련 내용, 또 데모스테네스와 메이디아스 간에 벌어지는 현 소송에 대한 보충적 서술로서 유지하는 것이 좋을 듯하다.

고 폴리젤로스를 고소하지 않았지요. 40. 지금 이들에 관해 비난하려 하는 이가 있다면, 그 사례들을 인용할 수 있어요. 그러나 메이디아스에 대한 저의 비난을 반박하려 한다면, 다른 사례들은 다 인용한다 해도, 위 사례들은 제외해야 합니다. 저는 이들과 완전히 다르게 처신한 것으로 드러나기 때문입니다. 무언가 보상을 받으려 한 것이 아니라, 법과 신, 그리고 여러분[46]을 위해, 지금에야 정당하게 처벌이 내려지도록 여러분 재량에 맡기게 된 것이니까요. 47) 그러니 그 같은 사례를 들어 그가 변명하도록 내버려두지 마시고, 만일 그가 바른말하는 것이라고 억지 부려도 넘어가지 마십시오. 41. 이렇게 해서 여러분이 결정에 이르게 된다면, 그는 한마디 허튼소리도 못 하게 될 것이니까요. 그가 자행한 행위에 대해 그가 어떤 구실, 어떤 관대하고 적절한 변명을 대겠습니까? 제우스의 이름으로, 아마도 그는 분노 때문이라고 할 것 같아요. 순간적인 자제력의 상실로 인해 피해가 발생한 경우에는, 그가 분노하여 행동한 것이라고 말할 수가 있어요. 그러나 수년에 걸쳐 계속 법을 어긴 정황이 드러난다면, 단순히 분노 때문이 아니라, 고의로 폭력을 행사한 것이 되는 겁니다.

42. 그런데, 지금, 제가 비난하는 행위를 그가 한 것이 드러났고, 그것도 폭력적으로 행한 것이므로, 재판관 여러분, 법을 살펴보십시

---

46 이 변론 §39~40에서 데모스테네스는 가해자와 타협하여 소 제기를 취하하는 그런 행위를 하지 않는다는 점을 밝힌다. 참조, 이 변론, e, 120, 151, 215~216.
47 이 대목은 데모스테네스가 메이디아스를 정식으로 고소하지 않았던 사실을 엿보게 한다. 그러나 그 타협은 돈을 받아서가 아니라 정치적 이유에 의한 것이었다. 참조. 이글 21. 3:39~40: 120: 151: 215~216. ,

오. 특히 여러분은 법에 따라 재판하기로 맹세하셨습니다. 고의로 또 폭력의 목적으로 법을 어기는 이들이, 다른 방식으로 범법한 이들에 비해, 얼마나 더 큰 분노를 사고 더 무거운 벌을 받아야 하는지 유념하십시오. 43. 먼저 물리적 피해와 관련한 법부터 살펴보겠습니다. 누가 고의로 무엇을 파손하면, 그 손해의 갑절을 물어내야 하고, 또 고의가 아니면 손해만큼의 값을 물어야 합니다. 당연한 것이죠. 법에 따라 피해자는 어떤 식으로든 보상받아야 합니다. 그러나 고의인가 비고의인가에 따라 가해자에게 돌아가는 분노는 같지 않습니다. 그다음, 사람을 죽이는 경우48 법은 계획적 살해에 대해서는 사형, 종신추방형, 재산몰수 등으로 처벌합니다. 그러나 고의 없이 사람을 죽이는 경우에는 양해와 더 큰 동정을 베풉니다. 44. 앞에서 언급한 경우뿐 아니라 다른 사안에서도, 고의로 폭력을 행사한 이에 대해 법은 엄하게 대처하는 것을 보게 됩니다. 그러나 유죄 선고 받은 이가 마땅한 벌금을 물지 않는 경우, 법은 왜 사소로서 명도(明渡)49를 명하지 않고 공적 벌금을 물도록 하는 것일까요? 또 어떤 이가 상호 동의에 의해 타자로부터 일정액, 2탈란톤, 혹은 10탈란톤을 취하고 사기를 쳐서 횡령한다면, 도시는 그런 거래에 관여하지 않아요. 그러나 하찮은 금액에 불과한 것이라도 만일 누가 폭력으로 갈취한다면, 사인(私人)에게 지불되어야 하는 것과 같은 금액을 공적 벌금으로 지불하도록

---

48 사람을 죽이는 것(*anthropoktonia*) 관련하여 참조, Demosthenes, 23. 22~62.

49 명도(明渡) 소송은 재산을 점유한 이를 그 점유 재산으로부터 축출하기 위한 것이다. 명도소송 관련한 것은 참조, Demosthenes, 30, 31(〈오네토르에 반대한 명도소송〉, 1, 2).

규정한 법이 있는 것은 어째서일까요?

45. 그것은 입법자가 온갖 폭력행위는 공적 범죄로서 직접 당사자 아닌 다른 이에게도 관련되는 것이라 보았기 때문이지요. 또 힘은 소수에 속하지만, 법은 모든 이에게 다 같이 속하기 때문이고, 또 상호 동의에 의해 사기를 당한 이는 사적 도움을 필요로 하지만, 폭력의 피해자는 공적 구제가 필요하다고 본 것입니다. 그래서 폭력의 경우에도 법률은 원하는 이는 누구나 공소를 제기할 수 있도록 허용했으나, 벌금은 모두 공금으로 잡히도록 한 것이죠. 입법자의 생각에, 피해자 측은 물론 도시가 폭력 행사자에 의해 피해를 본 것이고, 또 그를 처벌하는 것으로서 피해자에 대한 충분한 보상이 된 것이고 그 같은 부당행위로 인해서 사적으로 재물을 챙겨야 하는 것은 아니니까요.

46. 심지어 입법자는, 만일 예속노동자50가 폭행당해도 그같이 공소를 제기할 수 있다고까지 보았습니다. 피해자가 누구인지가 아니라 행위가 어떤 것인지 살펴야 한다고 보았기 때문이지요.51 폭력은 완전히 불법인 것이라 보았으므로, 예속노동자는 물론 그 누구를 막론하고 그에 대한 폭력을 금지했습니다. 아테나이인 여러분, 폭력보다 더 흉측한 것, 또 여러분에게 더 큰 분노를 자아내는 것은 아무것도 없는 것이에요. 폭력에 관한 법을 들고 읽어 주십시오. 법조문 자체를 듣는 것만큼 중요한 것은 없으니까요.

---

50 *doulos.*
51 참조, 이 변론 §30, 46.

법

47. 만일 누가, 자유인이건 예속노동자이건 간에, 아이, 여인, 남자를 폭행52하거나, 혹은 이들 중 누구에 대해 불법행위53를 자행한다면, 자격을 갖춘 아테나이인 중 원하는 이는 누구라도 법무장관 앞으로 공소54를 제기할 수 있다. 그러면 법무장관은 공소장55이 제출된 날로부터 30일 이내에 헬리아이아 법정으로 사건을 넘긴다. 만일 공적 일정으로 부득이한 경우에는 가능한 가장 빠른 날로 한다. 법정이 유죄로 판단하면, 바로 상응하는 처벌이나 벌금을 내린다. 법에 따라 고소된 모든 사건에서, 기소되지 않거나 재판관의 5분의 1의 찬성표를 얻지 못하면, 1천 드라크메를 공공금고로 지불해야 한다. 56 폭행으로 벌금형을 받은 이는, 폭행이 자유인에게 행해진 경우, 벌금을 완납할 때까지 구금당한다.

48. 아테나이인 여러분, 여러분은 예속노동자에 대해서도 폭행을 금하는 인도적 법조문을 들으셨습니다. 신들의 이름을 걸고, 헬라스

---

52 *hybrize*(단수형 *hybris* · 폭행). 이 '폭행'은 육체적 폭행뿐만 아니라 인격 침해 등을 포괄한다. '*hybris*(폭행)'의 포괄적 개념에 대해 참조, Aristoteles, *Rhetorike Techne*, 1374a, 1378b.

53 *paranomos*.

54 *graphe*.

55 *graphestho*.

56 '*eisangelia*(탄핵)', '*graphe*(공소)' 등에서 원고가 재판관 5분의 1의 지지표도 얻지 못했을 때 1천 드라크메의 벌금을 물어야 하는 위험부담을 갖는 사실 관련하여 참조, 최자영, 《고대 그리스 법제사》, p. 576, p. 578; 같은 책(전자책), 제9장, 2. 2) (3) 에이산걸리아 종류에 대한 하르포크라티온의 구분; (5) 에이산겔리아 와 그라페.

인 누군가가 머슴을 구해 들이는 이민족에게 이 법을 가져가서, 그들에게 여러분을 칭찬하고 여러분 도시에 대해 설명하면서 다음과 같이 말했다고 칩시다. 49. "헬라스인은 이렇듯 온화하고 인도적이라, 여러 번 여러분에 의해 피해를 입었고 또 여러분에 대해 선조로부터 물려받은 당연한 적의를 가졌으나, 돈을 주고 사온 예속노동자에게도 폭력을 행사하지 못하도록 하고 있습니다. 오히려 공적으로 그 같은 폭력을 금하는 법을 제정했고, 이미 법을 어긴 많은 이들을 사형으로 다스렸습니다." 50. 이민족이 이런 말을 듣고 그 뜻을 이해했다면, 만장일치로 자신들을 위한 특별대우영사[57]로 여러분을 임명할 것이라고 생각하지 않습니까? 그러니, 헬라스인 사이에 고명할 뿐 아니라, 이민족에 의해서도 높이 평가될 것 같은 이 법을 어긴 이에게 어떤 마땅한 벌을 내려야 할지 여러분은 생각하십시오.

51. 그런데, 아테나이인 여러분, 제가 무창단 지휘자만 아니었어도 메이디아스에게서 당한 피해는 그냥 폭력으로 처벌되었겠지요. 그러나 지금 제 생각에 이 사건은 불경죄로 처벌되어야 합니다. 이 모든 가무(歌舞)와 신을 위한 찬송은 디오니시아 제전과 관련한 법뿐만 아니라 신탁에 따른 것이기도 하다는 것을 실로 여러분은 아시지요. 델포이와 도도네의 것 같은 신탁이 도시에 있는 모든 이에게 주어져서, 전통의 관습에 따라서 무창단을 구성하고, 거리는 희생제 향으로 가득하고 사람들은 관을 씁니다. 52. 신탁을 들고 저를 대신하여 읽어 주십시오.

---

57 *proxenos.* 특별대우영사는 자신이 시민권을 갖지 않은 도시를 위해 기여한 바가 있을 때 그 도시가 이방인에게 주는 직함이다.

신탁들58

판디온59의 도시에 거주하는, 에레크테우스의 자손들에 대해 말하노라.

여러분은 전통의 법에 따라서 축제를 거행하도록 하시라.

바코스를 기리고, 거리에서 모두 함께 섞여,

춤을 추며, 계절이 가져오는 과실에 대해 바코스에게

감사하시라. 머리에 관을 쓰고 제사 향으로 거리를 가득 채우시라. 60

건강을 위하여 제물을 드리고 기도하시라. 지고(至高)의 제우스, 헤라 클레스, 보호자 아폴론에게, 거리의 신 아폴론, 레토, 아르테미스에게 행운을 기리시라, 전통의 관습에 따라 올림포스의 모든 남녀 신들을 위해, 거리를 따라 술 단지를 놓고 춤을 추고 관을 쓰시라. 오른손과 왼손을 삼가 맞들고 제물 바치는 것을 잊지 마시라.

도도네의 신탁들

53. 아테나이 민중에게 제우스의 신탁이 전한다. 여러분이 제사와 사신단(테오리아)61 파견의 시기를 놓쳤으므로, 그가 여러분에게 명하되,

---

58 이 신탁은 델포이에서 나온 것으로 알려져 있다.

59 판디온은 아테나이의 전설의 왕으로 에레크테우스의 부친이다. 기원전 1500년경 인물로 추정되며, '한 해를 대표하는 명칭(eponymos)'을 제공하는 영웅이다.

60 참조, Euripides, *Alkestis*, 1155~1156.

61 *theoria*. 테오리아는 헬라스 전체의 축제, 경기, 신탁 등을 위해 각 도시를 대표하는 사신단이다. 사신단의 우두머리는 '수석 테오로스(*architheoros*)'라 불리고 사신단에 쓰이는 비용을 부담한다. 사신단을 수송하는 데 쓰이는 배는 아테나이의 쾌속선 파랄로스호와 살라미스호이다.

곧바로 사신 9명을 뽑아서 보내도록 하고. 선박의 신 제우스62에게 소 세 마리, 그리고 각각의 소마다 양 두 마리를 부쳐서 제를 드리시라. 디오네63에게는 소 한 마리로 희생제를 지내고, 아테나이 민중이 바치는 제물을 놓을 청동 탁자를 바치시오.

도도네의 제우스 신탁이 전한다. 디오니소스를 위한 제식 비용을 도시가 지불하고, 포도주 단지와 물을 준비하시라. 무창단을 조직하고 악운을 막는 아폴론에게 소를 바치시라. 자유인과 예속노동자는 화관을 쓰고, 하루를 휴식하시라. 부(富)를 관장하는 제우스에게 흰 소를 바치시라.

54. 아테나이인 여러분, 이런 신탁들과 그 밖에도 많은 좋은 신탁이 우리 도시에 내려왔어요. 그런데 이런 신탁들로부터 여러분은 어떤 결론을 내려야 하겠습니까? 각 신탁에서 지시하는 신들에게 제사를 지내게 되어 있는데, 여러분에게 내려오는 모든 신탁에서 각기 전통에 따라서 무창단을 구성하고 화관을 쓰라고 지시하고 있어요. 55. 그러니, 신탁에 따른다면 매번 경연을 여는 날들이면 구성되는 무창단과 무창단 지휘자가 여러분을 위해 화관을 써야 한다는 말이지요. 승리하거나 꼴찌하거나 마찬가지로 말이지요. 그러나 화관은 수상의 날이 되어서 승리자가 자신을 위해 쓰는 겁니다. 그런데 사적 악

---

62 도도네에 있는 제우스 신전으로 파선한 배에서 살아나온 것을 기린다.

63 Dione. 디오네는 도도네(그리스 서북부 고래의 신전 터가 있는 곳으로 델포이보다 더 오랜 전통을 갖는다)에서 제우스의 아내로 숭배된다. 디오네(Dione)는 제우스(Dios)의 여성형이다.

의로 무창단원이나 무창단 지휘자 가운데 누구를 폭행한다면, 그것도 경연 도중에 신역(神域) 안에서 말이죠, 그런 이는 신성모독을 범한 것이 아니라고 우리가 말할 수 있나요?

56. 더구나 이미 알고 계시듯, 여러분은 경연에서 이방인을 배제하고 싶어 하면서도 무창단원을 검증하는 권한을 어떤 무창단 지휘자에게 분명하게 부여하지 않았고, **64** 오히려 의심 가는 이를 소환하면 50드라크메의 벌금을, 또 그런 이를 관중석에 가서 앉아 있도록 강요하면 1천 드라크메의 벌금을 부과했습니다. 그 이유가 무엇일까요? 그날만큼은 화관을 쓰고 신을 위해 봉사하는 이는 그 누구이건 간에 소환되거나 괴롭힘당하거나 폭행당하지 않도록 하기 위한 것이죠.

57. 합법적으로 무창단원을 소환하는 사람까지도 벌금을 피해가지 못합니다. 그런데 법이란 법은 다 무시하고 공공연하게 무창단 지휘자를 폭행한 이가 처벌받지 않아도 되는 것인가요? 훌륭하게 인도적으로 다수 대중을 위해 법이 만들어졌으나, 만일 법을 어기고 무시하는 이를 두고 이번 기회에 집행을 위임받은 여러분이 분노하지 않는다면, 그 법은 아무 소용이 없게 됩니다.

58. 신들의 이름을 걸고 다음과 같은 점도 생각해 보십시오, 불행에 처한 사람들의 이름을 거론한다고 해서 제게 화를 내지는 마십시오. 신들의 이름으로, 제가 누구를 비난하거나 곤경에 빠뜨리려 하는 것이 아니라, 여러분 모두가 예외 없이 강요나 억압이나 그 같은 행위

---

64 무창단 지휘자가 상대 무창단에 이방인이 있다는 사실을 의심해도 그를 배제하거나 검증해 달라고 장관 앞으로 소환하지 못한다.

를 하지 않도록 하려는 것이니까요. 한 예로, 비극 무창단 교사였던 산니온은 군역을 회피한 죄로 유죄를 선고 받고 곤경에 처했습니다. 59. 그런 곤경을 겪은 후, 그는 무창단 지휘자에게 고용되었는데 그이는, 제가 기억하기로, 경연에서 몹시 승리하고 싶어 하는 테오조티데스였어요. 처음에는 경쟁자 무창단 지휘자들이 화를 내며 그를 저지하려고 했지요. 그런데 극장이 가득 차고 연극을 보려고 사람이 운집하자 그들은 망설이고 물러섰으며 누구도 그에게 손가락질하지 못했어요. 여기서 볼 수 있는 것은, 여러분 저마다의 경건함이 낳은 양해로 인해 산니온은 그 후에도 내내 무창단을 가르쳤고, 그에게 사적 적의를 가진 이는 물론 아무도 그에게 집적거리는 이가 없었다는 사실입니다. 60. 그 같은 불행을 겪은 다른 사례로 오이네이스 부족의 아리스테이데스가 있는데요. 지금은 늙어서 무창단으로 활동하기가 곤란하지만, 한때는 그 부족 최고의 지휘자였지요. 여러분도 잘 아시듯이, 누가 지휘자를 쫓아내면, 그 무창단은 해체됩니다. 그러나 무창단 지휘자 간에 우승을 향한 경쟁이 치열한 가운데서도, 아무도 욕심에 눈이 멀어 그를 내쫓거나 방해하려 한 사람이 없었어요. 그를 쫓아내려면 직접 그를 집적거려야 하고, 또 쫓아내고 싶은 이가 이방인인 경우에 하는 것처럼 장관 앞으로 소환되는 것도 아니었으므로, 누구나 그 같은 무리수를 두는 사람으로 드러나기를 원치 않았기 때문인 것이죠.

61. 그러니, 재판관 여러분, 이번 사건은 터무니없는 언어도단의 일이 아니겠습니까? 그 같은 조치가 승리를 가져올 것이라 믿고, 또 여러 번 공공 기부에 모든 재물을 쏟아부은 무창단 지휘자들이 합법

적으로 개입할 수 있는 이에 대해서도 감히 집적거리려 나서지 않은
채, 지출한 돈과 우승하고 싶은 간절함에도 불구하고, 물러서서 여러
분의 정서와 축제를 향한 열성을 존중할 정도로, 삼감, 경건함, 온건
함을 실천하고 있는 마당에 말이지요. 그런데 아무런 비용을 지출한
적도 없는 사인(私人)에 불과한 메이디아스는 비용을 지출한 무창단
지휘자에게 사적인 적의를 가지고 달려들어 모독하고 구타함으로써,
축제나 법, 여러분의 의사, 신 등 그 어떤 것에도 개의치 않았습니다.

62. 많은 이들이, 아테나이인 여러분, 사적으로뿐만 아니라 공적
현안에서도 서로 적이 되지만, 아무도 그와 같은 행동을 할 정도로 뻔
뻔한 이는 없었어요. 저 고명한 이피크라테스65가 피토스구(區)66 출
신 디오클레스와 앙숙이었고, 더구나 이피크라테스의 형제 테이시아
스가 무창단 지휘자 디오클레스의 경쟁자였지요. 이피크라테스는 친
구도 많고 재물도 있고 또 스스로에 대한 자긍심도 강해서, 당연히 명
예와 여러분의 존경을 받을 만한 위치에 있었죠. 63. 그러나 이피크
라테스는 밤을 틈타서 금세공장으로 간 적이 없고, 축제에 쓰일 의상

---

65 이피크라테스는 아테나이인 장군이었다. 코린토스 전쟁 때 젊은 장군으로, 스스로
    조직한 투석 부대의 장으로서 라케다이몬인에게 승리를 거두었다. 트라케에서 왕
    코티스와 대적하다가, 후에 평화조약을 체결하고 그 딸과 혼인했다 (382 B. C.).
    아시아에서 용병으로 활동하고, 케르키라에서 스파르타인과 싸웠다. 아테나이에
    서 고발당했는데, 리시아스가 쓴 것이 많고, 이피크라테스 자신도 탁월한 변론가
    였음을 보여 준다. 동맹시 전쟁에서 카브리아스와 카레스와 함께 장군으로 나갔으
    나, 카레스와 불화하고 배반죄로 기소되어 벌금형을 선고받았다. 그 후 트라케로
    물러났고, 그곳에서 기원전 353년에 죽었다.
66 *demos.*

을 훼손하지도 않았으며, 무창단 교사를 매수하여 그 훈련을 방해하지도 않았고, 메이디아스가 반복한 그 같은 꼼수를 한 번도 쓴 적이 없어요. 다만 법과 동향인의 소원에 부응하고, 인내로 그 적의 승리와 화관의 수상을 목도하고 관용했습니다. 당연한 것이지요. 그 같은 승복이 자신에게 번영을 가져온 그 같은 정치체제[67]에 기인한다는 것을 깨닫고 있었던 겁니다.

64. 다른 예를 들어봅시다. 우리 모두가 알고 있는 콜로노스 출신 필로스트라토스는 카브리아스[68]가 오로포스 사태로 고소되어 처형될 위기에 몰렸을 때 고소인 가운데 한 사람이었고, 또 그 가운데서도 가장 신랄했는데, 그 후 디오니시아 제전에서 소년 무창단을 이끌어 수상했습니다. 그러나 카브리아스는 그를 폭행하지 않았고 그 머리에서 화관을 빼앗아 간 적도 없고, 자기 영역도 아닌 곳에 침입한 적도 없었어요. 65. 저는 그 외에도 여러 가지 이유로 이웃과 불화한 많은 예를 들 수 있지만, 그 누구도 이 사건 경우와 같이 무모하게 행동한 사람을 보거나 들어 본 적이 없어요. 또 제가 확신하기로, 이곳에 있

---

67 *politeia*.

68 카브리아스는 아테나이 장군이다. 기원전 388년 아이기나에서 라케다이몬인에게 승리를 거둔 다음, 카리데모스가 체결한 조약 관련하여(참조, Demosthenes, 23) 케르소블렙테스를 지지하기 위해 트라케로 파견된 기원전 358년에 걸쳐, 여러 번 원정하여 성공했다. 기원전 376년에는 배반하여 오로포스를 테바이인에게 넘겨주었다는 혐의로 기소되었으나, 무죄 방면되었다. 동맹시 전쟁(357~355 B. C.) 중에 키오스 부근 해전에서 그가 탄 배가 침몰하여 전사했다. 파우사니아스에 따르면, 아테나이에 카브리아스의 무덤을 보았는데, 페리클레스아 트라시불로스의 무덤 곁에 함께 있었다고 한다.

는 누구도 지난날로부터, 사적이나 공적 분쟁에 얽힌 사람이 자신의 이름이 호명될 때 심판관 옆에 서거나, 그들이 선서할 때 그 맹세의 말을 지시하거나 그 같은 순간에 자신의 적의를 표출한 적이 있었던 사실을 기억해 내지 못할 것입니다.

66. 이 모든 것들과 그 같은 부류의 행위는, 아테나이인 여러분, 승리를 염원하는 무창단 지휘자의 경우에 다소간 양해가 될 수 있습니다. 그러나 적의 때문에 고의로, 그것도 때마다 사람을 괴롭히고 또 자신의 힘을 법보다 우선하는 것은, 헤라클레스의 이름으로, 포악하고 부당하며 여러분의 이익을 저해하는 것이에요. 무창단 지휘자가 되는 이가 누구나 다음과 같은 사실을 알게 된다면, 다시 말하면, 나의 적인 어떤 이가 있어서, 예를 들면 메이디아스 같은 사람, 아니면 그 같은 다른 무모하고 돈 많은 사람 말이죠, 자신이 더 잘했는데도 우승하지 못하고, 모든 점에서 뒤지고 계속 모욕당한다는 사실을 말입니다. 그러면 자진하여 한 푼이라도 돈을 쓰려 할 만큼 정신 나가거나 하릴없는 이가 어디 있겠습니까? 67. 당연히 아무도 없겠죠. 제 소견에, 모든 이가 명예를 추구하고 자진하여 비용을 부담하도록 하는 것은 오로지 평등과 공정의 민주정체에서 살고 있다는 믿음입니다. 저는 평등과 공정을, 아테나이인 여러분, 메이디아스 때문에 잃었고, 피해를 본 것뿐만 아니라 우승의 기회를 박탈당했어요. 더욱이, 제가 여러분에게 분명히 밝히려는 것은, 메이디아스가 폭력을 전혀 쓰지 않고, 저를 모욕하고 구타하고 괴롭히지 않으면서도, 제게 피해를 줄 수 있다는 사실입니다. 합법적으로 여러분에게 품위 있게 처신함으로써 제가 그를 비난할 수조차 없도록 하면서 말이죠.

68. 아테나이인 여러분, 제가 민회에서 판디오니스 부족의 무창단 지휘자로 임직되었을 때, 그(메이디아스)가 일어나 자신이 속한 에레크테이스 부족을 위한 무창단 지휘자가 되겠다고 해야 했어요. 저와 같은 조건을 수용하고 제가 저의 돈을 쓴 것처럼 그도 자신의 돈을 쓰고, 그렇게 저로부터 승리를 가로채 가야 했던 겁니다. 그러면 저를 모욕하거나 다치게 하지 않아도 되죠. 69. 그러나 실로 그는 민중에게 경의를 보내는 길을 선택하지 않았고, 또 관대한 아량도 내보이지 못했어요. 그러나 저는, 아테나이인 여러분, 무창단 지휘자가 되었어요. 누가 보기에 저의 광기일 수도 있고, 각기 제 분에 넘치게 도모하는 일은 광기일 수가 있으니까, 아니면 명예욕에 의한 것일 수도 있는바, 무창단 지휘자가 되었어요. 그런 저를 그가 공개적으로 야비하게 따라다니며 괴롭혀서, 신성한 예복도 무창단도, 나아가 제 몸도 그의 손아귀를 온전하게 벗어나지 못했습니다.

70. 아테나이인 여러분, 여러분 가운데 누구라도 메이디아스를 보면서 처형까지는 할 필요가 없다고 생각하는 이가 있다면 잘못하는 겁니다. 피해자가 오만을 제어하지 못하는 이를 무죄 방면한답시고 어정쩡하게 관용을 베푸는 것은 공정한 것도 온당한 것도 아닙니다. 오히려 그런 이는 온갖 불치의 악의 근원으로서 처벌해야만 하고, 피해자에게는 도움과 배려가 주어져야 하는 것이죠. 71. 또 그 같은 (오만한) 행위에 의해 큰 폐해가 발생하는 것도 아닌 것을 가지고, 지금 제가 말로 문제를 키워서 짐짓 끔찍한 것처럼 보이게 하는 것이라고 말해서도 안 됩니다. 당치 않은 말이죠. 모든 이가, 아니 모두가 아니라면 적어도 다수가 한때 이름을 날린 젊은 씨름 선수였던 에우티

노스를 알고 있지요. 또 권투·레슬링 선수로서 소필로스는 힘세고 가무잡잡한 이였는데, 확신하건대, 제가 누구를 말하는지 아는 이는 알 겁니다. 사모스에서 사적인 모임의 여흥 잔치가 있었고, 거기서 서로 만났는데, 한쪽이 상대가 자기를 [가해하고]69 모욕한다는 생각에 바로 보복하여 죽여 버린 겁니다. 70 또 레오다마스의 형제 에우아이온은 공적 모임의 만찬에서 가격하여 보이오토스를 죽였어요. 72. 분노는 폭행이 아니라 무례 때문이었지요. 자유인들에게 폭행도 문제가 되겠지만, 폭행 자체가 아니라 무례를 범한 것이 문제가 됩니다. 아테나이인 여러분, 가해하는 이가 저지른 많은 짓 가운데 피해자가 다 형언할 수 없는 것이 있어요. 몸짓, 눈매, 목소리 같은 것, 무시할 때, 적의를 가질 때, 주먹을 쓰거나 턱에 가격할 때 등, 이 같은 상황들은, 생경한 모욕감을 불러일으켜서, 맞는 이를 자극하고 제정신을 빼 버리지요. 아테나이인 여러분, 그런 경우 어떻게 설명해도 피해자와 그 자리에 있던 관중이 실제로 느꼈던 그대로의 상황을 듣는 이에게 생생하게 전달할 수가 없어요.

73. 제우스와 신들의 이름으로 생각하시고, 아테나이인 여러분, 또 스스로 곰곰이 짚어 보십시오, 메이디아스에게서 피해를 당한 제

---

69 여기서 'ho typton'('두들겨 패다'의 남성 단수 현재분사)을 본문에서 생략하는 이도 있다(I. Bekker). 또 'ho'(남성 주격 정관사)만 빼는 경우도 있다(F. Dindorf, Teubner 판본).

70 여기서 에우티노스와 소필로스 중 누가 누구를 죽였는지 불확실하다. 고대 주석에 따르면, 소필로스가 에우티노스를 죽였다고 한다. 그러나 에우티노스가 소필로스를 죽였다고 보는 것이 더 옳다는 견해도 있다.

가, 저 에우아이온이 보이오토스를 죽였을 당시보다 얼마만큼 더 분노해야 하는지를 말입니다. 그이는 술 취한 지인(知人)에게 맞은 건데, 거기 둘러서 있던 여섯 일곱 사람도 지인이었지요. 그들은 아마, 무례를 범한 이를 비난하고, 다른 이를 칭찬했을 거예요. 그런 상황에서 두들겨 맞은 이가 감수하고 자제했더라면 말입니다. 이 모든 상황이 에우아이온이 가지 않아도 될 집에 만찬을 위해 방문했던 집에서 일어난 것이었어요. 74. 그러나 저의 경우는 오전에 또렷한 정신으로 사적인 적의를 품은 이가, 술이 아니라 가해의 의도를 품은 채, 이방인과 동향인 등 다수 앞에서 폭행했고, 더구나 이 모든 사태가 제가 무창단 지휘자로서 부득이 출석해야만 했던 신역(神域)에서 일어났습니다. 그때 저로서는, 아테나이인 여러분, 조심스레, 아니 자못 다행스럽게 자제하고 돌이킬 수 없는 행동은 하지 않기로 마음을 다졌습니다.[71] 그러면서도 모독당한 데 대해 맞대응한 에우아이온과 또 다른 이들에게 깊게 공감하고 있었지요.

75. 제 생각에, 당시 재판관 중 다수도 저와 생각이 같았던 것 같습니다. 제가 듣기로, 그는 한 표 차이로 유죄 선고를 받았으나, 눈물 흘리거나 호소할 생각이 없었고, 다소간에 재판관의 호의를 얻기 위한 아무런 시도도 하지 않았다지요. 그러니, 생각해 보십시다. 재판관 중 그에게 유죄 표를 던진 이들은 그가 방어하려 하지 않고, 공격해 오는 이를 그런 식으로 죽였기 때문이었어요. 그러나 그에게 무죄

---

71 데모스테네스는 자신과 다른 이들의 경우 간에 상황의 차이가 있다고 한다. 장소, 주변인들, 참가한 이들의 품성, 임무 등에서 그러하다.

표를 던진 재판관은 자기 몸에 직접 폭력을 당한 이는 지나친 가해자에 과잉 대응할 수 있는 권리가 있다고 본 것이에요. 76. 그렇다면 어떻습니까? 돌이킬 수 없는 사태를 야기하지 않으려고 그렇게도 조심하여 무조건 방어하지 않았던 저는 제가 당한 피해에 대해 누구에게 그 보상을 구해야 하겠습니까? 제 소견에, 여러분과 법에 호소해야 할 것 같습니다. 그리고 이것은 다른 모든 이에게 전범(典範)이 될 것 같습니다. 무례와 폭력을 범하는 이들에 대해 분노로 스스로 맞대응할 것이 아니라, 여러분 앞으로 호소하도록 말이지요. 피해자에 대해 여러분이 합법적 구제를 확인하고 보장할 테니까요. 72

77. 제 소견으로, 재판관 여러분, 우리들 사이에 어떻게 적의가 발생했는지 여러분 가운데 궁금해하시는 분이 있을 것 같습니다. 혹여 어떤 중대한 하자가 있어서 셈을 바루어야 하는 일이 없다면야, 시민 가운데 누구에게 이렇듯 무모하게 폭력을 행사하지는 않았을 것이라고 짐작할 수도 있으니까요. 그 적의와 관련하여 처음부터 제가 여러분에게 말씀드리겠습니다. 그러면 그가 처벌받아야 하는 이유를 이해하실 수 있을 것이기 때문입니다. 자초지종을 말씀드릴 것이지만 간단하게 하겠습니다. 78. 제가 물려받은 유산 문제로 후견인을 고발했을 때, 73 저는 어렸고 그(메이디아스)가 누구인지는 물론 그의 존재조차 몰랐고, 지금까지도 모를 뻔했지요. 그런데 재판이 열리기 사오일

---

72 그러나 많은 경우 아테나이 법 자체에서 자력구제가 배제되는 것이 아니다.
73 데모스테네스는 막 성인이 된 기원전 364년 바로 후견재산 관리 소홀과 횡령 혐의로 후견인들을 고소했다.

째74 전, 메이디아스와 그 형제가 갑자기 저의 집에 쳐들어와서 그들의 삼단노선주 부담75을 제게 전가하는 겁니다. 제게 재산교환76을 하자고 제안한 이가 자기 이름을 소개했는데, 트라실로코스라고 했어요. 그러나 그 같은 흉계와 수작은 다 메이디아스가 사주한 것이었죠. 79. 처음에 제 집 문을 따고 들어왔어요. 벌써 재산을 교환하여 자기 것이나 된 양 말이죠. 그런 다음, 어린 미혼의 제 누이가 집안에 있었는데, 그 앞에서 욕설 등 온갖 소리를 퍼부었어요. 그이 같은 사람이나 입에 담을 수 있는 그런 욕들 말입니다. 그때 그가 했던 말을 저는 절대로 여러분에게 전달하지는 못할 거예요. 제 어머니, 저는 물론 온 식구를 두고 할 말, 못 할 말을 퍼부었지요. 더 끔찍한 것은 그가 말만 내뱉은 것이 아니라 행동으로 들어간 것이었어요. 후견인 고발 건을 자기가 주관한 것이라고 하고, 재판을 파기해 버린 겁니다. 80. 이 일은 오래전에 일어난 것이지만, 여러분 가운데 기억하시는 이가 있을 것이라고 봅니다. 재산교환 사태와 함께 그들의 흉계와 뻔뻔함을 온 도시가 알게 되었거든요. 세상에 혼자였고 어렸던 저로서는, 여전히 제 후견인들이 장악하고 있던 재산을 빼앗기고 싶지 않았고, 소액을

---

74 사오일째란 만 삼사일을 뜻한다.
75 'trierarchia(삼단노선주 부담)'. 'symmoria(납세분담조합)' 제도가 도입되기 전, 삼단노선주의 부담은 개인에게 할당되었다. 삼단노선주로 임명된 이가 자신의 부담이 과하다고 생각하면 또 자신보다 더 형편이 좋은 이에게 넘기도록 제안할 수가 있다. 그래서 양자 간에 분쟁이 일 경우 재산교환소송(antidosis)이 있게 된다. 각기 상대의 재산이 더 많다고 주장하므로, 마침내 더 많다고 생각하는 상대의 재산과 서로 교환하여 어느 한 사람이 부담을 맡도록 하는 것이다.
76 antidosis.

받아 치우는 것보다는 제가 알고 있는 바 빼앗긴 전 재산을 되찾고 싶었던 겁니다. 그래서 우선 그들에게 20므나를 내주었는데, **77** 그것은 그들이 삼단노선주 부담으로 지출한 액수였습니다. 당시 그들이 제게 저지른 부당행위가 이와 같았지요. **78**

81. 그 후 저는 메이디아스를 험담죄로 고소했는데, 제가 분쟁 없이 승소했습니다. 그가 재판정에 출석하지 않았기 때문이었어요. 그런데 그가 벌금 지불 기한을 넘기는 바람에 제가 조치를 취할 수 있었으나, 저는 그의 재산에 손대지 않았고, 또 그에게 명도소송79을 제기할 수 있었지만 지금까지 저는 송사를 시작할 수가 없었어요. 그가 갖은 술책과 강변(强辯)으로 협박해왔기 때문이지요. 이렇듯 저는 신중하게 권리와 법에 호소하여 온갖 방법을 동원할 권리가 있습니다만, 그(메이디아스)는, 여러분이 들어 아시듯이, 저와 제 가족뿐 아니라,

---

77 우선 20므나를 내주고 삼단노선주 부담을 인수함으로써, 재산교환을 택하지 않았다는 뜻이다. 그래야 아직 후견인이 가지고 있는 자신의 유산을 찾을 수 있는 권리를 보유할 수 있기 때문이다.

78 재산교환(*antidosis*)의 제안은 물론 속임수이다. 메이디아스의 형제 트라실로코스는 비용 부담이 큰 삼단노선주직에 지명된 적이 있었다. 그 제안의 속셈에 따르면, 데모스테네스가 경제적 형편이 좋지 않아서 삼단노선주직을 수행할 수 없으므로, 재산교환에 응할 것이라고 본 것이다. 그렇게 되면 트라실로코스가 데모스테네스와 재산을 교환하여 그의 모든 의무와 함께 권리를 물려받으면, 후견인에 대해 데모스테네스가 가진 소추권도 같이 넘어오게 되는 것이라, 후견에 따르는 책임을 면할 수 있게 된다. 반대로 재산교환에 응하지 않을 경우, 데모스테네스는 삼단노선주직을 감당해야 하는 것이다. 결과적으로 데모스테네스는 후견인에 대한 소추권을 보유하기 위해 삼단노선주직 부담을 감수했다.

79 *dike exoules*(명도소송). '*exoule*'는 재산의 공간에서 그 점유자를 쫓아내는 것이다. 이 변론 §44 참조.

저로 인해 저의 부족 사람들에게까지도 무례를 범하고 있습니다.
82. 제 말이 사실임을 증명하기 위해 관련 증인들을 불러 주십시오. 그전의 부당한 처사에 대해 구제받기도 전에, 다시 여러분이 들으셨던 그 같은 피해를 보게 된 사실을 여러분이 이해할 수 있도록 말입니다.

증언

스페토스구(區) 출신 칼리스테네스, 토리코스구 출신 디오그네토스, 알로페케구 출신 므네시테오스는 데모스테네스를 위하여 다음과 같이 알고 있는 사실을 증언하는바, 데모스테네스가 메이디아스에 대해 명도소송을 제기했던 사실이 있으며, 메이디아스는 지금도 데모스테네스에 의해 공소 제기된 상태에 있습니다. 또 명도소송이 제기된 후 지금까지 8년이 지났으며, 그동안 메이디아스는 내내 변명과 지연을 반복했습니다.

83. 송사 관련하여, 아테나이인 여러분, 그가 해온 수작에 대해 여러분은 들으셨고, 시시각각 그가 보여 준 무모함, 무도함을 보셨습니다. 제가 그에게 승소한 그 재판 관련하여, 80 그때 저의 중재인81이 된 이는 팔레론 출신 스트라톤이었어요. 그는 가난하고 조용한 성품이었으며, 교활하지 않았고 오히려 아주 고상한 이였어요. 그러나 이

---

80 명예훼손(*kategoria*) 재판을 뜻한다.
81 중재인이 잘못 판정하면 분쟁 당사자는 그를 고소할 수 있고, 중재인이 유죄 선고를 받으면 자격 박탈당한다. 메이디아스가 중재인 스트라톤에 대해 취한 조치가 이런 것으로, 이 변론 바로 아래 내용 참조.

일은 올바르지 못하고, 불공정하고 온통 야비하게 그를 파멸시켰어요. 84. 정해진 날이 다가왔고, 그동안 불법 의혹 제기의 맹세, 82 불법제안 혐의 기소83 등 모든 지연 전술이 다 동원되었고 더 이상 다른 방도가 소진된 상태가 되자, 우리 중재인이 된 스트라톤이 처음에는 저에게 중재를 포기하도록 요구하더니, 다음에는 다시 그다음 날로 미루자고 하는 겁니다. 제가 계속 거부하고 메이디아스는 재판정에 나타나지를 않았고 날이 저물어가자, 마침내 중재인이 그(메이디아스)의 패소를 선고했지요. 85. 이미 저녁이 되었고 어둠이 깔릴 즈음 여기 이 메이디아스가 장관들의 거처로 가서, 막 떠나려는 그들을 따라잡았어요. 스트라톤은 결석으로 인한 패소 판정을 넘긴84 다음 이미 집으로 돌아가 버린 다음이었지요. 이 사실은 제가 현장에 있던 이로부터 들은 것입니다. 그런데, 처음에 그(메이디아스)는 무례하게도 스트라톤을 설득하여 원고가 아니라 피고를 위해 결정을 내려 보고하도록 하려 했고, 또 장관들에게는 결정 기록을 교체하도록 50드라크메를 주었어요. 86. 장관들이 그 제안을 거절하자, 두 쪽 다 설득하지 못한 그(메이디아스)는 그들을 협박하고 욕설을 퍼부으면서 나간

---

82 *hypomosiai* (단수형 *hypomisia*, 불법 의혹 제기의 맹세). 민회의 의결을 위해 제안된 조령 등이 불법 의혹이 있을 때 아테나이 시민이 누구나 이의를 제기하면서 하는 맹세이다. 불법 의혹 조령의 경우, 조령이 가결되기 전에 맹세하면 의결 절차가 취소되며, 가결된 후 제기하면, 그 불법 여부에 대한 재판 결과가 나올 때까지 조령의 적용이 중지된다. 다만, 이 절차는 간혹 본안 중재나 재판 일정을 방해하기 위해 악용되기도 한다(참조, Demosthenes, 18. 103).

83 *paragraphai.*

84 중재인은 피고가 속한 부족의 4명의 재판관에게 결정된 사항을 넘긴다.

다음, 무슨 짓을 한 줄 아십니까? 그 고약한 행실을 잘 보십시오. 중재 결정을 무효로 할 것을 요구했으나 맹세하지 않았으므로, 실로 그 결정은 유효한 것이고 그는 맹세를 안 한 이로 고지가 된 것이지요. 그러나 그는 은밀하게 중재가 이루어지는 마지막 날까지 기다렸어요. 그것이 타르겔리온달85 아니면 스키로포리온달86이었는데, 중재인 가운데 다른 이가 오고 다른 이(스트라톤)는 안 왔어요. 87. 그제야 그는 의장을 맡은 장관에게 본 사안을 투표에 부치도록 요구하고, 온갖 법을 다 위반하여 증인 한 사람 세우지 않고, 스트라톤은 결석하고 달리 배석한 이도 없는 가운데, 중재인 스트라톤에게 추방 및 자격 박탈형을 선고했습니다. 이렇게 지금은, 메이디아스가 결석재판으로 패소한 건 때문에, 한 아테나이인(스트라톤)이 도시에서 모든 권한을 상실하고 영원히 자격 박탈87되어 버린 거예요. 이런 정황으로 볼 때, 누구라도 피해를 보았다고 해서 메이디아스를 고발하는 것이나, 그의 중재인이 되거나 그와 같이 동행하는 것조차 위험을 불사해야 하는 것이 되어 버렸습니다.

88. 본 사건에 대해 여러분은 이와 같은 시각에서 조명해야 하겠습니다. 도대체 메이디아스가 무슨 피해를 보았다고 동향 시민에게 이렇듯 가증스런 형벌을 잔꾀로 덮어씌운 것인지 하는 점을 살펴주십시오. 그가 진실로 혹독하고도 과도한 피해를 본 것이라면 그를 용서

---

85 5월 중순~6월 중순
86 6월 중순~7월 중순
87 *atimos.*

하시고, 만일 그런 것이 아니라면, 그가 만나는 모든 이에게 그가 행하는 폭력과 잔인함을 간파하도록 하십시오. 그러면, 그가 본 피해란 어떤 것일까요? 신의 이름을 걸고, 그것은 중하고 무거운 벌을 받아서, 자신의 재물을 잃은 것입니다. 그런데 그 벌금은 1천 드라크메밖에 안 돼요. **88 89.** 그것도 부당하게 지불해야 하는 경우에는 물론 애석하다고 할 수 있고, 또 깨닫지 못하고 지불 기일을 놓쳐 버린 것이라면 부당한 것이지요. 그러나 그(메이디아스)는 바로 당일 그 사실을 알았어요. 이것은 스트라톤이 그에게 아무 잘못한 것이 없다는 명백한 증거가 되는 거예요. 그래도 그는 여전히 한 푼도 지불하지 않았어요.

90. 이 점은 잠시 비켜가기로 하죠. 그보다, 그는 (결석 중에 내려진) 결정이 무효라고 재심을 신청할 수도 있었어요. 처음에 저를 상대로 소를 제기한 것처럼 말이죠. 그러나 그는 그렇게 하려 하지 않았어요. 오히려 규정에 따라 벌금형 10므나로 확정된[89] 재판에서, 죄가 있으면 벌금을 물고, 결백하면 무죄 석방되는 것인데, 당연히 나와야 할 그 재판에 그가 궐석하여 재판을 피함으로써, 한 아테나이인(스트라톤)이 자격박탈을 당했고 양해의 여지나 변명의 기회, 적절한 구제

---

88 데모스테네스와 그 가족을 폭행한 죄로 메이디아스에게 벌금이 선고되었다(이 변론 §79 참조). 이런 경우 대개 500드라크메의 벌금이 선고되나, 이 경우 피해자가 1명 아닌 다수이므로 배가되었다.

89 *atimeton*(*atimetos agon*, 벌금 액수의 자의적 산정이 불가능한 사건의 재판). 벌금 액수를 법정의 재판관이 마음대로 정할 수 없고, 중재인도 마음대로 제안할 수가 없다. '*atimetos*'의 반대말은 '*timetes*(벌금액 산정 가능)'이다.

절차도 주어지지 않았던 거예요. 그런데 실제 부당행위를 자행한 이들에게는 위에서 언급한 모든 것들이 허용되는데도 말입니다. 91. 급기야 그(메이디아스)는 원했던 이(스트라톤)를 자격 박탈당하도록 했고, 여러분이 그에게 그것을 허용한 것이죠. 그런 짓거리를 할 만큼 뻔뻔한 욕심을 채운 다음 그가 해야 할 일은 수행했나요? 다시 말하면, 패소 결정한 사람까지 파멸에 이르게 한바, 그가 패소했을 때 선고받은 벌금을 납부했나요? 오늘까지도 그는 한 푼어치도 낸 적이 없고, 오히려 명도소송에 당하여 피고가 되어 버티고 있습니다. 한쪽은 자격박탈형을 받고 파멸했으나, 이 사람(메이디아스)은 아무런 피해도 입지 않은 가운데, 법과 중재인 등 모든 것을 와해시켜 버렸어요. 92. 그가 자신에게 유리하도록, 소환하지도 않고 중재인에게 내린 유죄 선고가 유효하도록 농간을 부린 한편, 그에게 불리한 결정에 대해서는 소환을 받고도 결석함으로써 무효로 만들었어요. 결석한 그에게 불리하게 결정을 내린 중재인에게 그렇게 무거운 형벌을 내리는 것이 타당하다면, 공공연히 모독의 뜻을 품고 법을 어긴 이에 대해서 여러분은 어떻게 처벌하시겠습니까? 그가 범한 부당행위에 대한 마땅한 벌은 자격박탈 및 법과 권리 등 모든 것으로부터 소외시키는 것, 그리고 모독 행위 관련해서는 처형해도 충분한 벌이 되지 못할 것 같습니다. 93. 제가 드린 말씀이 사실임을 밝히기 위해, 청컨대, 저를 대신하여 증언을 제출한 증인들을 불러 주시고, 중재인 관련 법을 읽어 주십시오.

증인들

미리누스 출신 니코스트라토스와 아퓌드나 출신 파니아스는 데모스테네스를 위해 출석했고, 그와 그에 의해 기소당한 메이디아스에 대해 다음 사실을 알고 있음을 증언합니다. 데모스테네스가 험담죄로 메이디아스를 기소했을 때, 이들은 스트라톤을 중재인으로 선정90했습니다. 법정이 열리는 날, 메이디아스가 출석하지 않고 재판을 포기했습니다. 메이디아스의 결석으로 결정이 내려지자, 우리가 알기로, 메이디아스가 중재인인 스트라톤과 당시 장관으로 임직했던 우리들을 회유하여 자신에 불리한 결정을 번복하도록 하면서, 50드라크메를 우리에게 건네주려 했습니다. 우리가 거절하자 그가 협박하며 떠났습니다. 우리가 알기로, 이 때문에 스트라톤이 메이디아스에 의해 희생되어 천부당만부당하게 자격박탈형에 처해졌습니다.

94. 이제 중재인 관련 법을 읽어 주십시오.

---

90 *helomenoi*(선택된 이). 중재인이 누구에 의해 선택되는 것인가 하는 문제가 있을 수 있다. 이해당사자가 아니라 도시(*polis*)에 의해 지명되었다고 보는 견해가 있으나, 이것은 당시 도시국가의 권력구조에 대한 몰이해에서 비롯된 것이다. 고대 아테나이 시민사회는 그 같은 것을 일방적으로 결정할 기구나 사람의 조직이 없었다. 기소, 재판의 성립 등이 개인의 문제 제기에서 비롯되는 것이므로, 당사자 중심주의로 다소간 이해관계에 있는 쌍방 간 동의에 의해 지명된다고 보는 것이 타당하겠다. 참조, 이 변론 바로 아래 §94에 중재인이 '*kata koinon*(공동으로)' 뽑힌다는 것은 도시 당국에 의한 지명이라기보다, 소송 쌍방의 공동 의견이라고 보는 것이 더 합리적이다.

법

사적 계약 관련하여 일방이 부당행위하고, 중재인을 뽑으려[91] 할 때, 누구라도 원하는 이를 뽑을 수 있다. 공동으로[92] (중재인을) 뽑을 때는, 그 중재인이 내리는 결정에 승복해야 하며, 다른 재판소로 사건을 가져가지 못하고, 그 결정은 유효하다. [93]

95. 이 사건의 희생자인 스트라톤을 소환해 주십시오. 분명히 그는 이 법정에 서도록 허용되어야 하기 때문입니다.

그(스트라톤)는, 아테나이인 여러분, 가난하지만 실로 교활한 이가 아닙니다. 한때 시민이었고 군 적령기에는 모든 전투에 나아가 헌신했습니다. 그는 비난받을 일은 한 적이 없으며, 지금도 저기 조용히 서 있습니다. 우리가 통상 가지는 특권뿐만 아니라, 발언하고 호소할 수 있는 권리마저 박탈당했습니다. 그가 당한 것이 정당한지 부당한지 여러분에게 말하는 것도 그에게는 허락되지 않습니다. [94] 96. 이 모든 것이 메이디아스의 손에 의해, 그가 가진 부와 오만 때문에 그가 감내해야 했던 것이죠. 자신은 가난하고 친구가 없으며 다수

---

91 *elesthai.*
92 *kata koinon.*
93 이 법은 사소(私訴)와 관련한 것이지만, 공소에 걸린 스트라톤과 무관한 것이 아니다. 공소와 사소의 차이는 법 자체가 다른 것이 아니라, 고소인이 얼마나 위험 부담을 감수할 의사가 있는지 여부에 따라 좌우되기 때문이다. 공소는 사소와 달리, 재판관 5분의 1의 지지표를 얻지 못하는 경우 벌금형(1천 드라크메) 등에 처해진다. 참조, 이 변론 §28, 47.
94 스트라톤은 자격 박탈당했으므로, 법정에 호소할 수 있는 권리가 없다.

대중 가운데 한 사람에 불과했기 때문입니다. 법을 어기고 그가 50드라크메를 받아 챙기고 유죄를 무죄로 번복했더라면, 그는 지금 자격을 갖춘 이[95]로서 피해도 보지 않고 우리같이 평등한 권리를 누리고 있겠지요. 그러나 그는 공정을 지향하여 메이디아스를 경멸했고, 그 협박보다 법을 더 두려워했습니다. 그래서 이 사람(메이디아스)의 수작에 의해 이같이 곤혹스럽고 참담한 불행을 당했습니다.

97. 이렇듯 잔인하고 인정 없이 자신이 피해를 당한 것이라 하면서 이렇듯 무서운 보복을 가했던 이(메이디아스)를 여러분은 무죄로 방면하시겠습니까? 그 피해란 그의 말을 통해서만 여러분이 듣는 것일 뿐, 그가 실제로 당한 것이 아닙니다. 오히려 축제도 신전도 법도 그 외 아무것에도 아랑곳하지 않은 채, 시민 중 한 사람을 모독한 이를 잡아놓고는 그를 방면하시렵니까? 그를 경고의 한 전형으로 삼지 않으렵니까? 98. 재판관 여러분, 무슨 말을 하시렵니까? 신들의 이름으로, 그를 위해 어떤 정당하고 적절한 구실을 찾을 수 있습니까? 제우스의 이름으로, 그는 뻔뻔하고 가증스런 사람이에요. 그것은 사실입니다. 아테나이인 여러분, 여러분은 그런 이는 감쌀 것이 아니라 증오해야 합니다. 그는 부자죠. 그러나 여러분이 유념해야 하는 것은 그 부가 정작 오만의 근원이 된다는 사실을 깨닫고, 그 부 때문에 그를 보호할 것이 아니라 오만의 근원인 부를 제거할 필요가 있다는 것이죠. 이렇듯 무모하고 탐욕스런 인간에게 그 같은 부를 갖도록 내버려두는 것은 여러분을 공격하는 물자를 그에게 공급하는 것이기 때문입니다.

---

95 *epitimos.*

99. 그렇다면, 이제 어떤 구실이 더 남아 있습니까? 그렇죠, 연민! 그가 아이들을 대동하여 눈물 흘리며 자신을 용서하라고 여러분에게 빌 수도 있습니다. 그것이 최후의 수단이죠. 그러나 제가 환기할 필요 없이, 연민이란 견딜 수 없을 정도로 부당하게 고통당한 이에게 주어지는 것이지, 저지른 부당행위에 대해 벌받아야 하는 이에게 향하는 것이 아닙니다. 메이디아스가 스트라톤의 자식들을 연민하지 않는 것을 본 이라면 누가 메이디아스의 자식들을 연민하겠습니까? 그 아이들은 다른 어떤 역경보다 곤경에 처한 아버지에게 아무런 구제가 이뤄질 수 없다는 생각에 더 절망합니다. 이 경우는 자격을 회복하기 위해 일정액 벌금을 물어야 한다든지 하는 것이 아니라, 메이디아스의 분노와 오만의 발작에 완전히 자격박탈을 당해 버렸기 때문입니다.

100. 만일 여러분이 메이디아스를 연민한다면, 누가 오만한 행위를 중단할 것이며, 누가 오만을 부추기는 자신의 부(富)를 없애려 하겠습니까? 정작 메이디아스가 불행을 당한 것같이 여기는 반면, 아무 잘못한 것도 없는 가난한 이가 그 때문에 부당하게 극한의 파멸에 봉착했는데도, 여러분이 그 분노에 공감하지 않는다면 말이지요. 그래서는 안 되죠. 연민을 갖지 않은 이는 연민을 받을 자격이 없고, 용서하지 않는 이는 용서받을 자격이 없습니다.

101. 제 소견에, 모든 이가, 자신이 연루된 모든 사안에서, 자신의 삶을 위하여 주머니를 털어서 기부해야 한다는 의무감을 갖습니다. 여기에 내가 있는데, 모든 이에게 온건하고 인정 많고, 다수의 은인이라고 가정해 봅시다. 그런 나에게, 기회가 있거나 부득이한 필요가 생길 때, 모든 이가 상응한 대가를 돌려주어야만 합니다. 다른 이가

있는데, 그는 폭력적이고 이웃을 연민하지 않고 또 사람으로 보지도 않는다고 합시다. 그런 이에게는 모두 그 같은 것을 되돌려 주어야 하는 것이죠. 메이디아스 씨, 당신이 스스로를 위해 기부해 놓은 것이 바로 그런 것이었으니, 그 같은 것을 되돌려 받게 될 겁니다.

102. 제 생각에, 아테나이인 여러분, 제가 메이디아스에 대해 달리 더 비난할 것이 없고, 또 지금부터 제가 하는 주장이 지금까지 했던 것보다 더 중요한 것이 아니라 해도, 여러분은 제 진술에 근거하여 그에게 유죄를 선고하고 법정 최고형을 때릴 수 있는 근거를 확보한 것이 됩니다. 그러나 제 이야기가 끝난 것이 아니고, 제 소견에, 이후 이야기할 것이 궁하지 않을 정도로, 그가 제게 고소할 거리를 풍성하게 제공한 것입니다. 103. 그가 어떻게 저의 탈영 혐의를 조작한 다음, 96 다른 이, 비열하고 아주 매수하기 좋고, 줏대 없는97 에욱테몬을 매수해서 공소를 제기하게 했는지는 생략하겠습니다. 저 사기꾼(에욱테몬)이 나서서 제소한 것은 절대로 아니었고, 또 이 사람(메이디아스)이 그를 고용한 목적도 다름 아니라 세상 사람이 다 볼 수 있도록 부족의 이름을 따온 영웅98의 조각상이 있는 곳에 다음과 같이

---

96 데모스테네스는 기원전 350년 에우보이아 원정에 종군하지 않았다. 아테나이에서 디오니시아 연극 기부자 직을 맡고 있었기 때문이다.

97 *koniortos*. 무례한, 더러운, 가련한 등의 뜻을 갖는다. 고대 주석에 따르면, 바람에 날리는 먼지처럼 가변적이라는 뜻도 내포한다. 이 변론 §139에 같은 인물에 대한 같은 표현이 나온다.

98 *Eponymoi*. 에포니모이는 아테나이 전설의 영웅들로서 그들로부터 부족의 이름을 가져온다.

적혀 전시되도록 하는 것이었어요. "루시아 출신 에욱테몬은 파이아니아 출신 데모스테네스를 탈영 혐의로 고발했다." 제가 보기에, 거기다가 가능하다면, 다음과 같은 말을 덧붙이는 것이 좋을 뻔했습니다. 실로 제 소견에, "내(에욱테몬)가 메이디아스에게 팔려서 데모스테네스를 고소했다"는 말을 덧붙였으면, 그가 기뻐했을 것 같습니다. 그렇지만 이 문제도 그냥 넘어가렵니다. 그(에욱테몬)가 재판을 포기함으로써 스스로 자격박탈을 초래했으므로, 적어도 저로서는 다른 송사에 골몰할 필요가 없으니 그것으로 만족합니다.

104. 그러나, 아테나이인 여러분, 메이디아스가 그냥 부당한 정도가 아니고 터무니없고 몰염치한 불경죄를 저뿐 아니라 모든 사람에게 범한 것으로 보이는 것에 대해 말씀드리려 합니다. 막중한 범죄혐의가 저 불행한 친구, 모스코스의 아들 아리스타르코스에게 주어졌을 때, 처음에는, 아테나이인 여러분, 메이디아스가 시장을 돌아다니면서 저에 관한 사악하고 흉측한 말을 퍼뜨려서 제가 그 혐의에 연루된 주동자인 것으로 몰려고 했어요. 99 그게 잘 안되자, 그다음엔 아리스타르코스가 살해했다고 보는 죽은 이의 친척들에게 가서는, 제게 혐의가 있다고 고발하면 돈을 주겠다고 한 거예요. 그는 신들, 외경심,

---

99 아이스키네스(1. 171~172)가 전하는 전말은 이와 다르다. 아리스타르코스는 에우불로스 지지자이며 데모스테네스에 반대하는 니코데모스를 죽였는데, 아이스키네스는 아리스타르코스가 저지른 살해를 사주한 책임이 데모스테네스에게 있다고 본다. 또 아리스타르코스의 재산을 데모스테네스가 차지하고 싶어 했다고 아이스키네스는 말한다. 데모스테네스에 대한 아이스키네스의 진술은 신빙성 있는 것으로 간주되는 것은 아니다.

다른 아무것에도 구애받지 않았고, 거리낌이 없었어요. 105. 오히려 남들 앞에서 부끄러워하지 않았고, 그 같은 질곡을 죄 없는 이에게 전가하려 했습니다. 그의 목적은 딱 하나, 가능한 온갖 방법을 남김없이 동원하여 저를 파멸시키는 것이었지요. 마치 이런 것 같아요. 그에 의해 피해당한 어떤 이가 가만히 있지 않고 구제받으려고 떠들면 추방되어 버리기 때문에 아무런 구제 조치를 취할 수 없게 되고, 탈영으로 유죄 선고를 받고, 또 살인죄 혐의로 피고가 되어 처형 일보 직전까지 몰리는 것 말이지요. 그런데 메이디아스가 이 모든 사안은 물론 무창단 지휘자였던 저를 폭행한 것으로 드러난 마당에, 어떤 관용과 연민을 여러분에게서 바랄 수가 있습니까?

106. 제 소견에, 아테나이인 여러분, 이 같은 행위들에서 그는 저를 해친 주범입니다. 디오니시아 제전에서 그가 가한 피해는 장비, 신체, 경비에 한정된 것이지만, 그 후 이어진 일련의 행위는 위의 사안을 포함하여 또 다른 모든 것들, 도시, 가족, 온갖 권리와 희망 등에까지 확대되었어요. 그 음모 중 하나라도 성공했더라면, 저는 제가 가진 모든 것, 심지어 이 땅에 묻힐 권리마저 상실했을 겁니다. 왜 그랬을까요? 재판관 여러분. 누구라도 메이디아스의 불법행위에 의해 피해를 본 다음 권리를 회복하려 하는 이가 제가 당한 그 같은 처지가 된다면, 최선의 방법은 이민족이 압제자의 발아래 엎드리듯이 자기 방어의 저항을 하지 않는 것이죠. 107. 저의 말이 사실이며, 이자가 이처럼 뻔뻔하고 무모한 행위를 저질렀음을 증명할 증인들을 저를 위해 불러 주십시오.

증인들

아피드나의 디오니시오스와 파이아니아의 안티필로스는 다음 사실을 증언합니다. 우리 친척 니코데모스가 모스코스의 아들 아리스타르코스가 휘두른 폭력으로 죽자, 아리스타르코스를 살인죄로 기소했습니다. 우리가 이 자리에 나온 것은 데모스테네스를 지지하려는 것인데, 그에 의해 현재 재판에 회부되어 있는 메이디아스가 이 사실을 알고는 우리에게 소액의 돈을 주면서 아리스타르코스를 방면하고 그 대신 살인혐의자의 이름을 데모스테네스로 바꾸라고 종용했습니다.

지금 매수 관련 법을 제게 가져다주십시오.

108. 법조문을 찾아오는 동안, 아테나이인 여러분, 제가 여러분에게 몇 말씀 더 드리겠습니다. 제우스와 신들의 이름으로 여러분께 부탁드리건대, 재판관 여러분, 여러분 모두 여러분이 듣고 있는 모든 것과 관련하여 다음과 같은 점을 유념해 주십시오. 여러분 가운데 누가 이 같은 상황에서 희생자가 된다면 어떻게 대응할 것이며, 가해자에게 얼마만큼의 분노를 느끼시겠습니까? 저는 공무를 수행하면서 당한 피해를 어렵사리 견뎌냈으나, 그 후에는 더 힘들었고 참으로 분통이 터졌습니다. 109. 그 같은 질곡의 한계가 어디며, 뻔뻔함, 잔인함, 오만함이 얼마나 창궐할 것인지 누가 짐작하겠습니까? 제우스의 이름으로 타인에게 많은 피해를 주고 부당행위를 한 이가 고치고 후회하기는커녕 계속 훨씬 더 못된 행위를 하며, 또 타인에게 피해를 주지 않도록 상황을 개선하는 것이 아니라, 반대로 돈을 써서 남을 부당하게 추방하고 파멸하도록 하고 또 자신의 재산을 불린다면 말입니다.

110. 이 모든 것이, 아테나이인 여러분, 메이디아스가 저에게 자행한 것들입니다. 증언에서 사실로 드러났듯이, 그는 저에게 당치도 않은 살인혐의를 거짓으로 뒤집어씌웠습니다. 탈영죄로 저를 고소했는데, 그 자신은 세 번이나 근무지를 이탈한 적이 있어요. 자칫 제가 지나칠 뻔했습니다만, 에우보이아 사태도 있지요. 이것은 당시, 그(메이디아스)의 대변자[100]였고 친구였던 플루타르코스[101]의 요청으로 발생한 것이었습니다. 마침내 모든 일이 플루타르코스 때문이라는 것이 세상에 밝혀지기 전에는, 메이디아스가 제 탓으로 돌리려 했던 거예요. 111. 제가 의원으로 추첨되어 자격심사[102]를 받게 되자, 그가 저를 비난하여 제가 극한의 곤경에 처하게 되었습니다. 제가 입은 피해에 대해 보상받기는커녕 제가 하지도 않은 행위에 연루되어 벌을 받을 처지에 놓였던 것이죠. 이 같은 처지에서 여러분에게 지금 말씀

---

100 *philoxenoumenos*. '*philoxenia*'는 특별한 외교적 지위로서의 '특별대우영사(다른 도시의 이익을 대변하기 위해 그 도시로부터 특별한 지위를 부여받은 이방 출신자)'이므로, 두 단어는 관련이 있는 것으로 볼 수 있겠다.

101 플루타르코스는 에레트리아의 참주였고, 기원전 350년 클레이타르코스에 대항하여 아테나이에 도움을 청했다. 클레이타르코스는 마케도니아의 필리포스가 지배자로 세운 사람이다. 이때 데모스테네스가 반대했으나, 아테나이인은 에우불로스의 조언에 따라 포키온을 선봉으로 파병했다. 플루타르코스는 권력을 잡았으나, 후에 아테나이와 관계를 끊었다. 이때 데모스테네스는 아테나이 군사력의 분산을 경계했고, 올린토스의 구조에 집중할 것을 권고했다(Demosthenes, 4. 57: 5. 5 참조).

102 *dokimasia*(자격심사). 1년 임기의 관직에 임하기 전, 전체 삶의 이력을 검증하거나(참조, Lisias, 16. 9), 18세가 되어 구민 명부에 입적하는 등의 경우에 자격심사를 한다.

드리는 것같이 궁지에 몰린 채, 제가 그렇게 무능하거나 하릴없는 사람이 아님에도, 어떻게 대처해야 할지 몰랐습니다.

112. 이와 관련하여 제가 다시 한 말씀을 덧붙인다면, 부자를 상대하는 경우에는, 아테나이인 여러분, 그렇지 않은 우리가 정당하고 평등한 권리를 갖지 못합니다. 절대로 아니지요. 부자는 재판이 열리는 시기를 선택할 수 있어서, 여러분 앞에 설 때는 이미 그 범죄행위가 진부하고 김이 빠지게 되지요. 그러나 그렇지 않은 우리는 사건이 생기면 바로 재판에 회부됩니다. 게다가 부자들에게는 증인들과 변호인이 다 동원되므로, 우리가 불리하게 됩니다. 그런데, 여러분이 보시듯이, 저의 편 증인들 가운데 일부는 진실을 증언하려 하지도 않아요. 제 생각에, 이 같은 불평을 하자면 끝이 없겠지요. 113. 자, 이제 제가 언급하려 했던 법조문을 읽어 주십시오.

법

아테나이인 누가 다른 이로부터 뇌물을 받거나, 자신이 다른 이에게 뇌물을 주거나, 약속을 통해 누군가를 타락하게 하여, 어떤 방법이나 계략을 불문하고, 민중,[103] 혹은 개인적으로 시민 가운데 누구를 저해하면, 그와 자식들은 자격 박탈당하고 재산은 몰수된다.

114. 이 사람(메이디아스)은 너무 용렬하고 파렴치하고, 또 진실이나 거짓이나, 적에 대해서나 친구에 대해서나, 그 같은 것들을 불문

---

103 demos.

하고 말이나 행동을 마음대로 합니다. 그래서 그가 저를 살인혐의로 비난하고 고발했지만, 의원 임기의 시작을 위해 의식과 희생제를 치르고, 또 여러분과 전체 도시를 위해 신성의 제식을 거행하도록 내버려두었어요. 115. 또 네메이아의 제우스104를 위한 제사를 받들러 가는 우리 도시의 사신단 수장을 맡도록 두었고, 또 제가 다른 두 명과 함께 복수의 여신105을 위한 제사장106으로 선출되어 제식을 거행할 때도 이의를 제기하지 않았지요. 만일 그가 제게 뒤집어씌운 혐의와 관련하여 털끝 하나만큼의 증거라도 있었더라면, 이 모든 것을 제가 하도록 내버려두었겠습니까? 저는 그렇게 보지 않습니다. 이러한 사실들이 그가 터무니없는 심술로 저를 조국에서 추방하려 한 결정적 증거입니다.

116. 이 같은 노력에도 불구하고 한 가지도 저를 옭아매지 못하자, 그는 저를 치기 위해 아리스타르코스를 비난했지요. 다른 것은 생략하고 다음 이야기만 말씀드리겠습니다. 의회가 개최되어 이런 문제들을 검토하기 시작했을 때, 그가 연단으로 올라가 이렇게 말했어요. "의원 여러분, 사실을 모르십니까? 이미 여러분 손안에 주모자를 두고도 시간을 허비하며 찾으러 다니고 깨닫지 못하시나요? 그를 죽이지 않으시려고요? 그의 집으로 가서 체포하지 않으시렵니까?" 그가

---

104 Nemeios Dias(네메이아의 제우스). 네메이아(Nemea 혹은 Nemeia)는 제우스(Dias)를 위한 전 헬라스인의 제식이다.

105 *semnai theai*. 이들은 Eumenides(영어로 Furies)로 불리며 복수의 여신들이다.

106 *hieropoion*(제사장)은 제식을 관장하는 사람이다. 각 부족당 한 명씩 추첨으로 총 10명이 뽑힌다. Aristoteles, *Athenaion Politeia*, 54. 6 참조.

주모자라고 한 것은 아리스타르코스를 가리키는 겁니다. 117. 이 비루하고 뻔뻔한 이가 이렇게 말했어요. 그 전날 아리스타르코스의 집에서 나왔고, 그전까지만 해도 누구보다 자기와 친한 친구로 지냈던 이를 말이죠. 이렇게 봉변을 당하기 전에 아리스타르코스는 계속 저를 괴롭히며 메이디아스와 협상하도록 종용했거든요. 만일 아리스타르코스가 자신의 파멸을 초래할 어떤 행위를 정말 저지른 것이라 메이디아스가 생각하고, 또 그를 비난하는 사람들의 말을 믿었다고 해도 그런 것을 발설하면 안 되는 것이죠. 118. 특히 서로 친구라면, 상대가 무슨 나쁜 행위를 했다 해도 친구의 연을 끊어 버리면 되는 것이에요. 처벌하고 송사를 벌이는 것은 피해자와 적들의 몫으로 돌아가는 것이니까요. 이 사람(메이디아스)에게는 그런 정도로 양해가 가능할 수도 있겠죠. 그런데 메이디아스는 한 지붕 밑에서 아리스타르코스와 정답게 이야기도 했던 것으로 드러나요. 마치 아리스타르코스가 아무런 죄지은 것이 없는 것처럼 말이죠. 그래 놓고서 저를 음해하기 위해 그에게 저주의 비난을 퍼붓다니, 그런 이는 열 번, 아니, 만 번을 죽어 마땅하지 않습니까?

119. 제가 사실을 말씀드리는바, 그가 (아리스타르코스의 혐의를 의회에서) 발언하기 바로 전날, 아리스타르코스의 집으로 가서 그와 이야기를 나누었고, 또 발언하고 난 그 이튿날, 아테나이인 여러분, 그 악랄함은 누구도 따라갈 수 없는 이 사람이, 의회에서 그(아리스타르코스)를 살인자로 지목하면서 극도의 흉측한 험담을 한 다음 날, 다시 그의 집으로 가서 옆에 앉아, 여러 사람이 보는 가운데서, 그의 오른손을 잡았다고 합니다. 그리고, 자신의 파멸을 걸고 맹세하면서 자기

는 아리스타르코스에 대해 좋지 않은 말은 전혀 한 적이 없다고 하더랍니다. 바로 전날 의회에서 아리스타르코스를 살인자라고 하고 극도로 끔찍한 욕을 해 놓고는 말이지요. 그 자리에 사실을 알고 있는 사람들이 있는데도, 자기는 위증하고 싶은 마음이 없다고 하고, 아리스타르코스에게 저와 화해할 수 있도록 중재를 부탁했다고 합니다. 이런 사실 관련하여 저는 이곳에 임석한 증인들을 여러분에게 소개하겠습니다. 120. 아테나이인 여러분, 이런 그의 행위를 범죄 아니면 신성모독이라고 해야 하지 않을까요? 사람을 살인자라고 지목하고, 그다음에 그런 말 한 적이 없다고 맹세하는 것, 살인한 것으로 비난한 다음, 그와 같은 방에 앉는 것 말입니다. 제가 그에 대한 송사를 포기하고 여러분107이 그에게 유죄 선고를 내리지 못하도록 한다면, 제가 무슨 잘못을 범하지 않은 것처럼 보일 수도 있겠고, 그에 대한 송사를 계속하면, 저는 탈영자, 살해 방조자가 되고, 파멸을 맞게 될 수도 있어요. 그러나 저는 오히려 반대로 생각합니다. 만일 제가 메이디아스를 놓아준다면, 저는 올바름을 저버리는 이탈자가 되고, 제가 저 자신을 살인자로 간주하게 될 것 같습니다. 그런 식으로는 제가 살아갈 수 없기 때문이지요. 121. 자, 이제 제가 한 말이 사실임을 증명할 증인들을 불러 주십시오.

---

107 메이디아스에 대한 데모스테네스의 소(訴)는 의회에 제기되었고, 예비심리(*probole*) 절차로서 민회에서 메이디아스에 대한 심리가 이루어졌다.

증인들

알로페케 리시마코스, 수니온 출신 데메아스, 토리코스 출신 카레스, 스페토스 출신 필레몬, 파이아니아 출신 모스코스는 데모스테네스를 위해 와서 다음 사실을 알고 있음을 증언합니다. 모스코스의 아들 아리스타르코스가 니코데모스를 살해했다는 혐의의 탄핵이 의회에 제기되었을 때, 데모스테네스에게서 고소당한 메이디아스가 의회에 나타나 니코데모스를 살해한 것은 다른 이가 아닌 아리스타르코스이며, 그가 주모자라고 발언하고, 의원들에게 그의 집으로 가서 체포하라고 권고했습니다. 메이디아스는 의회에서 이런 사실을 말했으나, 그 전날 그는 아리스타르코스와 저희와 만찬을 함께했습니다. 또 메이디아스는 의회에서 발언하고 나온 다음 다시 아리스타르코스의 집으로 가서 그의 오른손을 잡고는 자신의 생명을 걸고 맹세하여, 의회에서 아리스타르코스에 대해 아무런 나쁜 말을 하지 않았다고 했습니다. 나아가 자신이 데모스테네스와 화해할 수 있도록 중재해 달라고 아리스타르코스에게 부탁했습니다.

122. 어떤 것이 이보다 더할 것이며, 그 같은 비열한 것이 과거에 있었거나 미래에도 있을 수 있습니까? 친구라는 사실은 접어 두고라도 자신에게 아무것도 해를 끼친 적이 없는 한 불운한 사람(아리스타르코스)을 한편으로 음해하는 동시에, 다른 한편으로 그(아리스타르코스)에게 그 자신(메이디아스)과 저를 화해시켜 달라고 요구하는 것을 이 사람이 여사(餘事)로 여기는 거예요. 이 같은 짓거리를 하면서, 그이(아리스타르코스)는 물론 저를 부당하게 추방하려고 돈을 뿌렸어요.

123. 이 같은 사람 됨됨이는, 물론 흉계 말이에요, 아테나이인 여러

분, 자신을 보호하기 위해 정당하게 저항하는 이들에게는 더 큰 해악을 가져오는 흉계는 저에게만 분노와 근심을 야기하고, 여러분과 그 밖의 사람들은 무관심하게 있을 일이 아닙니다. 절대 그런 것이 아닙니다. 모두가 함께 궐기해야 하는 거예요. 한편으로, 여러분 가운데 부당행위로 인한 피해에 가장 쉽게 노출되어 있는 이들은 가장 가난하고 가장 힘없는 이들이며, 다른 한편, 피해를 주고 일을 저질러도 처벌받지 않고 오히려 돈으로 매수하여 사건을 무마하는 것은 가증스럽고 부유한 이들이라는 사실을 간파하고 유념하면서 말입니다. 124. 이런 점들을 간과해서는 안 되는 것이에요. 피해에 대해 구제를 받으려는 이를 협박으로 훼방하는 사람이 우리에게서 언론의 자유와 정치적 자유를 빼앗는 사람보다는 덜 나쁘다고 생각해서는 안 됩니다. 저나 일부 다른 이들은 거짓과 험담을 극복하고 살아남았다고 할 수 있어요. 그러나 여러분 다수는 어떻게 하시렵니까? 누구라도 재물을 그런 목적으로 쓰면 궁지에 몰린다는 사실을 공개적으로 주지시키지 않는다면 말이죠. 125. 피고는 자신이 한 일을 아뢰고, 혐의에 대해 재판소의 결정에 승복해야 합니다. 그때 자신을 부당하게 고소한 이들에게 대응할 권리를 갖는 것이죠. 그러나 그런 경우에도 자신의 사악한 행위에 대한 증인들의 말을 막으려 해서는 안 되고, 거짓 변명을 늘어놓으면서 재판을 회피해도 안 되며, 또 재판을 받는다고 불안을 표출해도 안 되고, 다만 애초에 어떤 무리한 수작도 하지 않도록 해야 합니다.

126. 이렇듯, 저의 공무 수행과 제 인격에 미친 피해, 그리고 갖은 방법으로 음해당하고 험하게 피해 보면서 구사일생으로 헤쳐 나온 사실에 대해 여러분은 들으셨습니다, 아테나이인 여러분, 다 말씀드리

기가 쉽지 않으므로, 많은 것을 생략합니다만, 핵심은 다음과 같습니다. 저 혼자 당한 것이 아니고, 무창단에 대한 부당행위와 함께 전 도시에서 1할에 상당하는 제 부족이 피해를 보았습니다. 또 저에 대한 공격과 음모로 인해, 여러분이 제각기 보호받는 법이 훼손되었습니다. 더구나, 이 모든 것에 더하여, 무창단 지휘자가 임명되어 기리는 신, 그리고 그 무엇이든 경건하고 신성한 것들이 무시된 거예요. 127. 그가 한 비행에 대해 마땅히 처벌하려 하는 사람들은 저 개인과 관련한 것으로만 분노해서는 안 되고, 법, 신, 도시 등 모든 것이 같이 훼손된 데 대해 처벌이 이루어져야 한다는 점을 간과해서는 안 되며, 또 그를 돕고 방어하는 데 같이하는 이들은 단순한 변호인들이 아니라 그 행위에 대한 지지를 천명하는 이들이라고 보아야 합니다.

128. 만일, **108** 아테나이인 여러분, 메이디아스가 다른 사안에서도 신중하게 절도를 지키면서, 다른 시민은 해치지 않고 저에게만 무례와 폭력을 행사했더라면, 처음에는 저 개인의 불운이라고 여기고, 또 그 온건하고 선량한 여생에 혹 저에게 행한 부당행위 때문에 처벌이라도 받는 것이 아닌가 염려했을 것입니다. 129. 그러나 지금은 그런 염려에서 벗어났고, 오히려 염려스러운 것은요, 일부가 그에게서 본 피해가 많고 정도가 심하다고 여러분이 들으셨으므로, 혹 여러분이 다음과 같이 생각하지나 않을까 하는 것이에요. "무슨 일이냐? 다른

---

108 §128~142까지 데모스테네스는 메이디아스가 다른 이들에게 행한 부당행위에 대해 진술한다. 앞서 §23에서 메이디아스가 다른 이들에게 저지른 부당행위를 뒤에 진술할 것이라고 한 것과 연관지을 수 있다. 참고로, §24 이후에서는 메이디아스가 데모스테네스에게 저지른 행위를 언급한다.

모든 사람에 비해 더 심하게 당했다고 화내는 거냐?"라고요. 그런데 그가 행한 모든 짓을 제가 다 여러분에게 소개할 수도 없고, 여러분도 다 들어 줄 만큼 인내심을 가질 수도 없어요. 물시계로 재는 시간도 저의 남은 이야기를 다 하기에 부족하죠. 우리 둘에게 할당된 시간, 제 시간과 그에게 주어진 시간을 다 써도 모자라거든요. 그러니 가장 중요하고 명백한 것들을 말씀드리겠습니다. 130. 아니면 차라리 이렇게 하는 것이 좋겠습니다. 제가 스스로 참고하려고 쓴 기록을 여러분에게 읽어드리는 거예요. 먼저 여러분이 제일 듣고 싶어 하는 것부터 읽고, 그다음 두 번째로 원하는 것 등으로 하되, 여러분이 듣고 싶은 마음이 있는 한도 내에서 하겠습니다. 여러 가지 다양한 사례가 있는데요, 폭력, 친족 사기, 신성모독 등이 있습니다. 그가 저지른 많은 범죄가 모두 처형 대상임을 여러분이 보시겠습니다.

메이디아스의 범죄행각 기록

131. 재판관 여러분, 그는 자신이 만난 모든 이들에게 이런 짓거리를 저질렀습니다. 제가 생략한 다른 것들도 있어요. 그가 한평생 줄곧 저질러온 폭력행위를 한꺼번에 다 전한다는 것은 누구에게나 불가능하죠. 그러나 눈여겨볼 것은 그 같은 행위와 관련하여 그가 한 번도 처벌받은 적이 없었으므로 그 무모함이 어디까지 이르게 되었느냐는 것입니다. 제 소견에, 아마도 그에게는 사람에게 누를 끼치는 것이 아닌 행위는 멋지고 참신하고 가치 있는 것으로 보이지 않고, 오히려 전체 부족, 의회, 전체 사회집단을 모독하지 않고, 동시에 여러분 다수를

괴롭히지 않고서는 사는 것이 사는 것 같지 않은 듯합니다. 다른 예도 수없이 많지만 생략하겠습니다. 132. 다만 아르구라109로 파견된 기병에 관한 것만 말씀드리자면, 여러분이 모두 아시듯이, 그들과 동행했던 그(메이디아스)가 칼키스에서 돌아와서는 여러분에게 앞에서 파견부대를 비난하고 원정이 도시에 누가 되었다고 발언했어요. 여러분도 기억하시겠습니다만, 크라티노스110에 대하여 그가 험담한 사실이 있지요. 제가 알기로, 크라티노스는 이 재판에서 그(메이디아스)를 돕는다고 하네요. 그러니 그가 한꺼번에 그렇게 많은 시민들에게 그렇게도 심한 적의를 사실무근으로 야기한 것이라면, 지금 그가 얼마나 간교하고 무모하게 처신할 것이라고 우리가 보아야 하겠습니까?

133. 제가 묻습니다. 메이디아스 씨, 둘 중 어느 쪽이 도시에 누를 끼친 것입니까? 군대에 편성되어, 적에 맞서기 위해 전쟁터로 나가서 동맹국과 합류하는 이들이 갖추어야 하는 무장을 하고 도시(칼키스)로 간 사람입니까? 아니면 당신같이, 추첨을 하면서 원정대에 끼지 않도록 빌고, 흉갑을 입어 본 적이 없으며, 에우보이아에서 가져온 은장식 안장111 위에 앉아서 돌아다니고, 화려한 모직 상의에 잔과 항아리

---

109 기원전 350/49년 아테나이가 에우보이아로 군대를 파견했을 때, 메이디아스는 기병대장(*hipparchos*)이었고, 데모스테네스는 보병이었다. 기병은 칼키스 부근 아르구라에 머물렀고, 보병은 타미나이 요새에 주둔했다. 이때 메이디아스는 기병부대를 떠나 아테나이로 귀환하면서, 삼단노선주 직무(*trierarchia*)를 떠맡기 위해서라고 말했으나, 데모스테네스는 그가 군대복무를 회피하려 했던 것이라고 비난한다. 참조, 이 변론 §160.

110 크라티노스에 대한 정보는 달리 알려진 것이 없다. 메이디아스같이 기병에 속했던 이가 아닌가 추정된다.

를 가지고 오다가 세관 관리112에게 억류당한 사람입니까? 이런 소문이 우리 중무장보병들에게 전해졌어요. 당시 우리가 기병과 함께 같은 곳에 있었던 것이 아니거든요. 134. 그리고 아르케티온 아니면 다른 누가 당신을 조롱했다고 해서, 당신이 그들 모두를 괴롭힌 것인가요? 만일 당신의 동료 기병이 전해 준 대로 그런 행위를 메이디아스 당신이 한 것이라면, 그리고 그들이 말을 전했다고 해서 불만을 가진다면, 당신은 그들로부터 비난받을 만하네요. 당신은 그들과 여기 있는 재판관들, 그리고 전체 도시에 해악과 누를 끼쳤으니까요. 그러나 당신이 그런 행위를 한 적이 없고 다 거짓이라면, 또 다른 병사들이 험담한 이를 비난하지는 않고 당신을 조롱한다면, 그것은 당신의 전반적 생활태도에 비추어 그 같은 이야기가 당신에게 딱 들어맞다고 생각한다는 사실을 보여 주는 것이죠. 그들을 비난하기보다, 당신 스스로 자제할 필요가 있겠소. 135. 그런데 당신은 모든 이를 협박하고 모든 것을 핍박하고 있소. 당신은 다른 이에게 당신의 원하는 것에 대해 배려해 줄 것을 요구하지만, 당신 자신은 어떻게 타인을 괴롭히지 않을 것인지 생각하지 않고 있소. 거기다 당신의 무모함을 가장 잘 보여 주는 것은 다음의 것이오. 뻔뻔한 불량배인 당신이 연단에서 그렇게 많은 사람들을 집단적으로 매도했던 것이오. 다른 사람은 그 같은 일을 한다는 생각만으로도 몸서리쳤을 것이라오.

---

111 *astrabe.* 이 같은 안장은 보통 군인들이 착용하지 않는 것이다.
112 *pentekostologoi.* 물건을 수입할 때 50분의 1의 세금(*pentekoste*)을 내는데, 그 세금 거두는 관리를 '*pentekostologoi*'라고 한다.

136. 제가 보기에, 다른 모든 이의 경우 재판에 회부되어 한두 개 범죄 혐의로 고소당해도, 변명할 말이 많아요. "제가 그런 짓거리 한 것을 여러분 가운데 누가 확실히 아는 이가 있습니까? 제가 그 같은 짓을 한 것을 여러분 가운데 누가 본 적 있어요? 아무도 없잖아요. 악의로 저에 대해 거짓말하고, 위증하는 겁니다." 이렇게 말이죠. 그러나 이 사람 (메이디아스) 의 경우는 그 반대예요. 137. 여러분 모두가 그의 살아가는 방식, 무모함, 오만함을 알고 있다고 저는 보고, 또, 일부는, 제 소견에, 스스로 알고 있는데 지금 제가 발설하지 않는 사안을 두고도 오랫동안 의아해하지요. 그러나 그에 의해 피해를 본 많은 이들이 그 부당함을 대놓고 증언하기를 꺼리는 것으로 저는 알고 있습니다. 그(메이디아스) 의 폭력, 집요함, 그리고 비열하지만 그를 강하고 두려운 존재로 만드는 뒷배가 있음을 알기 때문이지요. 138. 힘과 부를 배경으로 사악하고 거만한 것은 예기치 않은 공격도 막아낼 수 있는 방어벽이 되는 것이에요. 그 같은 사람이 재산을 뺏기면 아마도 폭력을 중단할 것이고, 중단하지 않으면 가장 파렴치한 범죄자보다 더 하찮은 존재가 되어 버릴 겁니다. 그러면 하릴없이 욕설하고 고함을 지르겠지만, 그같이 억지를 부리면 그도 우리 여느 사람과 똑같이 처벌받게 되겠지요.

139. 아무튼, 지금 제 소견으로, 폴리에욱토스, 티모크라테스, 그리고 줏대 없는 에욱테몬[113]이 그의 편을 들 것 같아요. 그 같은 이들

---

113 폴리에욱토스는 데모스테네스의 친구로서 스페토스 출신의 폴리에욱토스와 같은 이가 아니다. 그에 관한 정보는 알려져 있지 않다. 티모크라테스는 변론 24에서 데모스테네스가 비난한 인물이다. 에욱테몬은 이 변론 §103에 언급되는 이와 동일한 인물로 추정되며, 거기서도 이곳에서와 같이 '줏대 없는 이(koniortos)'로 언급된다.

은 그의 돈에 팔린 것이고, 또 다른 이들도 떼를 지어 증인으로 나섰지요. 이들은 공공연히 여러분을 괴롭히지는 않지만, 침묵으로 그의 거짓말에 동조하는 겁니다. 신들의 이름을 걸고, 제가 보기에 그들이 그(메이디아스)로부터 뭔가 덕을 보는 것 같지는 않아요. 그러나, 아테나이인 여러분, 어떤 이들은 부자들에게 아첨하고 그 옆에 들러붙어서 증언하려고 해요. 140. 제가 보기에, 이 모든 상황은 각기 가능한 범위에서 가진 것에 의존해 스스로 살아가는 여러분에게는 위험천만한 것이지요. 그러니 여러분 각자가 인맥, 재산, 그 외 다른 점에서 강하지 않을 때, 서로 뭉친다면 혼자 있을 때보다 더 강해져서 그의 오만을 저지할 수가 있습니다.

141. 이제, 메이디아스가 여러분에게 다음과 같은 주장을 펼 수도 있어요. "이런저런 피해를 본 이가 왜 나를 벌하려 하지 않았나요?" 혹은 "도대체 왜 그래요?"라며, 아마 피해자 가운데 어떤 이의 이름을 들 수도 있겠지요. 그러나 제 짐작에, 피해의 구제를 꺼리는 이유를 여러분 모두가 알고 있다고 봅니다. 그것은 시간도 없고, 문제를 만들고 싶지도 않고, 달변인 것도 아니고, 돈도 없고 등등, 만 가지 이유가 있지요. 142. 지금 그는 그런 주장을 할 입장이 아니라, 제가 비난하는 행위를 하지 않았다고 여러분을 설득해야 합니다. 그렇지 못하면 십중팔구 그는 처형되어야 합니다. 만일 힘이 있어 이같이 버티는 통에 여러분이 개인적으로 그로부터 보상받기가 어렵다면, 여러분 모두가 공동 이익을 위해 연대하면, 그를 제압해서 나라의 공동의 적으로서 처벌할 수 있어요.

143. 번영했던 지난날 우리 도시에 알키비아데스가 있었다고 하

죠. 민중을 위해 대단한 공헌을 했으나, 일단 무법의 거만한 이로 행동하자 여러분 선조가 그에게 어떻게 대했는지 생각해 보십시오. 물론 제가 이 이야기를 꺼내는 것은 메이디아스를 알키비아데스와 비교하려는 것이 아닙니다. 제가 그렇게 어리석거나 분별없는 것은 아니거든요. 제 말 뜻은, 아테나이인 여러분, 출생, 부, 힘, 그 어느 것이라도 오만을 초래하게 된다면, 여러분 다수가 용납해서는 안 되고 앞으로도 그래야 한다는 사실을 알고 새겨달라는 것입니다.

144. 아테나이인 여러분, 그(알키비아데스)는 부계로 알크메오니다이 가문 후손이고,[114] 그 가문은 민주정체를 세우기 위해 반기를 들었다가 참주에 의해 추방되었다고 하지요. 이들이 델포이에서 자금을 빌려서 이 도시를 해방하고 페이시스트라토스의 자식들을 추방했답니다. 그 모계는 히포니코스로 거슬러 올라가며, 이 집안은 민중을 위해 여러 가지 굉장한 기여를 했습니다. 145. 그뿐 아니라, 그(알키비아데스) 자신도 사모스에서 두 번, 아테나이에서 한 번 민주정체를 지키기 위해 투쟁함으로써, 돈이나 말이 아니라 행동으로 조국에 대한 애정을 증명했지요. 또 올림픽 경기에 기마병으로 참가해서[115] 승

---

114 여기서 데모스테네스는 알키비아데스의 가계에 대해 이중의 오류를 범한다. 알키비아데스는 부계가 아니라 모계로 알크메오니다이 가문에 속하며, 그의 모친 데이노마케가 메가클레스의 딸이었다. 또 그는 히포니코스의 딸 히파레테와 혼인함으로써, 히포니코스의 가계와는 자신의 모친과 무관하게 사돈 간이다. 소피스트와 가까이 지냈던 히포니코스의 유복한 가계에 대한 언급 등은 참조, Platon, *Protagoras*, 311a; *Alkibiades*, 8c.

115 참조, Isokrates, 16. 34.

리하고 관을 수여받았어요. 그는 훌륭한 군인이기도 하고, 또 누구보다 훌륭한 변론가로 회자되었어요. 146. 그렇지만 여러분 선조는, 이 같은 공적이 있음에도 불구하고, 그가 그들 앞에 오만한 것을 용납하지 않았고, 오히려 추방형에 처하여 내쫓아 버렸지요. 당시 강성했던 라케다이몬인[116]이 데켈레이아[117]로 들어와 성벽을 건조하는 것을 목도하고, 또 함대가 격파되고 갖은 역경을 어쩔 수 없이 당하는 편을 택할지언정, 그의 모독 행위를 의도적으로 참지는 않았던 것이죠. 147. 도대체 알키비아데스가 무슨 오만을 범했으며, 그것이 지금 메이디아스와 어떤 점에서 비교되겠습니까? 알키비아데스는 타우레아스가 무창단 지휘자였을 때 그 귀싸대기를 올렸어요. 그런 일이 있었어요. 그러나 그때 알키비아데스 자신도 무창단 지휘자였으므로, 현행법을 어긴 것은 아니었지요. 그때는 그런 법이 아직 제정되지 않았거든요. 또 알키비아데스가 화가였던 아가타르코스를 감금했다고도 하죠. 그러나 그때 무슨 잘못을 범하여 현행범으로 그를 붙들었다고 하니, 그것은 비난거리가 아닌 것 같습니다. 또 그(알키비아데스)가 시내 곳곳의 헤르메스상(像)들을 절단했어요.[118] 제가 보기에, 이 같

---

116 펠로폰네소스 반도 스파르타를 중심으로 한 세력.
117 투키디데스(6. 91)에 따르면, 기원전 413년, 알키비아데스는 라케다이몬으로 망명해갔고, 데켈레이아를 요새화하도록 제안했다고 한다. 그러나 이소크라테스 (16. 10)는 알키비아데스의 허물을 불식하는 다른 이야기를 전한다.
118 기원전 415년 아테나이가 시켈리아 원정을 떠나기 전날 밤, 헤르메스상이 절단되는 사태가 벌어졌다. 이 사건에 연루되어 알키비아데스는 소환되었으나, 아테나이로 돌아가지 않고 스파르타로 망명했다. 참조, Thucydides, 6. 27~28; Andokides, 1. 34 이하.

은 온갖 불경스런 행위가 분노를 불러일으켰죠. 그러나 신상을 절단하는 것은 전체를 온통 망가뜨리는 것과는 달라요. 이 사람(메이디아스)은 전체를 훼손한 것으로 고발되었어요.

148. 이 같은 사안에 연루된 이들과 메이디아스를 비교해 봅시다. 재판관 여러분, 그 같은 선조의 후손인 여러분은 간교하며, 폭력적이고, 오만하며, 쓸데없고 또 쓸데없는 가계 출신인 사람에게 양해와 관용을 베풀 가치가 있다고 판단하는 것이 올바르고 정당하고 경건한 것이라고는 생각하지 마십시오. 그럴 만한 이유가 있습니까? 그가 장군으로 복무했기 때문입니까? 그는 다른 이의 지휘자는 고사하고 사병으로도 하등의 가치가 없습니다. 말을 곱게 합니까? 공적 발언에서 그는 누구에 대해서든 좋은 말을 한 적이 없고, 모든 사람을 사적으로 비방했습니다. 제우스의 이름으로, 그 출생은 어떤가요? 149. 비극에서와 같은 그 은밀한 출생 이야기를 여러분 가운데 모르는 이가 있습니까? 그를 둘러싸고 두 가지 상반된 상황이 전개되었어요. 그를 낳은 생모는 누구보다 영리했는데, 그 어머니로 알려져 있고 그를 양자로 들인 이는 세상 여인 가운데 가장 멍청했다는 겁니다. 그 증거가 있어요. 생모가 그를 낳자마자 팔아 버렸고, 양모는 같은 돈으로 더 나은 아이를 구할 수도 있었겠으나 이 사람을 사들였거든요. 150. 이렇게 해서 그는 원래 자기 것이 아닌 재산을 얻었고, 세상 모든 도시 중에 법을 가장 잘 지키며 살아가는 도시를 조국으로 얻은 것이에요. 그럼에도 그 태생적 본성으로서의 야만성과 신들에 대한 적의가 발동하여, 그가 현재 누리는 권리들을, 사실이 그러하듯이, 자신과는 무관한 것처럼 여긴다는 사실을 드러냅니다.

151. 이 사악하고 몰염치한 이가 살아가는 방식이 이러하므로, 그 친구들이 제게 와서 하는 말이, 재판관 여러분, 이 사건 소송을 파기하고 접으라는 겁니다. 제가 끄떡도 하지 않자, 그들은 감히 그가 이 모든 범죄에 무죄이므로 그 행위에 대한 극도의 처벌은 받지 않을 것이라는 주장은 하지 않고, 다만 이렇게 말했어요. "그가 이미 유죄로 선고를 받았으니, 당신은 법정이 어떤 벌을 그에게 내리기를 원하나요? 그가 부자이고, 삼단노전선과 그 외 공무 부담을 지겠다고 제안하려는 것이 당신 눈에는 안 보입니까? 그 봉사의 대가로 사면을 구하고, 또 당신에게 주는 것보다 훨씬 더 적은 금액을 도시에 지불함으로써 당신을 조롱하게 될지도 모른다는 사실을 유념하시지요." 152. 저는 무엇보다 여러분을 폄훼할 생각이 없고, 또 그의 오만을 저지하는 데 필요한 것보다 더 가벼운 처벌을 여러분이 그에게 내릴 것이라고도 생각하지 않습니다. 그렇다면, 선택지는 처형이거나, 그게 아니면 적어도 전 재산 몰수가 되겠지요. 119 그다음, 그가 공적 기여, 120 삼단노선주 부담, 121 또 그 같은 다른 봉사 사업에 매진하는 것 관련하여 제 생각은 이렇습니다.

153. 아테나이인 여러분, 기부가 의미하는 것이, 모임이란 모임에는 다 나가서 온통 "우리가 기부합니다. 우리가 여러분을 위해서 선불로 기부했어요. 우리는 부자거든요"라고 떠드는 것이라면, 실로 메이

---

119 이 재판은 재판관이 벌금액을 책정할 수 있으므로, 데모스테네스는 간간이 벌의 정동 관련하여 언급한다. 참조, 이 변론, §90.
120 *leitourgia.*
121 *trierarchia.*

디아스가 아테나이에서 가장 특이했다는 사실을 저도 인정합니다. 민회가 열릴 때마다 이 구역질나고 진부한 말을 외고 다녔으니까요. 154. 그러나 실제로 그가 얼마만큼 기부했는지를 여러분이 알고 싶으시다면, 제가 알려드리겠습니다. 제가 공정한 잣대로 그를 검증하는 것을 여러분은 보게 될 것인바, 그를 저와 비교하기 때문입니다. 아테나이인 여러분, 이 사람의 나이가 쉰이거나 아니면 그에 조금 못 미칠 것인데, 겨우 서른두 살인 저보다 더 많이 기부한 것이 아닙니다. 더구나 저는 성년의 나이가 되자마자 삼단노선주 부담을 안았는데, 단 두 명이 책임을 맡아 사비로 다 감당하고 승무원도 우리들이 채웠습니다. 122 155. 그런데 이 사람은 제 나이가 되었을 때도 공적 부담을 지지 않다가, 여러분이 1,200명 시민들을 공동 부담자로 했을 때 끼었으며, 메이디아스 같은 이는 균등하게 1탈란톤을 내서 삼단노전선을 만들었어요. 그런 다음 도시에서 승무원을 채우고 장비를 마련했지요. 그러니 그중 어떤 이는 실로 전혀 부담하지 않고, 다른 부담에서 해방되면서도 공적 기부를 한 것처럼 보이게 되었습니다.

156. 그 외 그가 다른 부담을 진 게 있습니까? 한번은 그가 비극 무창단의 지휘자가 되고, 저는 남성 피리연주단의 기부자가 되었지요. 전자보다 후자가 훨씬 부담이 크다는 사실은 세상 사람이 다 알아요. 더구나 저의 기부는 자발적이었지요, 그는 '재산교환'123 청구를 당하고 난 다음에야 맡게 된 것입니다. 그러니 기부를 가지고 그를 기리

---

122 데모스테네스가 삼단노선주직을 수행한 것은 기원전 364, 359, 357년이다.
123 *antidosis*(재산교환)에 대해서는 참조, 이 변론 §78.

는 이는 없어요. 또 뭐가 있습니까? 저는 제 부족에 향연을 베풀었고, 판아테나이아 제전에서 무창단을 조직했어요. 메이디아스는 두 가지다 한 적이 없습니다. 157. 또한 저는 10년 동안이나 납세분담조합[124] 1개 조의 수장이었고, 포르미온, 리시테이데스, 칼라이스크로스 등 가장 부유한 이들과 동일한 금액을 부담했습니다. 그것이 실제 제 재물에서 나온 것이 아니었어요. 제 후견인들이 저로부터 빼앗아 가 버렸기 때문이었지요. 그러나 제 아버지가 제 몫으로 남겨 준 재물이 있었고, 제가 성년의 자격심사를 통과하면 제가 물려받게 될 재산에서 나온 것이지요. 이렇게 제가 여러분께 기여했습니다. 그러나 메이디아스는 어떻게 했습니까? 지금까지 납세분담조합의 수장이 된 적이 없어요. 부친의 재산을 빼앗긴 적도 없고, 오히려 그로부터 많은 재산을 물려받았는데도 말이죠.

158. 그가 이룬 공적이 어떤 것이며, 그가 기부한 것이 무엇이며, 거액을 지출한 것이 무엇이 있습니까? 제가 알기로는 없습니다. 다음과 같은 것을 그런 것으로 보지 않는다면 말이죠. 그(메이디아스)가 엘레우시스에 매우 큰 집을 지어서 그 옆에 있는 집들의 햇빛을 가렸어요. 또 시키온에서 가져온 한 쌍의 흰 말을 대동하고 아내를 비의(秘儀)[125]나 또 다른 원하는 곳으로 데리고 다녔고요. 서너 명 똘마니를 데리고 다니며 시장에서 거드럭거리면서, 지나는 행인이 들을

---

124 *symmoria*(납세분담조합). 몇 사람이 한 조를 지어서 도시의 부담을 수행하는 제도를 말한다.
125 비의(秘儀)란 곡식의 여신 데메테르를 위해 엘레우시스에서 거행하는 신비의 제식으로 그 절차가 바깥으로 알려지지 않았다.

만큼 큰 소리로 작은 잔, 큰 술잔, 사발 등에 대해서 떠들었어요.

159. 메이디아스가 사적 사치와 호화로운 외관에 쓰는 재물에 의해 여러분 다수가 편익을 도모한 것이 있는지 저는 모르겠습니다. 그 부가 초래한 오만이 여러분 다수에게 이래저래 영향을 미치는 것을 저는 봅니다. 여러분은 절대로 그 같은 것을 대단하게 여기거나 부러워하지 마시고, 사람의 가치를 평가할 때 집을 크게 짓는지, 하인과 멋진 가구가 많은지가 아니라, 여러분 다수가 함께할 수 있는 사안에서 공이 있고 헌신적인지를 기준으로 삼으십시오. 그(메이디아스)에게서 그 같은 자질을 여러분은 찾을 수 없을 겁니다.

160. 제우스의 이름을 걸고, 삼단노전선 한 척을 내놓았어요. 제가 확신컨대, 그것을 자랑삼아 이렇게 말할 겁니다. "여러분을 위해 삼단노전선을 기부했습니다"라고요. 그러면 여러분이 생각하십시오. 아테나이인 여러분, 그가 만일 호의에서 그것을 기부했다면 그에 상응한 감사의 정을 드려야 하는 것이지만, 그가 오만하도록 만들어서는 안 됩니다. 어떤 이유를 불문하고, 어떤 사안을 불문하고 그것은 용납할 수 없죠. 그런데 만일 그 기부가 비겁함과 용렬함에 기인한 것으로 드러난다면, 속지 마십시오. 어떻게 여러분이 그 점을 간파할 수 있을까요? 제가 귀띔해 드리겠습니다. 처음부터 말씀을 드리건대, 화두는 간단합니다. 161. 에우보이아로 파병했을 때 아테나이에서 처음으로 자발적 기부가 이루어졌습니다.[126] 그때 메이디아스는

---

[126] 군자금 지출이 심한 상황에서 자발적 모금(episosis)이 불가피했으며, 메이디아스의 세 번째 올린토스 파병 시의 자발적 기부는 그 같은 것에 속한다.

자발적으로 나서지 않았고, 저는 니코스트라토스의 아들 필리노스와 함께 공동 삼단노선주가 되었지요. 그 후 두 번째로 올린토스 파병이 있었어요. 그때도 메이디아스는 끼지 않았답니다. 긍지를 가진 사람이라면 이 같은 온갖 일에 동참해야 하는데도 말이죠. 지금 세 번째로 자발적 기부가 있었는데요, 그제야 이 사람이 발을 넣은 겁니다.127 그 이유가 뭘까요? 의회에서 기부가 이루어질 때도 그는 임석해 있었으나 그때까지만 해도 아무것도 내놓지 않았어요. 162. 그런데 타미나이128에서 병사들이 포위되었다는 소식이 들리자 의회가 잔여 기병을 파견하기로 했는데, 거기에 그가 소속되어 있었던 것이죠. 파병 소식에 너무 놀란 그는 그다음 민회가 개최되자 의장들이 착석도 하기 전에 연단으로 올라가서는, 삼단노선을 기부하겠다고 했지요. 의심의 여지없이, 그런 행위의 동기가 공익이 아니라 원정을 회피하기 위한 것이었음을 드러내는 것이 무엇이겠습니까? 그 후에 그가 한 일련의 행위에서 그랬지요. 163. 무엇보다 먼저, 회합이 열리고 토론이 있었을 때, 기병을 파견할 필요가 없고 파병 제안이 취소되자, 그는 기부한 배에 발도 들여놓지 않고, 아이깁토스인 팜필로스129를 대신 보냈지요. 자신은 여기에 남아 있으면서 디오니소스 제전에서 지금 재판받기에 이른 수작들을 하고 있었던 것이죠. 164. 그런데 장군 포키온이 아르구라의 기병들을 소환하여 교대 복무하게 했을 때, 그

---

127 아테나이가 올린토스로 용병을 파견한 것은 기원전 350년경으로 추정된다.
128 참조, 이 변론 §132.
129 팜필로스는 알려진 정보가 없다. 거류외인은 삼단노선주로 봉직하지 않았다.

잔꾀가 드러나게 된 것입니다. 이 비겁하고 천벌받아 마땅한 이가 기병대를 이탈하여 황급히 자신의 배로 돌아가 버리고, 이곳 여러분이 있는 곳에서 지휘자로 있었다고 주장하는 그 기병 원정대에 함께하지 않았던 겁니다. 만일 바다에서 위험에 부딪혔다면, 그는 급히 육지로 올라왔을 거예요.

165. 니키아스의 사랑하는 아들 니케라토스는 절대로 그 같은 수작을 하지 않았어요. 신체가 아주 허약했지만 말이죠. 아이시온의 아들 에욱테몬도, 스트라토클레스의 아들 에우티데모스도 그러지 않았습니다. 이들은 각각 삼단노전선을 기부했지만, 그런 식으로 원정을 회피하지는 않았거든요. 한편으로 도시를 위한 은혜와 선물로써 배를 만들어서 기여하고, 다른 한편으로 법이 규정하는 대로 직을 맡아 몸소 봉사했습니다. 166. 그러나 기병대장이었던 메이디아스는 그렇게 하지 않았고, 법에 따라 그에 주어진 직무를 회피했지요. 그런데 국가에 대한 범죄로 처벌받아야 할 이 같은 행위를 그는 공적으로 자랑한 겁니다. 신들의 이름을 걸고, 이와 같은 야바위 삼단노선주 직무 수행을 뭐라고 형용해야 하겠습니까? 애국이겠습니까? 아니면 수세[130] 및 50분의 1세[131]를 통한 독직(瀆職), 탈영, 군무 회피, 또 그 같은 유의 다른 온갖 꼼수[132]이겠습니까? 사실 메이디아스는 기병 복무를 회피할 다른 방법을 찾지 못하여, 전례 없는 기병 군역 대체의

---

130 *telonia.*

131 *pentekoste.*

132 공적 기부를 부담하면 군역을 면제받을 수 있다. 데모스테네스는 메이디아스의 공적 기부금 부담이 여러모로 군역을 회피하기 위한 것이 아니냐는 의혹을 제기한다.

50분의 1 납세 방안을 고안해 낸 것입니다. 167. 더구나 말이죠, 여러분이 스티라에서 이곳으로 회항할 때, 삼단노전선의 다른 기부자들은 여러분과 동행했으나, 메이디아스 혼자만 여러분을 따르지 않았습니다. 여러분을 무시한 채, 울타리용 말뚝, 가축, 문간에 세울 기둥, 은광 갱에 쓸 버팀목 등을 옮겨왔지요. 그러니 이 비열한 사람은 공무나 삼단노선주직의 수행이 아니라 사적으로 재물을 구한 것입니다. 제가 거론한 사실 중 많은 것을 여러분도 물론 알고 있겠지만, 제 말이 사실임을 증명하기 위해 증인을 여러분께 소개하겠습니다.

증인들

168. 수니온 출신 클레온, 파이아니아 출신 아리스토클레스, 팜필로스,[133] 아케르두스 출신 니케라토스, 스페토스 출신 에욱테몬 등은, 전군(全軍)이 스티라에서 고국으로 회항할 때 삼단노선의 지휘자들이었습니다. 우리는 데모스테네스를 위해 증언하려고 왔는데, 데모스테네스에 의해 지금 고발당한 메이디아스도 그때 저희와 같은 지휘관이었습니다. 전 함대가 정렬하고, 지휘관들은 아테나이에 도착할 때까지 이탈하지 말도록 지시받은 상황에서, 메이디아스는 뒤에 처져서 목재, 울타리 용 말뚝, 가축, 그 외 다른 물건들을 자신의 배에 싣고서는, 급기야 이틀 후에 페이라이에우스 항구로 들어오느라고, 다른 삼단노선주들이 함대를 이끌고 돌아올 때 그는 함께하지 않았습니다.

---

133 팜필로스는 이방 출신이라 아테나이 내부 출신 구(區)가 없다.

169. 지금 만일, 아테나이인 여러분, 그의 공무 수행 태도 및 행위가 이곳 법정에서 그 자신이 주장하고 자랑하는 것과 같고, 제 주장이 틀리다 해도 말입니다. 그래도 그가 직무를 핑계 삼아 그 방자한 행위에 대한 처벌을 피할 수는 없는 것이죠. 제가 알기로, 메이디아스의 직무 수행 행태와 달리, 많은 이들이 여러 부문에서 갸륵하게 여러분을 위해 봉사했습니다. 일부는 해전의 승리에, 다른 이들은 다른 도시의 점령에, 또 다른 이들은 도시를 위해 승전비를 세우는 데에 공헌했습니다. 170. 그러나 그들 중 아무에게도 언제나 원할 때 또 어떻게든 원하는 방식으로 자신의 사적인 적을 핍박하는 면책특권을 여러분은 허용한 적이 없고, 또 앞으로도 그런 일은 없을 것입니다. 오만한 이들을 저지한 하르모디오스와 아리스토게이톤134도 그 같은 특권을 누린 적이 없을 뿐 아니라, 그 최대 공적에 상응하는 최대 보상을 여러분에게서 받은 적도 없습니다.

171. 아테나이인 여러분, 그가 수행했던 공무, 보잘것없는 그 공무뿐 아니라 가장 괄목할 만한 공적에 대해 여러분이 보상했다는 사실, 이 점을 지금 제가 여러분에게 증명하겠습니다. 이 비열한 이에게 여러분이 빚진 것이 있다는 생각을 갖지 않도록 하려는 거예요. 아테나이인 여러분, 여러분은 그같이 쓸데없는 이를 파랄로스호135의 회계관

---

134 하르모디오스와 아리스토게이톤은 기원전 6세기 중후반 페이시스트라토스 가문의 참주정에 대항하다 체포되어 죽었다. 그 후 아테나이 민주정치 보호의 상징이 됐다.
135 파랄로스호는 살라미스호와 함께 아테나이가 가졌던 두 개의 쾌속선 중 하나이다. 이 배는 신성의 임무를 띠고 '테오리아'(전 그리스 축제, 경기, 신탁 등)로 파견되며 또 급한 전갈을 보내는 등 도시의 중요하고 긴급한 용도로 쓰인다.

으로 임명했고, 또 실로 광장을 지나가는 행렬 속에서 말 타고 달릴 줄
도 모르는 주제였던 그를 기병대장으로까지 삼았고, 비의(秘儀) 감독
관, 또 한 번은 제사장 및 제물 구매자, 그 밖에도 그 같은 유의 직을
맡겼어요. 172. 그렇다면, 신들의 이름을 걸고, 사람 내면의 사악함,
비겁함, 교활함이 여러분이 부여한 공직, 명예, 지지(支持)에 의해 보
정(補正)되는 것이라면, 여러분이 보기에, 그 은혜와 호의가 하찮은
것인가요? 누군가가 그로부터 "내가 파랄로스호의 회계관직을 지냈
고, 기병대장으로 있었소"라고 할 권리를 제거해 버린다면, 어떤 가치
를 그에게서 찾을 수 있겠습니까? 173. 그 점을 차치하고라도, 여러분
이 익히 아시듯이, 파랄로스호 회계관으로 있을 때, 키지코스 사람들
로부터 5탈란톤 이상을 도둑질하고는, 벌을 안 받으려고 수단과 방법
을 가리지 않고 사람들을 압박하고 내쫓고, 협약을 위반하며, 그 도시
를 우리 도시의 적으로 만들면서 사적으로 재물을 갈취했고요. 기병대
장으로 임명되어서는 여러분의 기병을 망가뜨렸고, 법을 만들도록 하
고는 나중에 자신이 제안한 사실을 부인했습니다. 174. 여러분이 에
우보이아에 있는 테바이인을 치러 갔을 때, 136 공금에서 12탈란톤을
쓰기로 결정하고, 파랄로스호의 회계관으로 있는 그에게 명을 내려 배
를 가져가서 병사들을 돕도록 했으나 그는 그들을 돕지 못했지요. 그
가 도착하기 전에 디오클레스가 테바이인과 휴전조약을 맺었던 겁니

---

136 기원전 358년 아테나이인이 티모테오스를 선봉으로 하여 추진한 에우보이아 원정
    에서 성공한 사실을 뜻한다(참조, Demosthenes, 1. 8, 4. 17). 원정의 목적은,
    레욱트라 전투(371 B. C.) 이후 에우보이아가 테바이의 패권하에 귀속했으므로,
    테바이를 견제하고 에우보이아의 도시들, 특히 에레트리아를 돕는 것이었다.

다. 그때 한 개인이 보유한 삼단노전선이 속도에서 그를 앞질러 갔어요. 이렇듯 알량하게 그가 신성의 삼단노전선을 지휘했던 것이죠. 기병대장으로 있을 때도 마찬가지였지요. 달리 무엇을 기대하십니까? 말〔馬〕 말입니다. 이 멀쩡하고 부유한 이가 말도 사지 않았어요. 그래 놓고는 행진이 있을 때 남의 말, 파이아니아 출신 필로멜로스의 말을 타고 갔어요. 이 사실은 모든 기병이 다 압니다. 청컨대, 이 사실에 대한 증인들을 불러서, 제 말이 진실임을 밝히도록 해 주십시오.

증인들

175. 이제 저로서는, 아테나이인 여러분, 축제에서 부당행위를 한 것으로 민회에서 혐의가 인정된 후 여러분에게 넘겨져 유죄 선고받은 이들을 거론하고, 그중 일부는 어떤 수작을 하여 여러분의 분노를 야기했는지 말씀드림으로써, 여러분이 그들 행위를 메이디아스의 것과 비교할 수 있도록 하려 합니다. 그래서 먼저 가장 최근에 있었던 유죄 선고부터 시작하자면, 카리아 출신 메니포스에 의해 비의(秘儀)를 모독한 것으로 고발되었던 테스피아이 출신 에우안드로스에게 민회가 부당행위를 한 것으로 결정을 내렸습니다. 비의 관련 법은 디오니시아 관련 법과 동일하고, 더 후기에 제정된 것이지요. 176. 그런데도, 아테나이인 여러분, 어떻게 에우안드로스가 여러분으로부터 유죄 선고를 받았겠습니까? 제 말을 들어 보십시오. 그전에 그가 메니포스를 상대로 한 거래 문제로 소송을 걸어서 승소했어요. 들리는 말에, 에우안드로스가 그(메니포스)를 잡지 못하다가, 아테나이에서 비

의가 거행될 때 그를 보고 붙잡은 겁니다. 다른 이유 없이, 오직 이 하나 이유로 여러분이 그(에우안드로스)가 부당행위를 한 것으로 인정한 겁니다. 이 문제가 재판소로 넘겨졌을 때, 여러분은 그를 사형에 처하려고 했어요. 그런데 고발인(메니포스)이 마음을 고쳐먹는 바람에, 여러분은 에우안드로스로 하여금 2탈란톤에 달하는 손해배당금을 메니포스에게 지불하도록 결정했어요. 그 금액은 그전 소송에서 에우안드로스가 승소하여 받아 챙긴 것이었지요. 또 부당행위 결정처분 등이 나도록 메니포스가 여기 여러분 옆에 머물렀던 비용을, 그 자신이 계산한 바에 따라, 에우안드로스로 하여금 추가로 지불하도록 했습니다. 177. 이 사건은 사적인 것인 데다가 딱히 폭력을 행사한 것이 아닌데도, 관련 법을 어겼다는 이유만으로 아주 엄하게 처벌된 사례입니다. 합당한 처사였지요. 이렇듯, 여러분도 법과 함께 스스로 한 맹세를 지켜야 합니다. 재판관으로 임하는 여러분이 다른 이들로부터 신뢰를 얻는 길이고, 그 신뢰는 공정을 구하기 위해 여러분에게 호소하는 모든 이를 위하여 훼손되지 않고 지켜져야 합니다.

178. 여러분이 디오니시아 제전을 모독한 것으로 판단한 이가 있었습니다. 그는 장관[137]인 자기 아들의 보좌관[138]이었는데도 그랬어요. 그 이유는 자신의 자리에 잘못 앉은 이를 완력으로 극장에서 추방했기 때문이었어요. 그이가 당시 장관을 지냈던 저 고명한 카리클레이

---

137 *archon*.
138 *paredros*(보좌관). '*paredros*'는 9명 장관(*archon*) 가운데 재판 사무를 위해 뽑히는 세 명 장관을 위한 보좌관이다.

데스[139]의 아버지였지요. 179. 그를 고소했던 이가 여러분에게 했던 다음과 같은 말을 여러분은 지당하다고 여겼어요. "여러분, 내가 자리를 잘못 앉았고, 당신(피고소인)이 말하는 것처럼, 내가 지시를 무시한 것이라면, 법에 따라 당신과 장관은 어떤 권리를 갖는 것이겠소? 부하를 시켜 나를 비키라고 하면 되는 것이고 때리라고 하지는 않아요. 내가 비키지 않는다면, 벌금을 부과하면 되는 것이고, 어떤 경우에도 내게 손을 대면 안 되는 것이죠. 법은 누구라도 신체적 폭행을 당하는 일이 없도록 단단히 조치하고 있어요." 그이가 이렇게 주장했고, 여러분은 그 말을 인용했습니다. 그런데 피고가 재판정에 나타나기 전에 죽어 버렸어요. 180. 또 다른 이가 축제 관련 부당행위로 민중에 의해 혐의가 있는 것으로 만장일치로 결정되어, 여러분(재판관) 앞으로 이관되었고, 사형선고를 받았는데, 그이가 크테시클레스였어요. 그는 가죽 채찍을 들고 행렬에 참가했고 술에 취하여 자신의 적인 한 사람을 때렸던 겁니다. 그이가 술 취해서가 아니라 공격하려는 의도를 가지고, 축제행진과 취중이라는 것을 기회로 삼아 자유인을 예속인같이 대우한 것이라고 여러분은 판단했던 겁니다.

181. 지금 제가 분명히 알고 있는 것으로, 아테나이인 여러분, 메이디아스의 행위는 위에 소개한 이들 가운데 누구보다 더 악질이라는 점을 여러분이 인정할 것입니다. 이들 중 첫 번째 사람은 승소해서 취했던 재산을 다 빼앗겼고, 두 번째는 처형되었어요. 그런데 메이디아스는 축제 행렬에 참가한 것도 아니고, 소송에 연루된 것도 아니며,

---

139 카리클레이데스는 기원전 363~362년의 장관(*archon*)이다.

보좌관도 아니고, 공격의 저의 이외에는 아무런 이유도 갖지 않은 채, 위에서 소개한 어떤 이도 행한 적이 없는 폭행을 자행했어요. 그와 관련한 상황은 더 이상 언급하지 않겠습니다. 182. 아테나이인 여러분, 에테오부타다이 가문140 출신인 피로스가 공금 채무를 진 상태에서 재판관으로 복무한 데 대해, 여러분 가운데 사형에 처해야 한다고 여긴 이들이 있었고, 그는 결국 여러분에 의해 재판을 받고 유죄가 되어 처형되었습니다. 그런데 그가 재판관 수당141을 탐한 것은 오만 불손이 아니라 가난 때문이었어요. 메이디아스보다 훨씬 더 가벼운 범죄로도 처형되거나 자격 박탈당한 또 다른 많은 이들의 사례를 저는 들 수 있습니다. 아테나이인 여러분, 여러분 자신이 스미크로스에게 10탈란톤, 스키톤에게도 그 같은 액수의 벌금을 부과했는데, 이들이 불법 조령142을 제안했던 것으로 여러분이 보았기 때문이지요. 여러분은 그들 자식, 친구, 친척은 물론, 그 주변의 어느 누구에게도 연민하지 않았습니다. 183. 실로, 누군가가 그저 불법제안을 한다고 해서 여러분이 그같이 강한 분노를 가질 일이 아닙니다. 그냥 불법제안 하는 것이 아니라, 불법행위를 할 때 여러분은 줏대 없이 관용하지 마십시오. 어떤 표현이나 어떤 개념도 어떤 이가 사람을 대할 때마다 집요하게 무례를 범하는 것만큼 여러분 대다수를 곤혹스럽게 하는 것은 없습니다. 그러니, 아테나이인 여러분, 중산층 혹은 민주정 성향

---

140 에테오부타다이 가문은 아테나이에서 사제를 배출한 가문이다. 이 가문은 판디온의 아들 혹은 보레우스의 아들인 부토스(Boutos)의 후손인 것으로 알려져 있다.
141 재판관 수당은 페리클레스에 의해 도입되었는데, 3오볼로스(0. 5드라크메)였다.
142 *paranoma graphein*.

의 누군가가 부당행위 하는 것을 보면, 연민도 무죄방면도 하지 않고 사형이나 자격박탈형에 처하면서, 부자의 오만을 용서함으로써, 이 재판을 여러분에게 해로운 전례가 되도록 하지 마십시오. 그렇게 하지 말아야 하는 것은 그것이 올바르지 못하기 때문입니다. 여러분은 모든 이들에 대해 똑같이 분노하셔야 합니다.

184. 지금까지[143] 말씀드린 것과 똑같이 불가피하다고 생각하는 것이 있어, 제가 조금 더 말씀을, 그것도 간단하게 드린 다음 내려가겠습니다. 아테나이인 여러분, 여러분의 관용은 모든 부당행위자들에게 큰 이득과 탐욕의 온상이 됩니다. 그러니, 왜 조금의 관용도 메이디아스에게 베풀면 안 되는지, 제 말을 좀 들어 주십시오. 제가 알기로, 모든 사람이 평생 세금을 냅니다. 자기 몫으로 돌아와서 내는 것뿐만 아니라 다른 것들도 내죠. 185. 우리들 중 누구라도 절도 있고, 자비롭고, 많은 이에게 적선한 이는 궁하거나 곤경에 처했을 때 모든 이로부터 그 같은 것을 되돌려 받을 권리가 있습니다. 반대로, 몰염치하고 무례한 이가 있어 다른 사람을 양아치, 쓰레기, 사람도 아닌 것으로 취급한다면, 그가 다른 이에게 했던 꼭 그 같은 것을 되돌려 받아야 하는 것이죠. 여러분이 잘 살펴만 보신다면, 메이디아스는 전자가 아니라 후자에 속한다는 사실을 알게 될 것입니다.

186. 제가 알기로, 그(메이디아스)가 자식들을 불러와서 애걸하면서 여러 가지 아쉬운 호소를 여러분에게 할 것입니다. 눈물을 흘리며 가능한 한 불쌍한 사람처럼 행세하면서 말이죠. 아테나이인 여러분,

---

143 *proxenos*. 참조, 이 변론 §50.

지금에 와서 그가 자신을 낮추면 낮출수록 그만큼 더 여러분은 그를 혐오해야 합니다. 왜 그럴까요? 자신을 낮추는 것이 체질상 불가능해서 지나온 삶의 역정이 무모하고 폭력적이었던 것이라면, 그렇게 된 것이 성질과 운명에 의한 것이므로 여러분이 다소 분노를 풀 수도 있겠습니다. 그러나 경우에 따라 분별 있게 행동할 줄 알면서도 일부러 그 반대의 삶의 방식을 택한 것이라면, 분명한 것은, 만일 지금 상황을 모면하기만 한다면, 다시 여러분이 알고 있는 그런 사람으로 되돌아갈 것이라는 겁니다. 187. 그러니 그를 연민하지 마십시오. 그가 간교하게 조작하는 눈앞의 장면은, 여러분이 익히 알고 있는 그의 전력보다 더 중요하고 가치 있는 것이 아닙니다. 저는 자식도 없고, 또 제가 당한 피해에 대해 울고 눈물 흘리지 않습니다. 그러나 그 때문에 가해자보다 피해자인 제가 여러분으로부터 홀대받아야 하겠습니까? 188. 그런 것은 아니지요. 메이디아스가 그 자식들을 데리고 와서 그들을 위해 무죄 방면해 달라고 청할 때, 저는 법과 여러분이 한 맹세에 의지하고 있고, 여러분이 각각 이것들을 중히 여겨 결정하시기를 청하고 탄원하고 있음을 유념해 주십시오. 여러 가지 측면에서 여러분이 메이디아스보다 법을 따르는 것이 더 정당한 것이죠. 아테나이인 여러분, 여러분이 지키겠다고 맹세했고, 여러분이 평등을 누리며, 여러분이 가진 모든 재물을 간직할 수 있는 것은 법에 근거한 것이지, 메이디아스와 그 자식들 덕이 아닙니다.

189. 혹 그가 저에 대해 "저이는 연사(演士)인데요"라고 말할 수도 있겠지요. 만일 한 연사가 여러분에게 이익이 된다고 생각하는 것을 여러분에게 제안하고, 또 여러분을 곤혹스럽게 하거나 겁박하는 짓

거리를 하지 않는 것이라면, 저로서는 그런 명칭을 피하거나 마다할 필요가 없겠지요. 그러나 여러분과 제가 흔히 보는 그런 연사들, 염치없이 여러분을 갈취하여 부를 불리는 이들을 뜻하는 것이라면, 저는 그런 연사가 아닙니다. 저는 여러분에게서 단 한 푼도 받은 적이 없고, 오히려 극히 소액을 제외한 모든 것을 여러분을 위해 썼기 때문이지요. 제가 만일 그런 이들 가운데 가장 비열한 이라 해도, 법에 따라서 저를 처벌하면 되는 것이지, 공무 수행 중인 저를 폭행하는 것은 안 됩니다. 190. 또 어떤 연사도 저를 위해 변호한 적이 없어요. 제가 누구를 원망하려는 것은 아닙니다. 저도 그들 연사들 중 누구를 위해 여러분 앞에서 변호한 적이 없었으니까요. 다만 저는 여러분에게 득이 되는 것을 스스로 말하고 행하려고 마음먹었습니다. 그러나 연사라고 하는 연사들은 모두 메이디아스에게 협조하는 것을 여러분이 바로 지금 차례로 목도하게 될 것입니다. 그런데 그가 그 같은 명칭을 붙여 저를 매도하면서, 자신을 위해서는 바로 그 같은 이들에게 의지하고 있는 것이 올바른 짓거리입니까?**144**

191. 그런데 또 그가 이렇게 주장할 수도 있어요. 제가 지금 말하는 것이 꼼꼼히 짜인 각본이라고요. 맞습니다, 아테나이인 여러분, 제 능력이 허용하는 한 면밀하게 검토한 것이라는 점을 부인할 수 없어요. 그렇지 않고 제가 만일, 과거에도 지금도 그 같은 변을 당하고

---

144 데모스테네스는 그 작품 곳곳에서 국내외의 질곡이 모두의 책임이라는 점, 각각이 개인의 야망에 의해 추동된다는 점을 고발한다. 참조, Demosthenes, 3. 1~2, 4. 1 이후.

서, 여러분 앞에 내놓아야 하는 것을 아무렇게나 급조한다면 저는 형편없는 놈이 되는 것이죠. 그러나 저의 변론은 메이디아스가 쓴 것이나 마찬가지입니다. 192. 마땅히 그 책임을 져야 하는 것은 변론이 다루는 사건을 야기한 원인 제공자이지, 지금 여러분 앞에 이실직고하려고 생각을 짜내고 다듬은 이가 아닙니다. 제가 한 것이 이런 정도임을, 아테나이인 여러분, 저는 인정합니다. 메이디아스는 평생을 통틀어 공정에 대해 한 번도 고민해 본 적이 없을 것 같습니다. 그 같은 것을 잠시라고 생각해 본 적이 있다면 그렇게 무례한 행위는 하지 않았을 것이기 때문이지요.

193. 제 소견에, 이 사람(메이디아스)은 주저 없이 민중과 민회를 싸잡아 비난할 것이며, 고발장이 민회에 제출되어 혐의가 인정되던 당시에 감히 했던 다음과 같은 주장을 지금 와서도 반복할 것 같습니다. 원정을 가야 했지만 도시에 남아 있던 이들, 요새를 버리고 이탈한 이들, 또 무창단원, 이방인 등 그 같은 유의 사람들이 민회에 모여 자신에게 혐의가 있는 것으로 결정했다는 것이죠. 194. 여러분 가운데 당시 임석한 분들은 아시겠습니다만, 재판관 여러분, 그때 당시 이 사람이 참으로 거만하고 뻔뻔하게, 욕설하고 협박하면서 연신 웅성대는 민회장을 죽 둘러보면서, 전체 민중을 위협할 수 있다는 생각을 한 겁니다. 제 소견으로, 그런 소치가 실로 지금 그가 흘리는 눈물을 우스개로 보이도록 만드는 것이에요.

195. 저주받을 이여, 당신이 무슨 할 말이 있소? 당신이 지난날 공개적으로 모욕한 적이 있는 이들에게 당신 자식은 물론 당신에 대해 연민하도록, 또 당신이 부딪친 현안에 대해 배려해 달라고 부탁할 염

치가 있소? 사람이라는 존재로서 유독 당신은 세상 사람들 가운데서도 극도의 오만으로 가득 찬 삶을 살았습니다. 그로 인해, 당신과 직접 관계하지 않는 이들조차 당신의 무모함, 목소리, 거동, 패거리, 부, 무례 등을 불쾌하게 여깁니다. 그런데 당신이 재판받고 있는 지금 동정받기를 원합니까? 196. 만일 당신이 짧은 시간에 두 가지 상반된 감정, 다시 말하면, 당신의 삶의 태도가 일으키는 짜증과 속임수로 얻는 연민을 같이 유발할 수 있다면, 그것은 실로 당신이 구사할 수 있는 대단한 수단, 아니 대단한 책략이 될 테지요. 그러나 당신은 어느 모로 보나, 한순간도, 연민을 살 자격이 없어요. 오히려 증오, 적의, 분노, 그런 것이 당신이 저지른 행위에 어울리는 것이지요.

다시 본론으로 돌아가자면, 이 사람이 민중과 민회를 비난할 것 같다는 것입니다. 197. 그렇게 나오면, 여러분이 참고하실 것은, 재판관 여러분, 기병들이 올린토스 원정을 다녀온 다음 이 사람이 같이 복무했던 기병을 민회에서 고발했다는 사실입니다. 그리고 지금에 와서는 다시, 자신은 여기 남아 있으면서 원정을 떠난 이들과 비교하며 민중을 비난하는 겁니다. 여러분이 도시에 남아 있든 원정을 가든, 메이디아스가 여러분을 두고 개진하는 의견을 그대로 받아들이시렵니까? 아니면 반대로 이 사람을 언제 어디서나 신들의 적이며 가증스러운 이로 여기시렵니까? 저는 이 사람이 후자에 해당한다고 봅니다. 그가 함께하는 기병들, 동료 장교들, 친구들도 용납하지 못하는 이를 누가 어떻게 받아들일 수 있겠습니까? 198. 제우스, 아폴론, 또 아테나 여신의 이름으로, 결과의 유불리를 떠나서 솔직히 말씀드리자면, 이 사람이 돌아다니면서, 제가 소송을 포기했다고 거짓말하고 다닐 때, 그 열렬한 지지자들 가운데 그에 대해 곤혹스러워하는 이들이 있었지요. 199. 또, 제우스의 이름으로, 그들에게도 일리가 있는 것이, 이 사람과는 함께하기가 힘드니까요. 자기 혼자 돈 있고, 어떻게 말하는 줄을 혼자만 아는 척하는 겁니다. 그가 보기에 다른 이들은 양아치, 가난뱅이인 데다가 사람도 아닙니다.

이렇듯 오만에 젖어 있으니, 지금 무죄 방면되면, 어떤 짓거리를 할 것이라고 여러분은 보십니까? 여러분이 알 수 있도록 제가 말씀드리겠습니다. (유무죄 여부) 판정145이 난 다음의 상황을 가늠해 보시면 됩니다. 누군가가 축제와 관련한 불경죄로 유죄를 선고받은 후, 다른 소송이나 위험이 따르지 않는 상황이라 해도, 계속이 아니라면 적어도 최종 형량 판결이 날 때까지라도 자제하거나 얌전하게 있지 않을 사람이 누가 있습니까?146 아무도 없어요. 200. 그런데 메이디아스는 가만히 있지 않았어요. 오히려 (혐의가 있는 것으로 유죄 결정이 난) 그날부터 발언하고 욕하고 소리를 질러댔죠. 무슨 선거가 있었는데, 아나기로스 출신 메이디아스가 후보로 나섰고, 플루타르코스147의 특별대우영사가 되었고, 비의(秘儀)를 엿보았어요. 도시가 그를 제어하지 못하죠. 이 모든 수작을 통해 그가 노리는 목적이 분명해졌어요. 이렇게 말하고 싶었던 것이지요. "(민중에 의해) 혐의가 있는 것으로 판정받아도 두렵지 않고 앞으로 있을 재판에 구애받지 않는

---

145 *cheirotonia*.
146 아테나이 재판은 최대 2차에 걸쳐 이뤄진다. 1차 재판에서 유무죄를 가리고, 거기서 유죄 판정(*katacheirotonia*)이 나면 2차 최종 판결에서 형량(*krisis*)을 결정한다.
147 참조, 이 변론 §50.

다"는 것 말이죠. 201. 그러니 이 사람은, 아테나이인 여러분, 여러분을 두려워하는 것처럼 보이는 것이 창피하고, 여러분을 무시하는 것이 용감한 것으로 여기는 터라, 열 번 죽어도 마땅합니다.[148] 실로 그는 여러분이 자기를 감당하지 못한다고 생각하고 있어요. 부유하고 대담하고 자존심 강하며 목소리 크고, 폭력적이고 뻔뻔하고, 그 같은 이를 지금 놓아 버리면 어떻게 다시 잡으렵니까?

202. 저로서는, 다른 이유가 아니라면, 적어도 번번이 민회에서 한 발언들, 또 발언하게 된 계기들만으로도 마땅히 극형을 내려야 한다고 봅니다. 실로 여러분이 아시고 계시듯이, 도시의 모든 이들에게 기쁨을 주는 고마운 일이 생길 때마다, 메이디아스는 지금까지 한 번도 민중과 함께 감사하며 기뻐하는 이들 가운데 섞여 본 일이 없어요. 203. 그런데 다른 이는 아무도 듣고 싶어 하지 않는, 좋지 않은 소식이 전해지면, 이 사람이 제일 먼저 바로 일어나서 발언하는 겁니다. 사태에 대한 염려로 여러분이 침묵할 때, 그 같은 계기와 침묵을 기회로 이렇게 말하는 것이죠. "아테나이인 여러분, 여러분 자신을 돌아보세요. 해외로 파병하지도 않고, 특별세를 낼 필요도 없다고 보면서, 상황이 나빠지는 것이 이해가 안 되나요? 제가 여러분을 위해 기부하면, 여러분은 그것을 나누어 가지려고 생각하십니까? 제가 삼단노선주 부담을 짊어지면, 여러분은 배에 올라타지 않으려고 생각하십니까?" 204. 이렇듯 그가 여러분을 경멸하며, 차제에 여러분 다수에 대해 남몰래 품고 있던, 심술과 악의를 드러내는 것이죠. 그러면,

---

148 같은 변론 §118, §152 참조.

아테나이인 여러분, 여러분은 지금 말이죠, 그가 여러분을 속이고 우롱하려고 슬퍼하고 울고 간청할 때, 이렇게 대답하셔야 합니다. "메이디아스 씨, 당신 자신을 돌아보도록 하시지요. 무례한 이여, 스스로 자제할 줄 모르는구려. 그러면서도, 당신의 무례한 행위가 파멸을 초래하는 것이 이해가 안 되나요? 우리가 당신에게 양해를 베풀면, 당신은 우리를 매도할 것인가요? 우리가 당신을 무죄 방면하면, 당신은 하던 짓을 멈출 생각이 없지요?"

205. 이 사람을 변호하는 이들은 모두, 그를 기쁘게 하기 위해서가 아니라, 신들의 이름을 걸고, 저를 치려 하는 것입니다. 저쪽에 있는 저이[149]는, 제가 인정을 하건 말건, 제가 그와 사적 원한 관계에 있어 싸웠다고 주장하지만, 사실이 아닙니다. 과도한 성공은 자칫 사람을 남에게 부담을 주는 존재로 만들 위험이 있죠. 저는 피해를 당한 후에도 그에게 적의를 갖고 있지 않다고 양해를 합니다. 그런데도 그는 저를 가만 내버려두지 않을 뿐만 아니라 다른 송사들로 저를 걸고 넘어지고, 지금은 연단에까지 올라와서 만인에게 허용되는 법의 보호를 받지 못하도록 하려 합니다. 그러니 어떻게 그가 남에게 부담스런 이, 여러분 각자에게 편익이 되는 정도를 초월한 존재가 아니겠습니까?

206. 더구나, 아테나이인 여러분, 민중이 메이디아스에게 혐의 있는 것으로 판정할 때, 에우불로스[150]가 극장에서[151] 입석하여 앉아 있었

---

149 뒤에 이름이 언급되는 에우불로스를 말한다.
150 에우불로스에 대해서는 참조, Demosthenes, 1. 19, 10. 36 등.
151 *en to theatro*(극장에서). 디오니소스 극장을 뜻하는 것으로 본다. 이 변론 §8 참조.

어요. 그가 호명되고 또 메이디아스의 간청이 있었음에도 그는, 여러분이 알고 있듯이, 일어서지 않았습니다. 만일 그(에우블로스)가 부당행위를 하지 않은 이에 대해 예비심리 청구[152]가 이루어진 것이라고 생각했더라면, 그때 친구를 위해 변론하고 도와야 했겠지요. 그러나 친구가 부당행위 한 사실을 알고 당시 그를 돕지 않았는데, 지금 와서 저와의 앙금으로 그의 무죄방면을 여러분에게 호소하는 것이라면, 여러분이 그(메이디아스)에게 호의를 베푸는 것은 바람직하지 못합니다.

207. 민주정체에서는 누구라도 너무 강한 이는 없어야 합니다. 그가 지지한다고 해서 한쪽은 피해당하고, 다른 쪽은 처벌을 면할 만큼 말이죠. 에우블로스 씨, 당신이 왜 그러는지, 신들의 이름을 걸고, 내가 알지 못하는데도 나를 해치려 한다면, 힘이 있고 또 정치계에 몸담은 당신이, 합법적 절차를 통해 당신이 원하는 대로 처벌하도록 하되, 다만 불법으로 피해를 본 내가 상대에 대해 상응한 처벌을 요구할 권리를 빼앗지는 마시오. 당신이 나를 해칠 방법을 찾지 못한다면, 당신이 다른 이들은 쉽게 비난할 수 있으나 나에 대한 꼬투리를 찾지 못하는 것은 내가 무죄라는 증거가 될 것이오.

208. 또 제가 듣기로, 필리피데스, 므네사르키데스, 에우오니몬 출신 디오티모스,[153] 그 외 다른 몇 명의 부유한 삼단노선주들이 그를

---

152 *probole*(예비심리 청구). 민회에서 예비심리가 이루어지도록 청구하는 것으로, 재판 전 단계라는 뜻이다. 여기서 원고가 승소한 경우 재판의 속행은 고소인의 결정 여부에 달려 있다.

153 이 인물들에 대한 정보는 달리 알려져 있지 않다. Demosthenes, 18. 114에 디오티모스가 언급되나, 이곳의 디오티모스와 같은 인물인지는 불확실하다.

무죄 방면하는 것이 자신들에게 은혜를 베풀어 주는 것이라고 하며 여러분에게 청한다고 합니다. 저로서는 이들에게 뭐라 나쁜 말을 할 수는 없어요. 자칫 미친놈으로 비칠 테니까요. 그러나 그들이 청원할 때 여러분이 살피고 유념하셔야 하는 것을 제가 말씀드리겠습니다. 209. 재판관 여러분, 이들이 메이디아스, 또 그 같은 다른 이들과 함께 정부의 지배자가 된 경우를 생각해 보십시오. 그런 일은 없어야 하고 있지도 않을 것이지만. 또 다수이며 친(親)민중적인 여러분 중 누군가가 이들 가운데 누구를 해쳤다고 합시다. 메이디아스가 저를 해친 것만큼 한 것이 아니라, 그보다 덜하게 말입니다. 그래서 그들로 구성된 재판정에서 재판을 받는다고 치면, 그가 어떤 양해와 배려를 그들로부터 얻어낼 수 있겠습니까? 기꺼이 호의를 베풀까요? 아닐까요? 다수 민초의 청원에 신경을 쓸까요? 아니면 바로 이렇게 말하지 않을까요? "양아치, 망할 놈, 이놈이 폭력을 써 놓고 아직 숨을 쉬고 있네. 목숨 붙어 있는 것만으로도 다행으로 생각해야 돼"라고 말이죠.

210. 그러니, 아테나이인 여러분, 여러분이 그들에게서 받게 될 대우와 다른 방식으로 그들을 대우하지 마십시오. 그들이 가진 부와 명예에 현혹되지 마시고, 여러분 자신에 대해 긍지를 가지십시오. 그들은 누구도 침해하지 못할 많은 재산을 가지고 있어요. 그러나 그들도 법을 통해 우리가 갖는 공동의 재산인 보호막을 침해해서는 안 될 것입니다. 211. 메이디아스는 조금도 변을 당하거나 불쌍해질 일이 없어요. 그가 업신여기고 양아치라고 부르는 여러분 다수와 같은 것을 가지게 되고, 또 그를 이렇듯 오만하게 만든 과도한 부를 빼앗긴다 해도 말이죠. 그 같은 이들이 여러분에게 다음과 같이 말할 자격이 없

어요. "법에 따라 재판하지 마십시오, 재판관 여러분, 심각하게 피해를 본 이를 돕지 마십시오. 여러분이 한 맹세를 지키지 마십시오. 우리에게 은혜를 베풀어 주십시오"라고 말이죠. 저들이 실제로 이런 투의 말로 표현하는 것은 아니겠지만, 메이디아스를 변호한다는 것 자체가 바로 그 같은 뜻입니다. 212. 그런데 저들이 메이디아스의 친구이고 또 그가 부자가 안 되는 것이 가혹하다고 생각한다면, 스스로 부자인 그들이 자신의 재산을 조금씩 모아 그(메이디아스)에게 주라고 하십시오. 다만 여러분은 이 법정에 들어올 때 한 맹세에 따라 바르게 결정 내리시고, 또 저들은 여러분의 명예에 흠을 낼 것이 아니라, 자신들의 돈을 거두어 그(메이디아스)에게 희사하라고 하십시오. 만일 재물을 가진 저들이 그 재물을 희생하지 않으려고 한다면, 여러분은 여러분의 맹세를 희생시킬 무슨 이유가 있겠습니까?

213. 재물로 인해 명성을 얻은 많은 수의 부자들이 모여서, 아테나이인 여러분, 여러분에게 청원하러 올 것입니다. 그들 가운데 어느 누구를 위해서도 저를 희생시키지는 마십시오. 아테나이인 여러분, 그들이 하나같이 사적 이익과 이 사람(메이디아스)을 보호하려 하듯이, 여러분은 여러분 자신과 법, 그리고 여러분에게 의지하는 저를 보호하시고, 지금 가지고 있는 입장을 그대로 지켜 주십시오. 214. 만일, 아테나이인 여러분, 고소장이 제출되고 민중이 사실을 듣고 메이디아스를 무죄 방면했더라면, 차라리 덜 끔찍했을 겁니다. 누구라도 나름 그런 일은 없었을 것이라든가, 그런 부당행위가 축제와 관련되는 것은 아닐 것이라든가 등 여러 가지 짐작으로 스스로를 위로할 수 있었을 테니까요. 215. 그러나 지금에 와서 무엇보다 저를 곤혹스

럽게 하는 것은 말이죠. 부당행위가 자행되던 당시 여러분 모두가 그렇게 분노하고 가슴 아파하고 견디기 힘들어 하면서, 네옵톨레모스, 므네사르키데스, 필리피데스와 또 다른 아주 부유한 이들이 여러분과 저에게 청을 넣었을 때, 여러분이 저에게 그에 대한 소송을 포기하지 말하고 소리를 질렀던 겁니다. 은행가 블레파이오스가 저에게 접근하자, 그때 말이에요, 마치 제가 돈이라도 받아 챙기는 것처럼, 여러분은 소리 높여 으름장을 놓아댔고요. 216. 그래서, 아테나이인 여러분, 제가 놀라서 외투도 버린 채로 윗옷으로 겨우 몸을 가리고는 저를 잡아끄는 그이를 피해 갔어요.154 그 후 여러분이 저를 보자, "저 파렴치한을 처단해야 하니, 협상하지 마시오! 아테나이인이 당신이 하는 일을 지켜보고 있을 거니까"라고 제게 말했지요.155 이미 폭력이 자행된 것으로 (민회에서) 판정이 났고, 성역에 앉아 심리한 이들이 이미 조사를 마쳤고, 저도 한결같이 여러분은 물론 제 자신을 배반하지 않고 있는 지금에 이르러, 여러분이 그를 무죄 방면하시렵니까?

217. 아니죠. 그렇게 한다면 세상에서 가장 수치스러운 처사가 될 것입니다. 제가 여러분에게서 그런 처분을 받을 만큼 허술하지는 않았거든요. 어떻게 그럴 수가 있습니까? 아테나이인 여러분, 저는 폭력적이고 오만한 이로 드러난 이, 축제에 무례하게 불경죄를 범한 이를 재판에 회부한 것입니다. 여러분뿐만 아니라 우리 도시를 찾아온

---

154 블레파이오스를 뜻한다.
155 변론 서두에서 데모스테네스는 아테나이인의 입장을 소개한다. 이들은 데모스테네스로 하여금 소(訴)를 취하하지 말고 메이디아스에 대한 처벌을 이끌어 내도록 할 것을 종용한다.

모든 헬라스인이 그 오만한 행위의 증인이 되게 한 것이죠. 마침내 민중이 그 행위를 들어 알기에 이르렀고, 그래서 어떻게 했습니까? 그 혐의를 인용하여, 여러분(재판관)에게로 넘긴 것입니다. 218. 그러니 여러분 결정은 비밀로 남을 수도 없고 이목을 피할 수 있는 것도 아니고, 여러분이 어떤 결정을 내리든 검증을 피해가지 못합니다. 만일 그를 징벌한다면, 여러분은 사려 깊고, 훌륭하며 사악함을 경계하는 이가 될 것이지만, 그를 방면하면, 뭔가[156]에 의해 패배한 것으로 비칠 겁니다. 더구나 이 사건은 정치적 현안이 아니고, 또 관을 헌납하고 기소를 면한 아리스토폰[157]의 경우와도 같지 않습니다. 메이디아스는 폭력 혐의로 재판받는 것이고, 그 행위는 아무것도 환원할 수가 없어요. 지난 일로 지금 그를 벌하는 것이 좋겠습니까? 아니면 앞으로 그가 저지를 때까지 기다려 그때 가서 벌하시겠습니까? 제 소견에는, 지금이 적기입니다. 이 재판[158]은 공적인 것이며, 그가 재판에 회부된 그 부당행위도 공적인 것이기 때문이지요.

219. 더구나, 아테나이인 여러분, 그때 그가 그 같은 행위를 자행할 때, 작심하고 때리고 모독한 이가 저뿐이 아닙니다. 누가 보기에, 자

---

156 적시되지 않은 '뭔가'는 메이디아스를 지지하는 이들을 의미하는 것으로 풀이할 수 있다. 반대쪽에 패배당하는 이는 데모스테네스도 포함이 된다. 데모스테네스는 메이디아스를 상대로 한 소송에서 한 번도 승소하지 못했다.

157 아리스토폰은 정적인 에우불로스에 의해 고발당했는데, 그 혐의는 아테나 여신을 기리는 관을 제작하는 돈을 횡령했다는 것이었다. 재판이 열리기 전에 아리스토폰은 여신에게 관을 헌납하고 고발에서 풀려났다. Demosthenes, 18. 70, 75, 162 참조.

158 *krisis.*

신을 위해 소를 제기함에 있어 저보다 더 못한 것으로 보이는 모든 이들이 당한 거예요. 만일 지휘자의 임무 수행 중에 여러분 모두가 두들겨 맞거나 모두가 방해받은 일이 없다면, 여러분이 아시듯이, 그것은 여러분 모두가 동시에 지휘자가 되지 않았기 때문이고, 또 어느 누구도 한 번의 타격으로 여러분 모두를 다 공격할 수가 없기 때문이지요. 220. 그러나 한 사람의 피해자가 구제를 청하지 않는다면, 각자가 필히 그다음 희생자가 될 것이니, 그 같은 일을 예사로 넘기지 말고, 또 변이 생기기를 기다릴 것이 아니라 가능한 한 예방해야겠죠. 아마 메이디아스가 저를 미워하고, 또 다른 이가 여러분 중 누구를 미워할 수 있지요. 그런 경우, 여러분은 그 적이 누구이든 말이죠, 이 사람(메이디아스)이 제게 자행한 행위를 여러분 각자에게 하도록 힘을 실어 주시겠습니까? 그런 것은 아니라고 저는 봅니다. 그렇다면, 아테나이인 여러분, 여러분은 지금 저를 이 사람의 손아귀에 내버려두지 말아야 합니다.

221. 보십시오. 이 재판이 끝나면, 여러분은 제각기 집으로, 어떤 이는 서둘러, 또 어떤 이는 천천히 돌아가겠지요. 아무 여념 없이, 뒤돌아볼 일도 없고, 친구나 적, 몸집이 크거나 작거나, 강하거나 약하거나 등등, 그 누구를 만날 것인지 걱정 없이 말이죠. 왜 그렇겠습니까? 마음으로 알고 있는 것이 있어서, 용기와 정부에 대한 믿음을 갖기 때문이에요. 아무도 자신을 끌고 가거나 모욕을 주거나 두들겨 패지 않는다는 믿음 말이죠. 222. 여러분이 누리며 다니는 안전, 그 안전을 여러분이 집으로 돌아가기 전에 저에게도 부여하지 않으시렵니까? 피해당한 저를 지금 여러분이 모른 체하신다면, 제가 어떤 믿음을

가지고 살아가야 한다고 여러분은 보십니까? 누가 이렇게 말할 수가 있겠지요. "제우스의 이름으로, 용기를 가져요, 앞으로는 그런 변을 당하는 일이 없을 것이요"라고요. 그런데 다시 그런 일이 생기면, 그때 여러분이 분노할 것이나, 지금은 그를 무죄 방면하시렵니까? 재판관 여러분, 어떤 경우에도 저, 여러분 자신, 법을 배반하지 마십시오. 223. 때마다 재판관으로 임하는 여러분에게 도시의 모든 현안에 대한 권력과 권위를 부여하는 것이 무엇인지 여러분이 살펴서 찾아내려 한다면 말이죠. 도시가 200명, 1천 명, 혹은 몇 명을 배심재판관으로 선정하든 무관하게, 그것은 시민들 가운데 이들만이 무장하고 출정한다든지, 가장 순발력 있고 강한 몸을 가졌다든지, 청춘의 나이라든지, 혹은 또 다른 그 같은 것들이 아니라, 오히려 법의 힘이라는 사실을 알게 될 것입니다.

224. 그러면 법의 힘이란 무엇일까요? 여러분 가운데 누가 부당행위 당한다고 소리 지르면, 법이 달려가 그를 돕는 것이겠습니까? 아닙니다. 법은 그냥 글로 적힌 것이라 행동할 수 없죠. 그렇다면, 그 힘은 어디에 있는 것일까요? 그것은 여러분 스스로에게 있습니다. 법을 필요로 하는 이가 있을 때, 여러분이 법을 지키고, 법이 전능의 권위를 가지도록 함으로써 발생하는 것이니까요. 그래서 법은 여러분에 의해 힘을 갖고, 또 여러분은 법에 의해 힘을 받습니다. 225. 그러니, 여러분이 스스로를 보호하듯이, 피해 본 이를 보호해야 하는 것이죠. 위법의 부당행위는, 누구에 의해 자행된 것이든, 공동 현안이며, 공적 기여, 동정, 인맥, 어떤 꼼수 등 그 어떤 사유에 의해서든 양해가 성립되어 위법한 이가 처벌을 면하도록 해서는 안 되는 것이에요. 159

226. 여러분 가운데 디오니시아 제전을 관람했던 이들은 그(메이디아스)가 극장으로 들어서자 쉿 소리를 내고160 야유하면서, 온갖 형태로 그에 대한 혐오를 표출했지요. 그때는 제가 그에 대해 하는 말을 여러분이 듣기도 전이었어요. 이 사건의 전모가 파악되기도 전에 여러분은 그렇게 화가 나서, 저로 하여금 제가 당한 피해에 대해 보복하도록 하고, 또 제가 고소장을 민중(민회)에게 제출하자 박수를 쳤지요. 227. 그런데 지금 그 혐의가 밝혀져서 성소에 앉은 민중이 이미 인용했으며, 이 불한당이 저지른 또 다른 범죄 행각도 드러난 상황에서, 재판관으로 추첨된 여러분이 지금 단 한 번의 투표로 모든 것을 결정할 수 있는 마당에, 이 사람을 다른 이들의 본보기가 되도록 함으로써, 저를 돕고, 민중에게 기쁨을 주며, 사람들에게 절제의 교훈을 주고, 여러분 자신의 앞날에 든든하게 안전을 도모하는 데 주저하시렵니까?

제가 말씀드린 모든 것, 그리고 무엇보다 이 사람이 모독죄를 범한 축제의 신을 위하여, 신심과 공정에 따른 투표로써 이 사람을 벌하십시오.

---

159 데모스테네스는 메이디아스의 행위가 주는 피해가 어떤 개인에 한정된 것 아니라 전체에 미친다는 점을 각인함으로써, 상대의 처벌을 효과적으로 유도해 내려 한다.
160 *eklozete*. 참조, Hesichios, s. v. klogmos.

22

안드로티온을 비난하여

해제

할리카르나소스 출신 디오니시오스의 전언에 따르면, 이 변론은 데모스테네스가 공적 사안 관련 소송으로는 처음으로 작성한 것이며, 기원전 355년 디오도로스라는 청년을 통해 발표되었다. 디오도로스는 에욱테몬과 함께, 위정자 안드로티온에 대해 위법소송[1] 절차로 소(訴)를 제기했다. 안드로티온이 임기를 마치고 물러나는 의회에 화관을 수여하자고 제안한 것에 문제를 제기한 것이다. 안드로티온의 제안에는 자신도 수혜자로 포함되었다. 이 제안이 민회에서 가결되었으나, 에욱테몬과 디오도로스가 이 조령(條令)이 형식상으로나 내용상으로나 죄다 불법이라고 반대하고 나섰다. 한편으로 민회의 가결이 요식 절차로서의 의회에 의한 예비심사[2]를 거치지 않았고, 다른 한편으로 물러나는 의회가 명예의 화관을 수여받기 위해 불가결한 의무인 삼단노선을 건조하지 않았다는 것이었다.

---

1 *graphe paranomon*. 참조, Demosthenes, 7. 43, 18. 103.
2 *probouleuma*.

화자(話者)는, 안드로티온이 제안한 조령이 법적·정치적으로 갖는 불법성을 지적한다. 동시에, 공적·사적 생활에서의 그의 행실은 물론 가족의 연혁을 보더라도 시민으로서의 품위를 갖추지 못했으므로, 민회에서 발언할 자격이 없다고 한다. 그런 다음 피고 측이 전개할 수 있는 반론 관련하여 미리 주의를 환기한 다음, 재판관들에게 공정한 판결을 내리도록 당부하는 말을 덧붙인다.

다만, 이 소송에서 젊은 데모스테네스는 안도로티온에 대한 유죄를 끌어내지 못했다.

1. 재판관 여러분, 에욱테몬이 안드로티온에 의해 피해를 입고는, 도시를 위하고 또 자신을 위하여 소를 제기해야 하겠다고 생각했고, 저도, 제 능력이 허용하는 한, 그렇게 하려고 합니다. 에욱테몬이 이 사람(안드로티온)에 의해 여러 끔찍하고 완전한 불법행위를 당했으나, 그럼에도 그것은 제가 안드로티온에 의해 당한 것들에 비하면 가벼운 것들이죠. 실로 에욱테몬은 음해를 받아서 재물을 빼앗기고[3] 또 여러분으로부터 인정받은 명예를 상실할 뻔했습니다. 그러나 저의 경우, 안드로티온이 제게 덮어씌우려 했던 혐의가 만일 여러분의 재판정에서 인용되었더라면, 사람이라고 생긴 이는 아무도 저를 상대해 주지도 않았을 겁니다. 2. 그가 제게 한 비난은, 그와 같은 이를 빼놓고는 누구도 입에 올리는 것조차 꺼리는 것으로, 제가 제 아버지를 죽였다고 하는 거예요. 그런데도 제가 아니라 저의 삼촌을 상대로 불경죄에 걸어 공소했어요. 정작 제가 그런 짓거리를 한 것처럼, 삼촌이 저와 공모하여 불경을 범했다고 그가 고소한 겁니다.[4] 만일 삼촌이 급기야 유죄 선고를 받게 되었다면, 그(원고 안드로티온)의 손아귀에서 저보다 더 참담하게 피해 볼 사람이 누가 있었겠습니까? 친구이건 낯선 사람이건 누가 저를 찾아오기라도 하겠어요? 어떤 도시가 그 같은 범죄를 저지른 것으로 판정받은 인간을 그 땅에 살도록 내버려두었겠습니까? 그런 곳은 어디에도 없어요. 3. 이와 관련하여 저는

---

3   참조, Demosthenes, 24. 7. 에욱테몬은 재산을 상실할 위기에 처했다.
4   부친 살해혐의는 흔히 최근친이 고소인이 되므로, 안드로티온은 디오도로스를 직접 고소하지 않고 그 삼촌을 불경죄로 고소했다.

여러분의 재판정에서 혐의를 벗었습니다. 근소한 차이가 아니라 피고였던 저의 완전한 승소로서, 원고는 5분의 1 표[5]도 얻지 못했습니다. 안드로티온에 대해서는, 여러분의 도움으로, 지금은 물론 앞으로도 언제나 저는 스스로를 방어할 수 있습니다.

사적으로 연루된 여러 가지 사안들은 생략하겠습니다만, 달리 여러분이 결정해야 하는 사안과 관련된 것이 있어 간단히 말씀드리겠습니다. 그것은 피고가 정치활동을 하면서 공적으로 여러분에게 적지 않게 피해 입힌 것, 그리고 에욱테몬이 생략한 것 중 여러분이 알아두는 게 좋을 것 등입니다. 4. 혐의에 대한 그의 주장이 정확하다고 제가 여겼다면, 그와 관련한 언급은 하지 않았을 거예요. 그러나 지금 제가 훤히 알고 있는바, 이 사람(안드로티온)이 분명하고 정당하게 논지를 여러분에게 전달하지 않고, 여러분을 속이려 하고 있어요. 비난의 각 쟁점에 대해 조작된 거짓 변명을 늘어놓으면서 말이죠. 그는 말재주꾼으로, 아테나이인 여러분, 평생을 그런 데만 몰두해 왔습니다. 그러니, 여러분이 속지 않고, 여러분이 한 맹세를 그르치는 결정에 이르지 않고, 여러 가지 근거로 처벌받아야 할 이를 방면하지 않도록, 제가 드리는 말씀을 경청해 주십시오. 여러분이 제 말을 듣게 되면, 그(안드로티온)가 개진하는 각각의 주장에 대해 여러분이 적절하게 평가하실 수 있게 될 것입니다.

5. 그가 신의 한 수라고 여기는 한 가지 주장은 조령이 예비심사[6]

---

5   사소(私訴 · *dike*)가 아닌 공소(公訴 · *graphe*)는 원고 쪽에 위험부담이 있어, 미리
    보증금을 공탁해야 하며, 5분의 1의 지지표도 얻지 못할 경우 보증금을 몰수당한다.

없이 통과된 사실에 관한 것이었어요. 그의 발언에 따르면, 의회가 일을 잘하여 상을 받게 되면, 그 상은 민중에 의해 수여되어야 한다는 법이 있다는 겁니다. 이 법은 민회의 의장이 제안하고 민중이 가결하여 시행되었다고 말하는 거예요. 그런 경우, 그 주장에 따르면, 예비심사가 필요하지 않고, 모든 것이 합법적으로 진행되었다는 것이죠. 저는 그와 반대 의견이고, 또 제가 보기에 여러분도 다음 사실에 동의하시리라 봅니다. 예비심사는 법이 규정하고 있는 경우에 필요하고, 법 규정이 없는 경우에는 그 같은 예비절차가 필요 없습니다. 6. 그런데 안드로티온은 주장하기를, 지금까지 여러분에게서 상을 받은 모든 의회들이 그 같은 방식을 따랐고, 한 번도 예비심사를 한 적이 없다는 겁니다. 그러나 제 소견, 아니 제가 분명히 알고 있는 것인바, 그의 주장은 사실이 아닙니다. 설사 그의 말이 일리가 있다고 해도, 법이 그 반대로 규정하고 있으므로, 그 같은 위법의 관례가 있다고 해서 지금 우리가 법을 어겨도 되는 것이 아니에요. 반대로, 안드로티온 씨, 당신부터 먼저 솔선수범하여, 법이 명하는 바에 따라, 그런 것들을 실천하도록 강제해야 하는 것이죠. 7. 이전에 흔히 그래

---

6 *probouleuma.* 예비심사란 민회(*ekklesia*)에서 논의될 사항을 의회(*boule*)에서 미리 심사하는 제도이다. 의회의 예비심사에서 민회 토의 안건으로 적합하다고 판단되면, 민회로 보내어 토의(*bouleuma*)가 이루어지도록 한다. 반대로 의회가 부적합하다고 판단하면 보내지 않는다. 의회가 부적합하다고 판단한 안건을 민회로 내려보내면 불법으로 추궁하게 된다. 참고로, 민회에서는 의회의 예비심사를 통과한 것만 토의하는 것은 아니고, 사안에 따라 민중이 민회에서 직접 토의될 안건을 제안할 수 있다.

왔다는 말을 당신이 하면 안 되고, 그렇게 하는 것이 올바른 것인지 여부를 증명해야 하는 것입니다. 어떤 것이 언젠가 위법하게 이루어졌고 당신이 그 전례를 그냥 따르기만 한 것이라면, 무사히 빠져나갈 수가 없고 당연히 유죄가 되어야 하는 것이에요. 어떤 위법의 전례가 유죄 판결을 받았더라면, 당신이 그 같은 제의를 하지 않았겠지요. 그런 것처럼, 당신이 지금 처벌받아야, 앞으로 아무도 그런 제의를 하지 않을 것이니까요.

8. 이제 의회가, 삼단노전선을 구축한 경우가 아니라면, 상을 요구할 자격이 없다고 분명히 규정한 법에 대해 그가 개진하는 변론을 들어 보면, 그가 시도하는 술수의 철면피함을 간파할 수 있겠습니다. 그가 말하기를, 삼단노전선을 건조한 것이 아니라면, 의회가 상을 요구할 자격이 없다는 겁니다. 맞는 말이죠. 그렇지만 그는 민중이 스스로 상의 수여를 제안하는 것을 금지하는 것이 아니라고 하면서 이런 주장을 개진했습니다. "(의회의) 요구에 따라 제가 상을 제안하면 위법이지요. 그러나 만일 제가 제안한 조령 속에 어디에도 배에 관해 언급하지 않고 다른 이유로 의회에 관을 수여하려 한 것이라면, 어떻게 위법한 것이 된단 말이요?"라고요. 9. 이 같은 주장에 여러분이 바르게 대답하는 것은 실로 어렵지 않습니다. 먼저 의회의 대표단과 그 감독관[7]이 의제를 투표에 부치고는, 민중에게 물러갈 의회의 임무 수

---

[7] 의회의 9명 의장단(*proedros*)과 그 수장인 감독관(*epistetes*)은 민중의 민회에 의회가 예비심사한 안건을 제시한다. 의장단(*proedros*)에 대해서는 참고, Aristoteles, *Athenaion Politeia*, 44. 1; Demosthenes, 21. 9.

행이 상을 받을 만한지에 대해 각각의 의견을 구하고 찬반 표결하도록 합니다. 그런데 상을 요구하거도 자격을 주장하지 않은 이들은 문제 자체를 아예 상정하지 않도록 하는 거예요. 10. 게다가, 메이디아스와 다른 이들이 의회를 비난했을 때, 의원들이 연단으로 뛰어 올라가 자신들의 상을 박탈하지 말아 달라고 청하기까지 했어요. 재판관 여러분이 그 민회에 임석하여 알고 있는 사실이므로, 이 이야기는 제가 거론할 필요조차 없는 것이에요. 의회가 상을 요구하지 않았다고 그(안드로티온)가 주장한다면, 여러분은 제가 말씀드린 내용으로 그에게 대답하십시오. 법은 민중에게도 삼단노전선을 건조하지 않은 이들에게 상을 수여하는 것을 허락하지 않는다고 말이죠. 11. 아테나이인 여러분, 법의 규정은 이와 같아서, 삼단노전선을 건조하지 않은 한 의회가 수상을 요구함으로써, 민중이 잘못 유인되거나 속는 일이 없도록 하고 있습니다. 입법자의 의도는 민중의 결정이 변사의 달변에 의해 좌우되지 않도록 하며, 공정과 민중의 이익을 도모하려는 것입니다. 삼단노전선을 건조하지 않았나요? 그러면 상을 요구하지 말아야죠. 상을 요구하지 못 하도록 되어 있으니, 수상은 원천적으로 금지되는 것 아니고 뭡니까?

12. 아테나이인 여러분, 또 다른 측면도 고려할 게 있어요. 의회가 다른 임무를 잘 수행해서 누구도 비난하는 사람이 없다 해도, 배를 건조하지 않았다면 수상(受賞)을 요구할 수 없게 되어 있죠. 이 엄격한 규정은 민중의 편익을 위해 마련된 것이란 점을 여러분이 알 것입니다. 제 소견에, 도시의 고금을 막론하고, 또 좋은 일이나 ─ 기분 나쁜 표현을 피하자면 ─ 그렇지 않거나 간에 우리 도시에 발생한 온갖

상황은, 삼단노전선을 갖거나 결여한 데 기인한다는 점을 아무도 부인하지 못할 겁니다. 13. 고금에 많은 사례들이 있으나, 여러분이 익히 들어 알고 있는 것 중에서, 원하신다면 다음 사례를 들도록 합시다. 프로필라이아와 파르테논을 지어 올리고, 이민족들에서 구한 전리품으로 다른 신전들을 장식한 데 대해, 우리가 모두 당연히 자랑스럽게 생각하는바, 이들이 도시를 버리고 살라미스로 후퇴했던 것은 우리가 삼단노전선을 가지고 있었기 때문이었어요. 그래서 해전에서 승리하고 도시와 그들의 소유물을 지켜냈고, 다른 헬라스인에게 세월이 가도 영원히 기억될 거대한 이익을 가져오게 했습니다.

14. 아무튼, 그것은 지난날의 옛이야기지요. 그럼 지금 여러분이 직접 목격한 사례를 들도록 합시다. 여러분이 아시듯이, 사흘 만에 여러분은 에우보이아를 돕고 테바이인을 물리치고 휴전조약을 맺고 후퇴하도록 했습니다.8 원조를 하는 데 쓰일 새로 건조한 배가 없었더라면, 그렇게 신속하게 대처할 수 있었겠습니까? 불가능하죠. 누구라도 배를 잘 갖춤으로써 도모할 수 있는 많은 편익을 들 수 있어요. 15. 당연하죠. 반면, 배를 잘 갖추지 못했을 때 얼마나 많은 피해를 보았겠습니까? 다른 것은 제가 다 생략하고, 여러분이 모두 저보다 더 잘 알고 있는 한 사례를 들겠습니다. 데켈레이아 전투9에서, 우

---

8 레욱트라 전투(371 B. C.) 이후 에우보이아는 테바이의 지배하에 복속했다가, 기원전 358년 반란을 일으켰다. 이때 에레트리아(에우보이아 남쪽 연안)의 요청으로 아테나이가 티모테오스 휘하에 원정군을 파견했고, 에우보이아는 해방되었다.

9 펠로폰네소스 전쟁의 마지막 제3기(412~404 B. C.)에 들어, 스파르타는 아테나이 북부 변경 데켈레이아에 요새를 건설했다. 이 기간에 아테나이의 알키비아데스

리 도시가 많은 치명적 역경에 처했으나, 함대가 궤멸되기 전까지는 패배하지 않았습니다. 지나간 일을 거론할 것도 없지요. 라케다이몬인과의 마지막 전투10에서, 여러분이 함대를 파견할 능력이 안 된다고 생각했을 때, 도시가 어떤 상황으로 치달았는지 여러분은 아시지요. 시장에서는 밀 대신에 완두11가 팔렸어요. 그런데 여러분이 배를 파견하게 되자, 여러분이 원하는 조건으로 휴전이 체결되었어요. 16. 그러니, 아테나이인 여러분, 삼단노전선은 양단간에 그 같은 비중을 갖는 것이라, 의회가 상을 요구하거나 못하는 조건으로 규정해 놓은 것입니다. 의회 임기 동안 다른 사안은 다 잘 수행했으나, 시초에 우리가 가진 모든 것을 획득하게 하고 지금은 지킬 수 있도록 해주는 수단, 삼단노전선 말인데요, 그것을 돌보지 않았다면, 다른 일을 아무리 잘한들 아무 소용이 없어요. 무엇보다 민중과 도시의 안전을 우선해야 하기 때문이지요. 그런데 이 사람(안드로티온)은 멋대로 말하고 제의할 권리가 있다고 믿는 지경까지 이르렀습니다. 의회가 다른 임무는 여러분이 들으신 바대로 수행했으나 삼단노전선은 건조하지 않았는데도, 그들에게 상을 주자고 그가 제안한 겁니다.

가 페르시아로 망명하고, 아테나이에 과두정체가 잠깐 들어섰고(411/410 B. C.), 다르다노스, 키지코스, 아르기누사이 해전에서 아테나이가 승리했고, 마침내 아이고스 포타모이 해전에서 라케다이몬인이 결정적인 승리를 거둠으로써 마침내 전쟁이 종식된다.

10 이 전쟁은 케르키라를 장악하기 위한 것이었다. 티모테오스는 자금이 없어 삼단노선을 운항할 수 없었다. 참조, Xenophon, *Hellenika*, 6. 2.

11 *orobos*. 콩과 식물로 야생 완두. 참조, Hippokrates, *Peri archaies Iatrikes*, 11.

17. 이것이 위법이 아니라고 하는 그의 주장은 있을 수 없고, 여러분도 그 말을 믿어서는 안 됩니다. 그러나 제가 짐작하는 바, 그가 이런 주장을 여러분 앞에서 할 것 같습니다. 배 건조를 소홀히 한 것은 의회가 아니라, 배 건조 담당 회계관이라고 말입니다. 그가 2.5 탈란톤을 가지고 달아나는 바람에 차질이 생겼다는 것이죠. 그런데 제가 곤혹스러워하는 것은 바로, 이 같은 불상사와 관련하여 의회에 관을 수여해야 하는가 하는 것입니다. 저는 오히려 이룬 공적에 대해 이 같은 명예가 주어져야 한다고 봅니다만. 동시에 다음과 같은 점에 대해서도 여러분의 주의를 환기하렵니다. 18. 제 소견에, 두 가지 주장을 다 하는 것은 타당하지 못합니다. 수상은 합법적이라는 것, 그리고 삼단노전선을 건조하지 않은 것은 의회 탓이 아니라는 주장이 그러합니다. 의회가 배를 만들지 않았는데도 상을 주어야 하는 것이라면, 왜 삼단노전선을 건조하지 못한 데 대한 변명을 하는 것이겠습니까? 또, 그 사람이 아니면 다른 사람을 탓해야 할 정도로 합법적인 제안이 아닌데도 의회가 수상을 받도록 허용해야 하는 것입니까? 19. 더구나, 제 소견에, 이 같은 주장들은 여러분에게 선택의 여지를 남깁니다. 여러분에게 해를 끼친 이들로부터 변명과 자기 정당화의 말을 듣고 있어야 한다고 생각하는지, 아니면 여러분이 배를 갖추어야 하는 것인지 하는 것이에요. 만일 여러분이 피고 측의 주장을 수용한다면, 앞으로 의회는 여러분에게 댈 그럴듯한 핑계만 찾고 배를 건조하지 않을 것이므로, 여러분의 돈이 지출되는 경우에도 여러분이 배를 갖지 못할 것이라는 점이 명백해집니다. 20. 그러나 만일, 법이 규정하고 여러분이 한 맹세가 지시하는바, 여러분이 엄격하고도 명백하게

그들의 변명을 각하하고, 배를 건조하지 않았으므로 여러분이 상을 수여하지 않는다는 사실을 천명한다면, 아테나이인 여러분, 구성되는 모든 의회가 마땅히 건조되어야 할 삼단노전선을 여러분에게 제공할 것입니다. 여러분에게는 다른 어떤 것도 법보다는 덜 중요한 것이라는 점을 그들이 깨닫게 될 것이니까요. 이제 저는 배를 건조하지 못한 데 대한 책임이 다른 어떤 이에게도 없다는 사실을 여러분에게 분명히 보여 드릴 겁니다. 의회가 법을 무시하고, 그를 삼단노전선 건조의 재무관으로 임명했기 때문이지요.

21. 게다가 매춘법 관련하여 그는 우리가 그를 모욕하고 사실무근의 중상을 했다고 주장할 것 같습니다. 또, 만일 우리가 그런 비난을 사실이라고 믿는다면, 법무장관12 앞에 그를 세우도록 한 다음, 우리 비난이 거짓으로 판명되면 1천 드라크메13의 벌금을 무는 위험을 감수해야 할 것이지만, 현재로서 우리가 그저 근거 없는 험담과 욕설로 여러분을 속이고, 여러분 소관도 아닌 사안으로 여러분을 호도(糊塗)하려 한다는 주장을 그가 전개할 것 같아요. 22. 그러나 제 소견에, 여러분이 무엇보다 유념하셔야 하는 것은, 욕설과 험담은 객관적 검증과는 완전히 다른 차원의 것이라는 겁니다. 험담이란 근거도 없이 그냥 말로만 하는 것이지만, 객관적 검증이란 말과 함께 그 근거를 제시하는 것이니까요. 객관적 검증을 수반하는 이들은 그 주장을 뒷받침하는 근거를 대거나, 아니면 논리적으로 주장을 개진하거나 증

---

12   *thesmothetes*. 아테나이 9명 장관(아르콘) 가운데서 법무를 맡은 6명의 장관이다.
13   참조, 이 변론 §3.

인을 대동해야 합니다. 물론 여러분 자신이 사건의 직접적 목격자가 될 수는 없겠으나, 누가 이 같은 근거 가운데 어떤 것을 제시하면, 여러분은 각 사안마다 객관적 진실에 대한 납득할 만한 증거를 가진 것이라 생각하게 되는 거예요. 23. 그래서, 우리는 개연성에 불과한 말이나 정황증거14가 아니라 증인을 세워 그가 피고의 행적을 적은 문서를 준비하고, 그 내용에 스스로 책임지고 증언하도록 하는 거예요. (증인의 발언에 문제가 있을 경우) 그 증인은 피고가 아주 쉽게 소를 제기할 수 있는 이인 것이고요. 그런데 이 모든 증언이 거짓 비난이고 험담이라고 그(안드로티온)가 폄훼한다면, 그 폄훼가 바로 그이 자신이 하는 행위가 욕이고 험담이라는 사실의 증거임을 여러분은 숙지하십시오. 우리가 그를 법무장관 앞으로 고발해야 한다고 그가 주장한다면, 우리가 … 15 할 것이고, 또 지금 우리는 법에 따라 추진하고 있음을 여러분이 알고 계십시오. 24. 우리가 다른 소송으로 이 같은 수작을 걸고 나선다면, 걸려든 이는 당연히 황당하겠지요. 그러나 지금 재판이 불법제안16에 관련한 것이고, 그 같은 식으로 살아가는 이는 합법적 제안도 하지 못하게 되어 있으며, 또 그가 불법제안뿐만 아니라 불법 생활을 하고 있음을 우리가 증명한다면, 그 행위를 객관적으로 검증할 수 있는 이 법을 우리가 인용하는 것이 어떻게 적절하지 않겠습니까?

---

14 *tekmeria* (단수형 *tekmerion*)
15 고대 원문이 이곳에서 누락되었다.
16 *paranomoi*.

25. 또 다음과 같은 사실도 여러분이 아셔야 합니다. 입법자로서 이 법들을 포함하여 많은 다른 법을 만든 솔론은 이 사람과는 닮은 점이 없고, 부당행위에 대해 구제를 구하는 이들에게 한 가지가 아니라 여러 가지 방법을 마련해 놓았습니다. 제 생각에, 그가 보기에는 도시 사람들이 똑같이 달변이거나 용감하거나 온건할 수는 없는 것이었어요. 그래서, 만일 온건한 이를 기준으로 소를 제기하도록 법을 제정한다면, 그 생각에, 많은 파렴치한 이들이 법망을 빠져나갈 것 같았지요. 반면, 만일 용감하거나 달변인 이들을 위해 법을 제정한다면, 보통 사람들이 그들과 같은 방법으로 구제를 받을 수가 없다고 보았어요. 26. 그는 누구도 구제받기 위해 시도할 권리를 박탈당해서는 안 된다고 생각했던 거예요. 어떻게 이런 것이 가능하겠습니까? 피해본 이들에게 여러 가지 구제책을 마련하는 것이었죠. 절도의 경우를 예를 들어 봅시다. 힘이 있고 자신이 있는 사람은 도둑을 붙들어서 관청에 넘기면 돼요. 1천 드라크메의 벌금의 위험을 불사한다면 말이죠. 반면, 힘이 더 약한 사람은, 관리들을 그가 있는 곳으로 데려가면 그들이 그를 체포합니다. 27. 그것도 겁나서 못하면, 공소(公訴)[17]를 하면 돼요. 스스로 자신도 없는 데다가 가난해서 1천 드라크메를 감당할 수 없는 이라면, 절도 혐의로 중재인[18]에게 그를 고소하면 돼요. 거기에 아무런 위험부담이 따르지 않거든요. 같은 방식으로, 불경죄 혐의를 씌워서 에우몰피다이[19] 앞으로 구인(拘引)[20]해 가거나,

---

17 *graphe* (본문은 2인칭 명령형으로 '*graphou*').
18 *diaitetes*.

공소(公所), 21 사소(私訴) 22 등을 제기할 수 있고, 또 바실레우스(왕) 장관23 앞으로 고지(告知) 24할 수도 있죠. 이 같은 절차는 대부분의 다른 모든 사건에 적용됩니다. 28. 누군가가 자신은 나쁜 사람이 아니라거나 불경을 범하지 않았다거나, 혐의가 있어 소송 중인 어떤 부당행위도 한 적이 없다고 주장하지는 않고, 다음과 같은 근거로 무죄라고 우기는 경우를 생각해 봅시다. 혐의자가 구인되면, 자신을 중재인 법정의 공소에 회부하라고 하고, 그렇지 않고 만일 중재인 앞으로 그를 회부하는 경우, 다시 자신을 구인함으로써 1천 드라크메의 벌금을 위험부담으로 지라고 요구하는 겁니다. 이런 짓거리는 실로 소극(笑劇)이죠. 피고가 만일 무죄라면, 어떤 절차를 통해 시비를 가릴 것인가에 연연할 필요가 없는 겁니다. 부당행위를 하지 않았다는 것만 밝히면 될 테니까요. 29. 그 같은 방식으로, 안드로티온 씨, 음란의 이력을 가진 이로서 조령을 제안해 놓고는, 위와 같은 식의 꼼수로 처벌을 면할 수 있다고 생각하지는 마시오. 우리가 법무장관 앞으로 고소할 수도 있으니까요. 당신이 그 같은 조령을 제안한 데 대해 무죄임을 증명하거나 아니면 처벌받거나 해야 하는 거예요. 당신은 그런

---

19 '에무몰피다이'는 특정 가문의 이름으로 전통적으로 불경죄 관련 송사(訟事)를 관장했다.

20 *apagein.*

21 *graphesthai.*

22 *dikazesthai.*

23 *basileus archon* ('왕'이라 불리는 장관)은 9명의 장관(*archon*) 중 1명으로, 9명 가운데 최초로 있었던 가장 오래된 직책이다.

24 *phrazein.*

제안을 할 자격도 없으면서 말이죠. 법이 허용하는 온갖 절차에 의해 우리가 당신을 벌하지 못하는 일이 있다면, 우리가 놓치는 것이 있어서 그런 것이니 당신이 감사할 일일 뿐, 그런 이유를 들어 아예 벌받을 일을 하지 않았다는 주장은 전개하지 마시오.

30. 아테나이인 여러분, 여기서 이 법을 정초(定礎)한 솔론을 돌아볼 필요가 있겠습니다. 그는 정부 체제의 모든 법을 기초하느라 많은 공을 들였고, 또 법이 개입하는 사안보다 정치체제에 더 많은 관심을 가졌기 때문입니다. 여러 가지 측면에서 그런 점을 볼 수 있지만, 특히 현안의 이 법은 음란한 이들이 발언하거나 법안을 제의하지 못하도록 한 점에서 그러합니다. 솔론은 여러분 가운데 많은 이들이 연단으로 올라서서 발언할 권리는 있지만 사양하는 것을 보고는, 그 같은 발언 금지 조항이 크게 가혹한 조치는 아니라고 보았던 거예요. 만일 그의 목적이 이런 조치를 위반한 이를 처벌하는 것이었다면 더 엄한 벌칙을 강구할 수도 있었을 것이라는 말이지요. 31. 그러나 솔론이 바란 것은 그런 것이 아니었어요. 그는 여러분과 정치체제를 위해서 이 같은 정도로만 자격을 제한하는 법을 만들었습니다. 솔론이 생각했던 것, 그가 보기에, 모든 정치체제 가운데서 비열하게 사는 이들에게 가장 가혹한 것은 모든 이가 그들의 수치스런 면을 까발릴 수 있도록 하는 체제였어요. 그게 무엇이겠습니까? 민주정치입니다. 솔론은 달변에 대담하지만 비열하고 악의로 가득한 이들 다수가 동시에 쇄도하는 것은 위험하다고 여겼어요. 32. 이들에 의해 오도된 민중이 많은 오류를 범하게 되고, 또 이들은 민주정체를 완전히 해체하려고 할 것이니까요. 과두정체에서는 안드로티온보다 더 비열하게 사는 이

들이 있어도 위정자들의 비열한 행위에 대해 말하지 못하고, 또 그들이 민중을 타락시켜서 그들 자신과 비슷하게 만들어 버립니다. 그래서 솔론은 그런 이들이 발언하지 못하도록 함으로써 민중이 꾐에 빠져 잘못을 범하지 않도록 하려 했던 거예요. 그런데, 이른바 이 '알량한'[25] 이는 이 모든 법을 무시한 채, 자신에게 허용되지 않는 발언을 하고 조령을 제안했을 뿐 아니라, 그 내용도 불법이었단 말이에요.

33. 공적 채무가 있는 그 부친이 그 빚을 갚지 못한 때부터, 그가 연단에서 발언하거나 조령 제의하는 것을 금하는 법이 있으므로, 그가 우리가 자신에 대해 (정보) 고지(告知)[26] 절차로 고발하라고 요구한다면, 여러분은 정당하고 타당하게 다음과 같이 대답할 수가 있어요. 제우스의 이름을 걸고, 그런 것은, 당신이 저지른 다른 범죄에 대해 변명해야 하는 지금이 아니라, 법에 따라 필요할 때 우리가 할 것이라고 말이에요. 지금은, 법에 따라, 당신(안드로티온)은 조령을 제안하거나 다른 이들에게 하도록 허용된 그 같은 행위를 해서는 안 된다는 점을 우리가 지적하는 바이오. 34. 그러니 당신 부친이 채무 불이행자가 아니라거나, 그(안드로티온의 부친)가 도주한 것이 아니라 빚을 갚은 뒤 감옥을 떠났다는 사실을 당신이 증명하도록 하시오. 그런 사실을 증명하지 못한다면, 당신은 법안을 제안할 자격이 없어요. 법에 따라 당신은 당신 부친의 자격박탈[27]형을 물려받아서, 자격 박

---

25 *kalos kagathos.*

26 *endeiknynai.*

27 *atimia.*

탈된 상태에 있는 당신은 발언이나 법령 제안의 권리를 갖지 못하는 거요. 또 방금 소개받은 법령 관련하여, 제 소견을 말씀드리자면, 그가 여러분을 속이고 오도하려 한다면, 여러분은 제가 귀띔해 드린 반론을 개진하십시오.

35. 다른 점들에서도, 그의 주장은 여러분을 속이기 위해 아주 교묘하게 포장된 것이라서, 여러분이 미리 들어 놓는 것이 좋을 것 같습니다. 그중 한 가지가 "여러분 500인 자신으로부터 상을 박탈함으로써 그들을 부끄럽게 만들지 마십시오. 이 재판은 제가 아니라 그들의 거취와 관련한 것입니다"라고 하는 것이에요. 만일 500인으로부터 상을 박탈하는 것이 도시에 아무런 편익을 가져오는 것이 아니라면, 제가 이 사안을 두고 이렇듯 집요하게 여러분의 주의를 환기하려 하지 않았을 것입니다. 이 같은 조치로 2만 명이 넘는 다른 시민을 더 쓸모 있는 이들로 거듭나게 할 수 있다면, 500명에게 부당하게 호의를 베푸는 것보다 더 많은 이들을 더 유익한 이들로 만드는 것이 더 좋지 않겠습니까? 36. 한편, 저는 이런 질곡이 전체 의회가 아니라, 그들 중 일부와 안드로티온에 의해 발생한 것이라는 점을 밝히려 합니다. 만일 이 사람(안드로티온)이 입 다물고 법령을 제의하지 않았더라면, 또 이 사람이 회의장에 들락거리지만 않고 의회가 화관을 받지 않았더라면, 누가 망신당할 일이 생기겠습니까? 아무도 없어요. 법령을 제안하고, 정치에 개입하고 또 자신이 원하는 것을 의회에 사주한 사람 외에는 말이죠. 37. 이 같은 이들로 인해 의회의 심의가 화관을 받을 만한 가치를 상실하게 되었기 때문이지요. 이 재판이 전체 의회와 관련한 것이지만, 여러분은 그에게 유죄를 선고하는 것이 그렇지 않

은 것보다 더 편익이 크다는 점을 유념하십시오. 그를 방면하면, 의회가 연사들의 손에 떨어질 것이고, 그를 유죄 선고하면 의회가 평범한 이들의 손에 들어가게 될 것입니다. 변사들의 농간으로 의회가 화관 받을 기회를 빼앗겼다는 사실을 많은 이들이 알고 있어요. 그래서 연사들에게 현안을 맡기지 않고 의원들이 각기 스스로 최선의 길을 찾아 의견을 제시할 겁니다. 이렇게 해서, 의회가 타성에 젖고 똘똘 뭉쳐 있는 연사들의 그늘로부터 해방된다면, 보십시오, 아테나이인 여러분, 모든 일이 제자리로 돌아갈 겁니다. 더 이상 발언할 필요 없이, 이 정도 이유라면 그는 유죄 선고를 받아야 합니다.

38. 다만, 여러분이 놓쳐서는 안 되는 다른 사안에 대해서도 들어보십시오. 아마 필리포스, 안티게네스, 의회 재정비서관, 28 그 외 다른 이들이 연단으로 올라와서 의회를 변호하려 할 겁니다. 이들은 피고(안드로티온)와 함께 의회를 휘젓고 이 모든 질곡의 원천이 되었죠. 여러분 모두가 유념하실 것은, 의회를 변호한다는 것이 그들에게는 구실에 불과할 뿐, 실제로는 그들 자신과 그 공무수행에 마땅히 귀속되는 수행감사를 유리하게 하려는 것입니다. 39. 내막이 이러합니다. 여러분이 이 공소사건을 무죄로 결정하신다면, 이들은 풀려나고, 그들 중 아무도 벌금을 물지 않게 되겠지요. 여러분이 그들이 좌우하는 의회에 화관을 수여한다면, 이후 누가 이들에게 유죄를 선고하겠습니까? 그렇지 않고, 여러분이 그들에게 유죄를 선고한다면,

---

28 *antigrapheus*. 재정비서관은 의회에서 법령을 다루는 서기 (*grammateus*) 와 달리 재정 관련 사무를 한다.

먼저 여러분이 스스로 드린 맹세에 따라 투표한 것이 되고, 그다음 그들 하나하나를 수행감사에 부쳐서, 여러분에게 해를 끼친 것으로 밝혀진 이를 처벌하시면 됩니다. 그러니 그들이 의회와 민중을 위해 변호하는 것이라 생각하지 마시고, 그들이 스스로를 구하기 위해 여러분을 속인 데 대해 분노해야 합니다.

40. 콜라르고스 출신 아르키아스도 작년에 의원이었는데, 그가 자신의 덕성을 앞세워 그들을 변호할 것으로 저는 보고 있습니다. 그러나 제 소견으로는, 여러분이 아르키아스의 발언을 듣고는, 의회가 비난받는 것이 그에게 좋은 것인지 아니면 나쁜 것으로 보일 것인지를 물어야 할 것 같습니다. 그래서 그가 좋은 것으로 보인다고 하면 더 이상 그를 덕성 있는 사람으로 간주해서는 안 되겠습니다. 만일 그가 나쁜 것으로 보인다고 하면, 여러분이 다시 덕성 있는 사람을 자처하는 그가 어떻게 그런 상황을 간과해 왔는지를 물어야 합니다. 41. 만일 그가 자신은 반대했으나 아무도 자기 말을 듣는 이가 없었다고 대답한다면, 그의 발언을 귀담아듣지 않았던 그 의회를 지금 와서 감싸고돈다는 것이 실로 앞뒤가 안 맞는 것이죠. 만일 그가 침묵했다고 한다면, 그들이 저지르는 범죄를 막는 기회를 놓친 데다가, 지금 와서는 그 같은 무모한 범죄 행각을 벌인 이들이 화관을 수여받아야 한다고 주장하니, 이것이 어떻게 부당한 처사가 아닌가요?

42. 또 제 짐작에, 안드로티온은 반드시 이런 주장도 할 것도 같아요. 이 모든 질곡이 여러분을 위해 세금을 거두어들이다가 발생한 것이고, 염치없이 납부를 거부하는 소수의 채무자로부터 거액의 세금을 그가 거두어들이다가 발생한 일이라고 말이죠. 그러고는, 제 소견

에 편이한 둘러치기로, 특별세29를 납부하지 않은 이들을 비난하면서, 만일 그를 유죄 선고하면, 세금을 납부하지 않는 이들이 완전히 통제를 벗어날 것이라고 말할 것 같아요. 43. 그러나, 아테나이인 여러분, 여러분이 유념하실 것은, 처음부터 여러분은 재판하겠다고 맹세한 것은 이런 사안(세금 미납)이 아니라, 이 사람(안드로티온)이 제안한 법령이 합법적인지 여부에 관한 것이지요. 그다음으로 유념하실 것은, 그가 다른 이들은 도시를 해쳤다고 비난하면서, 자신이 저지른 더 엄청난 부정은 벌하지 말라고 청하는 것이 참으로 어이없는 일이란 겁니다. 세금을 안 낸 것보다 불법 법령을 제안한 것이 분명히 더 큰 범죄죠. 44. 이 사람이 유죄를 선고받은 다음, 세금을 납부하거나 거두려 하는 이가 없어진다 해도, 여러분은 이 사람을 방면하면 안 되는 것이, 다음과 같은 점을 고려해 보십시오. 나우시니코스30 아르콘 이후 거두어들여야 하는 특별세 300탈란톤 혹은 그보다 조금 더 많은 액수 중 결손액이 14탈란톤이었고, 그 결손액 가운데 이 사람이 거두어들인 것이 7탈란톤이라고 해요. 그러나 저는 이 사람이 전체 결손액을 다 거두어들일 수도 있다고 봐요. 사실 의도적 채무 배임자를 제외하면, 자발적 납세자의 경우에는 안드로티온이 필요 없어요. 45. 그러니 지금 순간 여러분은 민주정체,31 기존의 법, 맹세

---

29 *eisphorai*.

30 나우시니코스는 기원전 378/377년 아테나이의 수석장관이었다. 그해 가장 부유한 1,200명의 명단이 작성되고, 이들이 20개 집단(각 부족당 2개)으로 나뉘어, '납세분담조합(*symmoria*)'로 불리게 되었다.

31 *politeia*.

의 준수 등을 너무 경시하는 것이 아닌지 반성할 필요가 있습니다. 명백히 불법제안을 한 이 사람을 무죄 방면한다면, 법과 맹세가 아니라 재물을 더 선호한다는 인상을 만인에게 주게 되는 것이니까요. 누가 자기 재물을 여러분에게 넘겨준다 해도, 그것을 받으면 안 되고, 더구나 남의 재물에서 수취한 것이라면 더욱 그러합니다. 46. 그러니, 이 사람이 그 같은 말을 할 때, 여러분은 스스로 한 맹세를 기억하시고, 또 그에게 주어진 혐의가 수세(收稅)와는 아무 관련 없으며, 다만 법이 지켜졌는지를 생각하십시오. 이 모든 상황과 관련하여, 그가 어떻게 여러분의 주의를 침해된 법의 현안이 아닌 다른 데로 돌리려 할 것인가, 그에게 넘어가지 않기 위해서 여러분이 어떤 점을 유념해야 하는가 등도 함께 말이지요. 이와 관련하여 저는 많은 것들을 말씀드릴 수 있겠으나, 이 정도로 충분하다고 보아 생략하겠습니다.

47. 이 '알량한' 이의 정치 이력도 제가 검토하려 합니다. 거기에 가장 심각한 악행이란 빠지지 않고 자행한 사실이 드러날 테니까요. 뻔뻔하고 무모하고 강도질하고, 오만하며, 그 밖에 민주정체에 합당한 기능만 제외하고는 온갖 성질을 다 갖추고 있어요. 무엇보다 먼저 대단하게 공적으로 으스대는 수세 현안 관련하여, 그 자신이 치는 허풍은 관두고 실제 상황을 면밀히 살펴봅시다. 48. 안드로티온은 여러분이 낸 특별세를 에욱테몬이 가로챘다고 주장하고, 만일 그 사실을 증명하지 못하면 자기가 물어내겠다고 했어요. 이런 빌미로 그(안드로티온)는 추첨으로 선출된 공직자를 쫓아내고, 수세의 과정에 끼어들었지요. 민중 앞에 나서서 그는 세 가지 선택지를 제시했어요. 제식에 사용되는 기물로 새 화폐를 만들거나, 특별세를 거두거나, 채무

자로부터 돈을 거두어들이든가 하는 것이었지요. 49. 여러분은 당연히 세 번째 방법을 선택했어요. 그때 이 사람(안드로티온)이 언약을 내세우고 또 부득이한 상황에서 그에게 주어진 권력을 이용하여 여러분을 꾀었어요. 그는 현행법을 적용할 마음도 없고, 또 그것이 불충분하다고 생각될 경우 다른 법을 제안하려 하지도 않았어요. 오히려 여러분에게 맹랑하고 불법적인 조령을 제안하여, 11인[32]이 자신과 동행해야 한다는 조항을 넣음으로써, 일을 벌여서 여러분에게 속한 재물을 가로챘어요. 50. 그래 놓고는 이들과 함께 시민 여러분의 집으로 찾아갔지요. 에욱테몬 관련하여 그는 물론 아무것도 증명할 것이 없어요. 그에게서 돈을 받아 내거나 아니면 자기(안드로티온) 돈으로 물겠다고 해 놓고는 말이죠. 오히려 그는 여러분에게서 돈을 훔쳐간 겁니다. 에욱테몬이 아니라 여러분에게 적의를 가진 것처럼 말이죠.

51. 제가 채무 불이행자로부터 돈을 받아 내서는 안 된다고 주장하는 것으로 오해하지는 마십시오. 당연히 받아 내야지요. 그러나 어떻게 받아 내야 하겠습니까? 다른 이들을 위해 법에서 규정한 대로 해야 합니다. 이것이 민주적이니까요. 이 같은 방법으로 거둔 돈으로 여러분이 본 혜택은, 아테나이인 여러분, 우리 정치체제에 그 같은 관습이 도입됨으로써, 여러분이 잃은 것에 비하면 조족지혈(鳥足之血)입니다. 왜 누구라도 과두정체보다 민주정체에서 살기를 선호하는지에

---

32 11인은 도시에 고용되어 필요할 때 지시를 받아 집행의 임무를 수행한다. 10개 부족의 각 부족당 1명에다 1명의 서기를 더하여 11명의 집행관이다. 주로 재판소의 결정 등에 따른 형사 집행을 담당하되, 현행범은 바로 체포한다. 사실 현행범은 11인뿐 아니라 일반 시민도 체포할 수 있다.

대해 여러분이 살펴본다면, 민주정체하에서는 모든 것이 더 수월하다는 점을 쉽게 깨닫게 될 것이에요. 52. 이 사람(안드로티온)은 세상어떤 곳의 과두정체보다 자신이 더 악랄하다는 사실을 스스로 드러냈다는 사실과 관련하여 저는 이만 생략하도록 하겠습니다. 다만, 이곳도시의 여러분에게 언제 가장 포학한 사태가 벌어졌습니까? 여러분은 모두 '30인 참주정'하에서였다고 하겠지요. 소문에, 당시 집에 숨은 이는 아무도 생명을 빼앗기지 않았답니다. 바로 이런 연고로 우리가 30인을 비난합니다. 밖에 있는 사람들을 부당하게 잡아갔기 때문이죠. 그러나 이 사람은 악랄함에서 그들을 능가하여, 민주정체하에서 개개인 집이 감옥이라도 되는 양 11인을 집으로 데려갔습니다.

53. 아테나이인 여러분, 이 점에 대해 여러분 생각은 어떻습니까? 빈자나 부자나 간에 이런 사안에서 많은 돈을 쓰고 자연히 돈이 궁하여, 붙들려서 감옥으로 끌려가지 않으려고 이웃집 지붕으로 올라가거나 침대 밑으로 기어들거나, 예속노동자와 비자유인에게나 어울리는 다른 어떤 방식으로 체면 깎이는 짓거리를 하여, 자유인으로서 또 도시의 시민으로서 혼인한 아내에게 그 같은 꼴을 보이게 된다면 말이죠. 그리고 이 모든 것의 원인이 안드로티온 때문이라면 말입니다. 그는 자신의 행위와 생활 태도로 인해 자신은 물론 도시에 대해서는 더욱더 구제받지 못하도록 했어요. 54. 징세의 기준이 우리 재산인지 사람인지에 대해 그가 질문을 받고, 사실대로 말한다면, 재산이라는 사실을 인정하겠지요. 우리의 납세는 재산에 근거합니다. 그런데 왜 당신(안드로티온)은 농지와 집을 몰수하여 압류 목록에 넣고 시민과 불운의 거류외인을 체포하고 모욕함으로써, 당신 수하의 하인들보다

더 학대하는 거요? 55. 실로 여러분이 예속인과 자유인을 비교해 보면, 그 중요한 차이는 다음과 같습니다. 예속인의 경우에는 신체가 온갖 부당행위의 대상이지만, 자유인의 신체는, 가장 열악한 상황에서도, 보호받는다는 것이죠. 대부분 경우 자유인의 벌은 금전으로 치러집니다. 그러나 이 사람은 예속인 다루듯 자유인에게 체벌을 가했던 것이죠. 56. 여러분에 대한 그의 행위는 이렇듯 뻔뻔하고 이기적이라, 공적 채무로 감금된 적 있는 그의 부친은 그 빚을 갚거나 재판을 받거나 하지 않고 오히려 도주할 권리가 있다고 여기면서도, 다른 시민들이 갚을 돈이 없으면 집에서 감옥으로 끌려와야 한다고 보는 겁니다. 그뿐 아닙니다. 마음대로 시노페와 파노스트라테 등 두 사람을 담보로 잡았는데, 이들은 창녀이지만 납세를 불이행한 이들은 아니에요.[33] 어떤 이들은 이 두 여인이 그런 대우를 받아도 싸다고 말하지만, 57. 그렇다 해도 그가 남의 집에 들어가서 아무 빚도 지지 않은 사람의 기물을 낚아채 나올 정도로 권세를 가지고 있다고 보는 것은 말이 안 되죠. 많은 이들이 스스로 한 짓거리만큼 당하는 것이라 할 수도 있으나, 여러분 지켜야 하는 법이나 체제의 관습은 그런 식으로 가지 않습니다. 오히려 연민, 양해 등 자유인에게 걸맞은 그 같은 모든 것들을 배려하고 있지요. 58. 그러나 이 사람(안드로티온)은 스스로의 성질과 본 바에 비추어 볼 때 이런 것들과는 아예 담을 쌓았던 거예요. 자신을 좋아하지는 않지만 자신에게 대가를 지불할 수 있는 사람들과 어울리면서, 그는 많은 무례와 모욕을 당해왔어요. 안드로

---

33 창녀 직업을 가진 여인들은 창녀세(*pornikon telos*)를 납부해야 한다.

티온 씨, 당신은 그 화풀이를 어쩌다 만나는 시민들이나 같은 유의 꼼수를 부리는 창녀[34]가 아니라, 그 같은 식으로 당신을 키운 이에게 해야 하는 거요.

59. 이런 짓거리들은 심각하게 위법한 것이라는 사실을 그가 부인하지 못할 거예요. 그러나 그는 이 공소 건에서 줄곧 자신을 방어하기 위해, 뻔뻔하게도 민회에서 발언하기를, 여러분을 위해서 또 여러분을 통해 자신에게 적이 생겼고 지금 극한의 위기에 처하게 되었다고 하는 겁니다. 그러나 제가 밝히려 하는 것은, 아테나이인 여러분, 그가 여러분을 위해 무엇을 해서 피해를 보거나 앞으로도 볼 것같이 아니라, 그 자신의 비열함과 가증스런 행위에 대해 지금까지 처벌받지 않고 있는바, 여러분이 바르게만 처분하신다면, 이제 그가 처벌받게 될 것입니다. 60. 여러분이 유념하실 것은, 그가 여러분을 위해 무엇을 약속했으며, 여러분이 그에게 무엇을 하도록 공직에 임명했던가 하는 것입니다. 세금을 거두라는 것, 그것 이외에 다른 것이 있습니까? 아무것도 없어요. 그가 어떻게 세금을 거두고 다녔는지 사례를 제가 여러분에게 말씀드리겠습니다. 코일레 출신 렙티네스[35]에게서 34드라크메, 알로페케 출신 테옥세노스에게서 70드라크메 남짓, 또 에우페로스의 아들 칼리크라테스, 텔레스테스의 어린 아들, 그 이름

---

34 안드로티온에게 적용된 매춘행각에 대한 고소는 공소로서 '*graphe hetaireseos*(매춘혐의 공소)'라 불린다. 처벌은 자격박탈 혹은 사형까지 적용될 수 있다. 직접 한 행위뿐 아니라 그 같은 행위를 사주한 이도 같은 절로 다스린다.

35 렙티네스는 데모스테네스 변론 20(《면세특권 관련하여 렙티네스에 반대하여》)에 나오는 이와 동일 인물로서, 이 변론은 변론 20과 같은 해에 발표되었다.

이 안 떠오르네요, 하나하나 따로 거론할 것 없이, 아무튼 그가 세금을 거두어들인 이들 중 1므나 이상 지불한 이가 있는지 저는 알지 못합니다. 61. 그런데, 그가 세금을 거두어들였다는 이유만으로 이들이 그를 미워하고 적이 되었다고 여러분은 생각하십니까? 혹 다른 이유가 있는 게 아닐까요? 혹 이들 중 누구에 대해 여러분 모두가 듣는 민회36에서 이렇게 말하지는 않았을까요. 그이가 예속노동자이고, 예속노동자들의 자식이라, 거류외인과 같이 세금을 6분의 1만큼 지불해야 한다고 말이죠. 또 창녀에게서 아이를 얻었다거나, 또 누구의 아버지가 창녀와 놀아났다거나, 그 어머니가 창녀 짓을 하고, 또 누구에 대해서는 공직에 임하면서부터 공금 횡령한 것으로 이름이 올랐다거나, 또 다른 이에 대해 몹쓸 짓거리, 또 다른 이는 알게 모르게 저지른 악행을 거론하면서 말이죠, 이런 식으로 모든 이를 차례로 험담한 것이 아닐까요?

62. 제가 알기로, 그가 실례를 범한 이들 모두가 납세는 부득이한 사안이라고 보았으나, 이 모든 비하와 수모에 깊이 상처받은 겁니다. 또, 여러분이 그를 수세관으로 임명한 것은 개인의 불행을 가지고 헐뜯거나 개인별 인품을 논하라는 것이 아니죠. 그런 사실이 설령 실제로 있었던 것이라 해도, 당신(안드로티온)이 발설하고 다녀서는 안 되는 것이오. 실로 우리 자신이 바람직하지 않은 일을 많이 하는 것이니까요. 더구나 당신이 스스로 있지도 않은 험담을 지어낸 것이라면, 어떤 벌을 받는다 해도 당연한 것 아니겠소? 63. 더구나 모든 사람들

---

36 *demos*.

이 그를 미워하는 것이 수세 때문이 아니라 무례와 술주정 때문이라는 사실을 여러분께 더 확실히 알려드릴 증거가 여기 있습니다. 조선소 감독인이었던 사티로스는 여러분을 위해서 그 같은 사람들로부터 7탈란톤이 아니라 34탈란톤을 거두어들여서, 장비를 갖추어 배를 띄웠습니다. 그런데도 이 같은 일로 인해 그가 자신에게 적이 생겼다고 말하지 않았고, 또 세금을 낸 사람들 중에서도 그를 적대시하는 이가 아무도 없었어요. 당연지사이지요. 제가 보기에, 그는 자신에게 주어진 임무를 완수한 것이지만, 당신(안드로티온)은 경솔하고 무모하게 권력을 행사하여, 도시를 위해 많은 돈을 쓴 사람들, 당신보다 더 품위 있고 좋은 가문 출신 사람들을 험담과 음해로 질곡에 빠뜨려야 하겠다고 생각한 것이죠. 64. 그런데 재판관들이 그런 당신의 소행을 자신들을 위한 것이라 생각해야 하겠소? 당신의 그 뻔뻔하고 교활한 행위에 대한 책임을 스스로 짊어질 것 같소? 그런 행위로 인해 그들은 당신을 구하기보다 증오하는 것이 더 마땅한 것이오. 도시를 위하는 사람은 도시의 관습을 따라야 하며, 여러분은 그 같은 부류의 사람들을 보호해야 하는 것이고, 아테나이인 여러분, 이 사람(안드로티온)과 같은 이를 증오해야 하는 것이에요. 여러분이 익히 아시겠습니다만, 그럼에도 제가 말씀드리려 하는 것은, 여러분이 존경하고 보호하는 사람이 어떤 부류인가에 따라, 여러분 스스로 그 같은 사람들로 보일 것이라는 사실입니다.

65. 여기서 그가 세금을 거두어들인 것이 여러분을 위한 것이 아니라는 사실을 지금 당장 제가 증명하겠습니다. 다음의 두 부류 가운에서 어느 쪽이 도시에 더 해가 된다고 보는가 하고 누가 그에게 질문했

다고 칩시다. 한쪽은 농부이고 검소하지만 아이들을 기르거나 집안 살림 혹은 공적 부담으로 납세를 지체했고, 다른 쪽은 자발적 납세자가 낸 돈과 동맹국이 낸 공세를 훔치고 탕진한 이란 말이죠. 제가 확신컨대, 그가 아무리 철면피라 해도, 납세를 지체한 이가 공금을 횡령한 이보다 더 부당하다고 대답하지는 못할 겁니다. 66. 이런 뻔뻔한 이여, 당신(안드로티온)은 30년 이상 공직 이력을 가지고 있어요. 그동안 많은 장군37들이 도시에 해를 끼치고, 많은 연사들이 이곳에서 재판을 받았는데, 그 부당행위로 인해 많은 이들이 처형되었고, 또 많은 이가 추방됨으로써 처벌을 면했지요. 그런데 당신은, 무모하고 영악한 연사이면서도, 그들 누구에 대해서도 원고로 나타나거나, 도시가 해를 입은 데 대해 화낸 모습을 보인 적이 없으면서, 많은 이에게 해를 끼쳤다는 혐의를 진 다음에 급기야 이곳에 나타난 거요?

67. 아테나이인 여러분, 그 이유가 무엇인지 말씀드리기를 바라십니까? 그는 여러분에게 해를 끼쳐 나온 수익에서 몫을 가졌고 또 수세한 것에서도 횡령했어요. 차지 않은 욕심에서 이중으로 도시를 우려먹는 것에요. 소수의 거대 범죄자들보다 다수의 소형 범죄자를 적으로 삼는 것이 쉬운 일이 아니고, 또 소수의 범죄보다 다수의 부정행각을 살핀다는 것이 물론 더 대중적인 것은 아니지요. 그러나 제가 말하려는 것은 말이죠. 안드로티온은 자신은 부당행위를 하는 이들에 속한다는 사실을 알고 있으나, 여러분을 안하무인으로 여긴다는 점에요. 그래서 여러분을 이런 식으로 대하는 겁니다. 68. 여러분의 도시

---

37 *strategos.*

가 다른 이를 지배하는 입장이 아니라 하인들[38]이 모인 곳이라 가정한다 해도, 아테나이인 여러분, 여러분이 가만히 참고 있지 않았을 거예요. 그는 시장에서 아테나이인에게 거류외인을 대하듯이 무례를 범하여, 체포, 연행한다든가, 민회 연단에서 고함을 지르고, 그 자신보다 더 나은 인품에 더 나은 집안 출신 사람을 예속인, 예속인의 자식이라 부르고, 또 감옥이 쓸모도 없이 지어진 것인가를 묻는 겁니다. 아마 저는 그렇다고 대답했을 거예요. 만일 당신 부친이 그곳에서 나와 족쇄를 찬 채로 디오니시아 춤의 행렬에 참가한다면 말이에요. 39 그(안드로티온)가 범한 무례 행위를 누구도 다 열거할 수가 없어요. 너무 많으니까요. 이 모든 것들에 대해 오늘 여러분은 그를 처벌하시고, 다른 이들을 경계하는 전범(典範)으로 삼도록 하십시오.

69. 그러나, 제우스의 이름을 걸고, 그의 정치적 이력이 이 지경이라 해도, 다른 측면에서는 잘할 수도 있죠. 그러나 여러분에 대한 그의 행위는 온통 이 모양이라, 여러분이 들으신 것은 그를 처벌해야 하는 최소 하한선에 불과한 겁니다. 제가 무슨 말을 더하기를 여러분은 원하십니까? 어떻게 그가 축제 행렬에 쓰이는 장비들을 조달하고, 화관을 없애 버렸으며, 보기 좋은 접시를 만들었는가 하는 것입니까? 그가 다른 부당행위로 도시에 해를 끼친 것이 없다고 해도, 이런 사안들만으로도 그는 한 번이 아니라 세 번의 처형을 받아도 쌉니다. 40 신성

---

38 *andrapodoi.*
39 디오니시아 제전의 축제 기간 동안 안드로티온의 부친이 허락을 받고 감옥에서 나와서 행렬에 참가한 것을 말한다.
40 참조, Demosthenes, 21. 118, 90, 152.

모독, 불경, 횡령 등 온갖 엄청난 범죄 혐의가 있기 때문이지요. 70. 여러분을 기만한 그의 발언 가운데 많은 것들을 생략하겠습니다만, 화관의 잎이 상하고 오래되어 훼손되었다면서 그것을 녹여 버리도록 여러분을 속인 것에 대해 말씀을 드려야겠습니다. 마치 그 잎이 금이 아니라 제비꽃이나 장미로 된 것처럼 말이지요. 또 세금을 거두기에 앞서 그는 공무원이 동행해야 한다는 조항을 제안하여 만들어 넣었어요. 짐짓 공정해 보이도록 말이에요. 납세자 중 누구라도 그 같은 일을 대신 할 수 있는 것인데도 말입니다. 그러나 관을 녹일 때는 그 같은 조항을 넣지 않았어요. 같은 이가 연사, 금세공인, 회계관, 감독관을 다 겸했지요. 71. 당신(안드로티온)이 도시에 무슨 짓을 하든 전적으로 당신을 믿으라고 요구했더라면, 도둑질해도 같은 식으로 밝혀지지 않았을 거예요. 그런데 수세 관련해서는 당신은 당신 자신이 아니라, 도시의 예속인 공무원41을 믿으라는 원칙을 세웠어요. 그런데 그 후 당신이 어떤 다른 일, 그리고 우리 이전 세대가 헌납한 것도 있는 신성의 재물 관련 일에 종사하게 되었을 때는, 당신이 수세할 때 세웠던 그 같은 경계 조치를 취하지 않았지요. 당신이 무엇을 노리고 그런 짓거리를 했는지 분명하지 않나요? 저는 그렇다고 봅니다.

72. 또, 아테나이인 여러분, 이 사람이 준수하고 탐스런 명문(銘文)들을 영원히 지워 버리고, 불경하고 조잡한 글자로 바꾸어 쓴 사실을 생각해 보십시오. 제가 알기로, 여러분 모두가 화관들 아래쪽 테두리에 적힌 글을 보셨을 겁니다. "동맹국이 아테나이 민중의 용기

---

41 *douloi*.

와 대의를 기리며", 혹은 "동맹국이 아테나이의 공덕을 기리며", 또는 "(아테나이) 민중에 의해 도움을 받은 이들이 그 민중에게", 혹은 "자유를 얻은 에우보이아인이 (아테나이) 민중에게 관을 헌사하며", 혹은 "라케다이몬인에 맞서 해전에서 싸운 코논42을 위하여", 이 같은 글귀가 화관들에 새겨져 있었던 겁니다. 73. 굉장한 부러움과 명예의 상징이었던 이런 명문들이 관을 녹여 없애 버리는 바람에 지금은 사라져 버렸고, 이 교활한 이가 그 자리에 대신 갖다 놓은 사발에는 "안드로티온의 작품"이라고 적혀 있어요. 법에 따라 음란죄를 범하여 신전에 들어가지 못하는 이의 이름이 신전의 사발에 새겨져 있는 겁니다. 마치 전통의 명문같이 말이죠. 안 그렇습니까? 이것이 여러분에게 전통의 명문과 같은 긍지를 주는 것같이 말이에요. 74. 이런 사실로부터 이 사람이 범한 세 가지 극악무도한 범죄를 간파할 수 있습니다. 여신의 화관을 없애 버린 것, 기념물로서 존재하는 동안 화관들이 상기시켰던 그 공적에 대한 선망을 도시로부터 제거해 버린 것, 받은 도움에 대한 감사의 정을 잊지 않는다는 표시로서의 기념물을 통해 화관들을 헌납한 이들이 느끼는 적지 않은 명예를 그들로부터 빼앗아 버린 것 등입니다. 이 같은 여러 비열한 행위를 자행하는 동시에, 그 뻔뻔함과 무모함으로 인해 그는 그 같은 행적이 유익한 것이라 여길 정도에 이른 것이죠. 그래서 한 사람은 다른 이(안드로티온)의

---

42 코논은 아테나이 장군으로 펠로폰네소스 전쟁 시기 인물이다. 아이고스포타모스 해전에서 아테나이가 스파르타에 패배할 때 8척의 삼단노전선과 함께 유일하게 생존한 장군이다. 기원전 394년 페르시아 왕의 도움으로 크니도스 해전에서 승전했다. 여기에 언급되는 명문은 이 승리를 기념한 것이다.

도움으로 여러분의 처벌을 면할 것이라 믿고, 다른 이는 상대(티모크라테스) 옆에 앉아 있을 뿐, 그가 자행한 짓거리에 아연하여 바닥으로 내려앉는 그런 일은 일어나지 않는 거예요. 43

75. 이렇듯 그는 돈에만 환장한 것이 아니라 생각까지 아둔하여, 화관은 용기의 증거이나, 사발과 그 같은 종류의 물건들은 부의 상징에 불과하다는 사실조차 깨닫지 못합니다. 화관 하나하나는 아무리 작아도 큰 것과 같은 가치를 갖습니다. 잔과 향로는 아주 많이 가지고 있으면 그 소유주가 부자로 명성을 얻지만, 그 같은 것에 긍지를 갖는 이는 그로 인해 명예를 얻기보다 저속한 취미를 가진 것으로 경멸받습니다. 그런데 이 사람(안드로티온)은 여러분의 긍지의 기념물을 파괴해 버리고는 왜소하고 여러분에게 하찮은 가치의 재물로 바꾸어 버렸어요. 76. 또 하나 그가 이해하지 못한 것은, 민중이 부를 얻으려 한 것이 아니라, 다른 무엇보다 영광을 추구했다는 사실입니다. 그 증거가 있지요. 언젠가 (아테나이) 민중은 헬라스인 가운데 가장 큰 부를 가졌으나, 명예를 추구하여 그것을 모두 소비했습니다. 사재(私財)를 기부했을 뿐 아니라, 영광을 구하려고 위험도 불사했어요. 그래서 민중은 불멸의 재산을 얻게 되었는데, 한편으로 그들 공적에 대한 기억, 다른 한편으로 광영 속에 건립된 아름다운 기념비들, 저 프로필라이아, 파르테논, 주랑들, 조선소들이 있죠. 이런 것은 두어 개 항아리, 혹은 당신(안드로티온)이 내킨다고 다시 녹여 버리자고 할 수 있는 서너 개

---

43 이 변론 끝부분 §69~78의 내용은 Demosthenes, 24(〈티모크라테스를 비난하여〉), 182의 내용과 약간 차이가 있으나 유사하다.

의, 각기 1므나 값어치의 금 접시 같은 것이 아니에요. 77. 이 건물들을 짓기 위해 그들은 스스로 10분의 1 세금을 낸 것도 아니고, 공세를 두 배로 올림으로써 적이 저주하는 바를 실천한 것도 아니며, 당신(안드로티온) 같은 자문관들의 말을 듣고 정책을 추진하는 것도 아니었어요. 오히려 적을 누르고 양식을 가진 모든 이들의 기대를 좇아서 도시의 화합을 도모함으로써, 우리에게 불멸의 영광을 물려주는 한편, 당신(안드로티온) 같이 사는 이들을 시장에 얼씬거리지 못하게 했어요. 78. 그런데, 아테나이인 여러분, 여러분은 생각도 없이 관성에 젖어 이 같은 전례를 따르지 않고, 안드로티온에게 축제 행렬의 장비를 조달하도록 했어요. 땅과 신들의 이름을 걸고, 안드로티온을! 어떤 신성모독이 이보다 덜한 것이 있다고 여러분은 생각하시나요? 제가 알기로, 성소로 들어가서 성수에 손을 씻고 성궤에 손을 대고 신들에게 제(祭)를 올리려 하는 사람은 며칠간 제삿날만 삼가는 것이 아니라 전 생애에 걸쳐 이 사람이 자행한 행위로 오염되지 않아야 합니다.

23

아리스토크라테스를 비난하여

해제

기원전 353년 아리스토크라테스가 조령(條令)을 제안했다. 조령의 취지는, "카리데모스를 살해하는 이는 누구라도 동맹국의 영토에 있다 해도 장소를 불문하고 체포되며, 그 살해자에게 피난처를 제공하는 이는 동맹조약의 보호로부터 배제한다"는 것이었다. 이 조령은 합법적 절차로서 500인 의회의 예비심사를 거친 것이다. 그런데 안건이 민회로 넘어왔을 때, 아티카의 트리아[1] 출신 에우티클레스가 아리스토크라테스에 대해 위법소송[2]을 제기했다. 이 변론은 이때 이 사람이 발표한 것이고, 데모스테네스가 작성했다.

그런데 아리스토크라테스와 에우티클레스는 소송 쌍방으로 전면에 나섰지만, 그렇게 널리 알려진 인물들이 아니었으며, 실제로는 데모스테네스와 카리데모스 간 대립이었다. 카리데모스는 에우보이아의 오레오이 출신의 용병이었고, 오레오이는 아테나이와 필리포스 간 각축전의 장이 되었다. 이 같은 사실

---

1   오이네이스 부족에 속하는 구(區 · *demos*).
2   *graphe paranomon*.

은 데모스테네스의 4편의 〈필리포스를 비난하여〉를 통해 드러난다. 카리데모스는 용병으로 아테나이를 위해 기여한 바 있어, 아테나이인이 그에게 시민권을 부여했다. 카리데모스는 트라케 왕 케르소블렙테스의 누이와 혼인하여 영향력을 행사했고, 그에게 호의적인 아테나이인들은 그 기회를 이용하려 했고, 급기야 기원전 353년 아리스토크라테스를 사주하여 이 같은 조령을 제안하게 했다. 이에 대해 데모스테네스가 반대하고 나섰는데, 정치적·법적 측면뿐 아니라 도덕성에서도 문제가 있다고 보았기 때문이다.

케르소블렙테스는 트라케의 3개로 분열된 땅을 통합하려 했다. 데모스테네스는 케르소블렙테스의 이런 목적이 아테나이에 해가 된다고 보았다. 곡물 수송 통로의 요지로 아테나이의 사활이 걸려 있는 케르소네소스의 입지를 위협한다고 보았기 때문이다. 데모스테네스가 보기에, 카리데모스는 케르소블렙테스의 가장 굳건한 동반자로 아테나이의 적이므로, 조령을 통해 이 같은 특혜를 부여할 하등의 이유가 없다는 것이었다.

더구나 조령의 제안은 법적으로도 문제가 있다고 보았다. 에우티클레스를 앞세워, 데모스테네스는 이 조령이 살인에 관한 현행법을 위반하기 때문에 위법이라고 주장했다. 재판도 없이 살해혐의자를 고소인에게 양도하는 것, 혐의자의 재산을 훼손하고 빼앗는 것, 혐의자를 살해해도 처벌받지 않도록 한 것, 도피가 허용된 지역으로 들어온 혐의자를 체포할 수 있도록 한 것, 사람을 죽이는 것과 관련한 법의 내용을 개변한 것 등의 아리스토크라테스에 의한 조령이 기존 법을 위반했다는 것이다. 뿐만 아니라, 이 조령은 살해 관련 합법적 재판 절차를 무시한 것이다. 다섯 개 법정을 도외시한 채, 특정인에게 특별한 명예와 특권을 부여하기 때문이다.

이어서 데모스테네스는 윤리적 이유로도 이 조령에 반대한다. 이 같은 특권을 어떻게 적의 도시를 위해 싸운 용병에게 부여할 수가 있느냐는 것이다. 이러한 자를 높이는 것은 케르소블렙테스에게 대항하는 우리 동맹국들을 약화시키는 것이 아닌가? 지난날 테미스토클레스와 키몬[3]같이 고명하고 아테나이를 위해 지대하게 공로한 이들에 대해서도 처벌하기를 주저하지 않았던 도시가 아테나이인을 위해 아무것도 기여하지 않은 이에게 시민권을 부여하느냐는 것이다.

이 사건 관련 재판은 500인 의회에서 예비심사를 한 다음 1년 후에 벌어졌으며, 현행법에 의해 의회의 결정은 자동으로 폐기되었고, 조령도 무효가 되었다. 그러나 이 조령을 제안한 이의 책임 소재에 대한 문제는 그대로 남아 있었고, 이 변론은 그와 카리데모스 조령에 의해 득을 본 사람을 대상으로 발표된 것이다.

이 변론은 데모스테네스의 우수한 변론 가운데 하나로 평가된다. 정치적·법적 논리 전개는 서신, 법률, 조약 등의 객관적 자료들을 인용함으로써 충분히 뒷받침되고, 그 자료들에 대한 상당히 분석적인 설명이 따른다. 윤리적 측면의 논지에서도 데모스테네스는 아테나이를 향한 애정과 그 위상에 대한 신념을 드러냈다.

---

3 테미스토클레스와 키몬은 다 같이 아테나이를 위해 군사상 공적을 세웠으나 도편추방 당했다. 테미스토클레스는 페르시아 전쟁 당시 장군으로서 살라미스 해전을 승리로 이끈 주역이었으나, 후에 추방당해 페르시아로 넘어가 투항했다가 독약으로 자살했다. 키몬은 훗날 아테나이와 스파르타 간 각축전이 벌어지는 가운데 사면되어 아테나이로 돌아왔고, 페리클레스와는 다른 성향의 정파를 이끌었다.

1. 아테나이인 여러분, 여러분 가운데 누구라도 제가 사적 원한으로 피고 아리스토크라테스를 비난하려 이 자리에 섰다거나, 혹은 남의 사소하고 하찮은 잘못을 트집 잡아 제 자신을 기꺼이 질곡으로 몰아넣으려 한다고는 생각하지 말아 주십시오. 오히려 제가 사태를 똑바로 판단하고 관찰한 것이라면, 이 소송에서 제가 기울이는 모든 노력은, 여러분이 케르소네소스를 안전하게 지키고, 다시 속아서 그곳을 빼앗기는 일이 없도록 하려는 것입니다. 2. 실로 이 사태에 관한 진실을 알고 또 이 공소 사건을 법에 따라 공정하게 판단하려면, 여러분은 조령의 자구에만 연연할 것이 아니라 잠재적 결과도 고려해야 합니다. 여러분이 들어서 이면의 속임수를 바로 간파할 수 있었다면, 아마 여러분은 처음부터 속아 넘어가는 일은 없었을 테지요.

3. 그러나 어떤 이들이 부당하게도, 발언하고 조령을 제의하면서 여러분의 의심을 사지 않고 여러분 자신을 방어하지 못하도록 하고 있으므로, 이 조령도 그 같은 맥락에 있다는 사실을 우리가 여러분에게 말씀드린다 해도 놀라지 마십시오. 그것은 한편으로 카리데모스의 신체 안전을 도모하기 위한 것이라고 되어 있으나, 실제로는 케르소네소스를 정당하고 안전하게 차지할 수 있는 권리를 우리 도시로부터 빼앗으려는 것이란 말이죠. 4. 마땅히, 아테나이인 여러분, 저를 주목하시고 제 말에 귀 기울여 주십시오. 저는 여러분을 번거롭게 하는 이들이나, 정치를 해서 여러분의 신임을 얻고 있는 사람들 가운데 속하지 않지만, 당면 사태의 심각성에 대해서는 말씀드리고자 합니다. 여러분이 성심껏 저에게 동조하여 제 말을 경청하신다면, 이 위기를 극복하고, 또 우리 가운데 누구라도 도시를 위해 무슨 기여를 할

수 있을까 의구심을 갖지 않게 될 거예요. 또 여러분의 법정에서 발언을 듣는 것이 어렵지 않다고 생각하게 되면, 그런 믿음을 갖게 될 것 같습니다. 5. 지금으로서는 많은 이들이, 달변의 연사는 아니지만 그들보다 더 나은 이들인데도, 부딪친 난관에 너무 겁을 먹고는 공적 현안을 검토할 엄두조차 내지 못하고 있어요. 모든 신들 앞에 맹세코, 저로서는 말이죠, 여러분이 주지하듯이, 스스로 공소 제기하는 일은 없었을 겁니다. 일부 사람들이 도시에 이롭지 않은 수작을 하는 것을 보면서도 가만히 입 다물고 있는 것이 가장 비겁한 소치라 생각하지 않았더라면 말이에요. 일전에도 제가 삼단노선주로서 헬레스폰토스로 항해해 갔을 때, 제가 여러분에게 해를 끼친다고 생각한 이들을 비난하고 고소한 적이 있습니다.

6. 일부에서는 카리데모스를 도시의 은인으로 여긴다는 사실을 저도 모르지 않아요. 그러나 제가 생각하는 것, 그리고 그가 한 짓으로 제가 알고 있는 것을 여러분에게 전할 수만 있다면, 그가 우리 은인이 아닐 뿐만 아니라, 오히려 모든 이에게 가장 악의적이라는 것, 그에 대해 알려진 것은 실제와 아주 상반된다는 사실을 여러분께 밝히려 합니다. 7. 그런데 만일, 아테나이인 여러분, 아리스토크라테스가 저지른 최대의 부당행위가 카리데모스 같은 이, 그에 대해서는 제가 말씀을 드리겠습니다만, 그 같은 이를 불법으로 옹호하여, 그가 무슨 변고를 당하면, 사적 보복을 가할 수 있도록 하는 조령을 제안한 것이라면, 저도 이 같은 사실로부터 제 변론을 시작했을 거예요. 카리데모스가 이 조령이 부여하는 혜택을 누릴 만한 자격과는 거리가 멀다는 점을 밝히기 위해서 말이죠. 그러나 지금은 우선 이 조령에 더 커다란 맹점이

있다는 점부터 여러분이 알고 경계해야 할 필요가 있습니다.

8. 우선 어떤 방법으로 케르소네소스를 안전하게 지키려 한 것인지 말씀드려야 할 것 같습니다.[4] 이 점을 알면, 무엇이 부당한지 분명히 간파하실 수 있기 때문입니다. 상황을 소개하자면, 아테나이인 여러분, 코티스[5]가 죽은 후, 트라케 왕국은 하나가 아니라 세 개로 쪼개져, 베리사데스, 아마도코스, 케르소블렙테스가 장악했어요. 이들 간에 분쟁이 일어나서, 서로 여러분에게 추파를 보내고 도움을 구했던 것이죠. 9. 그러나 일부 사람들이, 아테나이인 여러분, 그 같은 상황을 종식시키고, 다른 왕들을 제거한 다음 케르소블렙테스에게 권력을 하나로 몰아주려고 하면서, 작업하여 이 같은 예비안건[6]을 마련했던 겁니다. 언뜻 그 자구만 보면 그런 취지가 드러나지 않지만, 실제로 그 주요 목적이 그런 것이라는 점을 제가 설명드리겠습니다. 10. 3명 중 한 명이었던 베리사데스가 죽은 다음, 케르소블렙테스가 여러분과 체결한 맹세와 조약을 어기고 베리사데스의 아들들과 아마도코스에게 전

---

4 케르소네소스는 트라케해와 헬레스폰토스 사이에 있다. 아테나이는 기원전 7세기 경부터 이곳에 식민했으나 페르시아인, 그 후 마케도니아인에게 패권이 넘어갔다.

5 코티스는 기원전 380년경 트라케 지역의 오드리사이인의 왕이다. 그 딸이 아테나이 장군 이피크라테스와 혼인했으나, 기원전 361년에는 아테나이인이 트라케의 다른 세력을 지지했으므로 서로 싸웠다(참고. 이 변론, §114). 기원전 358년 피톤과 헤라클레이데스에 의해 피살되었다(이 변론 §119, 163). 피톤과 헤라클레이데스 형제가 부친의 죽음에 대해 복수한 것인데(참고, 이 글 §127), 이들은 플라톤의 제자였던 것으로 전한다.

6 *probouleuma*. 의회(*boule*)에서는 민회에서 표결할 안건을 준비하여 제출한다. 아테나이 민회에서는 의회에서 예비심사를 거친 안건 외에도, 민중의 제안에 의해 바로 안건을 논의하여 표결할 수 있다.

쟁을 도발했지요. 그러자 아테노도로스가 베리사테스의 아들들을 돕고, 시몬과 비아노르가 아마도코스를 도우리란 사실이 분명했죠. 전자는 베리사테스, 후자는 아마도코스와 사돈 관계에 있었거든요.

11. 그래서 제가 방금 말씀드린 케르소블렙테스 지지자들이 어떻게 하면 이 두 장군을 움직이지 못하도록 묶어 놓을 수 있을까, 또 그들을 배제한 가운데서 케르소블렙테스 편에 선 카리데모스가 안전하게 만사를 통제할 수 있을까를 궁리하게 된 겁니다. 그리하여 두 가지 방법을 생각해냈죠. 첫째, 조령을 통과시켜서, 누가 카리데모스를 죽이면 체포되어 넘겨지도록 한다는 것, 둘째, 여러분에 의해 카리데모스가 장군으로 선출되도록 한다는 것이었어요. 12. 그러면, 아테나이 시민권을 얻었고 여러분에게 헌신적이었던 시몬과 비아노르가 함부로 무기를 들고 여러분의 장군에게 대적하지 못하게 될 것이고, 또 아테나이 시민 출신 아테노도로스[7]는 대적할 생각조차 하지 않을 것이, 조령을 위반하여 문제를 일으키고 싶은 마음이 도무지 없었으니까요. 카리데모스가 무슨 변이라도 당하면, 그 비난의 화가 그들에게 미칠 것이 분명한 마당에 말이지요. 이렇게 해서 우군의 도움을 받지 못하게 된 이들(케르소블렙테스가 아닌 다른 두 지역 왕들)은 사면을 조건으로 물러나고, 다른 쪽(케르소블렙테스 측)은 쉽게 그들을 추방하고 패권을 장악하게 한다는 것이었어요.

---

7 아테노도로스는 임브로스의 아테나이인 식민인(*klerouchos*)이었다. 마케도니아에 의해 포로가 되었으나, 알렉산드로스에 의해 석방된다. 참조, Isokrates, 8. 24; Ploutarchos, *Phokion*, 18.

13. 이 같은 그들의 생각과 계략은 실제 상황에 의해 증명됩니다. 전쟁8이 발발하자, 알로페케9의 아리스토마코스가 그들의 사신으로 여러분을 방문하여 여러분 앞에서 발언했는데, 그냥 케르소블렙테스와 카리데모스를 격찬하고 여러분에게 호의적이라는 점을 상술하고, 14. 또 카리데모스는 암피폴리스를 아테나이로 다시 귀속시킬 수 있는 유일한 인물이라고 하면서 그를 장군으로 임명할 것을 여러분에게 권했지요. 게다가 예비제안이 이미 마련되었고 양해가 성립된 상태였으므로, 여러분만 아리스토마코스가 제시하는 전망과 기대에 넘어가면 바로 민회에서 통과될 것이고, 그러면 어떤 장애물도 더는 남은 것이 없게 되죠. 15. 다른 두 경쟁자를 쫓아내고 전체 패권을 그들이 원하는 왕에게 몰아주기 위해서 이보다 더 영악하고 교활한 꼼수를 사람들이 어떻게 구사해낼 수 있겠습니까? 다시 말하면, 한편으로는 두 명의 경쟁자를 도울 뻔했던 장군들을 협박하고, 이 조령에 의해 당연한 수순으로 돌아올 악의적 문책에 겁을 집어먹도록 하고, 다른 한편으로는 한 명이 혼자서 권력을 장악하고 전적으로 우리 이익에 반하여 겁도 없이 전횡할 수 있도록 하려던 겁니다.

16. 제가 여러분에게 말씀드린 그 같은 목적을 달성하기 위해 예비 안건이 제안된 사실은 이런 정황에서뿐만 아니라 조령 자체에서도 드러납니다. 그 명백한 증거로 조령 내용에 "누구라도 카리데모스를 죽이면10"이라는 말 다음에 그11가 왜 그랬는지, 즉 여러분의 편익을 도

8　트라케 일부 지역 왕인 케르소블렙테스와 트라케 다른 지역 왕들 간 충돌을 뜻한다.
9　알로페케는 아테나이의 한 구(區 · demos)로, 철학자 소크라테스의 출신 구이다.

모하려 했는지 여부에 관한 말이 없어요. 그다음 제안자는 바로 덧붙이기를, "그(카리데모스를 죽인 이)는 체포당하고 우리 동맹국의 영토에서 추방된다"고 했거든요. 17. 그런데 카리데모스의 적뿐만 아니라 우리들의 적들 가운데 누구도, 그를 죽였는가 여부는 고사하고, 아예 동맹국의 영토에 들어오지 못할 것이므로, 이런 보복 조치는 적들을 대상으로 한 것이 아닙니다. 오히려 이 조령에 겁을 먹고 우리의 적이 될까 하여 조심하는 이는 우리의 우방이 되는 동시에, 그(카리데모스)가 우리를 해치려 하는 경우, 그이의 적이 되는 거예요. 그의 적이란 바로 아테노도로스, 시몬, 비아노르, 트라케의 왕들, 혹은 누구라도 카리데모스가 여러분의 편익을 해치려 할 때 그를 견제함으로써 여러분에게 의리를 지키려 하는 이들이란 말이죠.

18. 이런 이유로 예비안건이 제안되어 여기에 속아 넘어간 민중에 의해 통과를 앞두고 있고, 또 그 같은 이유로 우리가 그 통과를 저지하기 위해 이 소송을 제기하게 된 것입니다. 제가 세 가지 점을 증명하기로 약속드리는 것이 도리일 것 같습니다. 첫째, 이 조령은 위법이라는 것, 둘째, 공공 복리를 해친다는 것, 세 번째, 이 조령이 보호하고자 하는 이는 그 같은 특권을 누릴 자격이 없다는 것입니다. 12 제

---

10 *apokteinei.*
11 원문에서는 주어인 '그'가 생략되어 있다. 여기서 '그'가 누구를 지칭하는지와 관련하여 해석이 다르다. Loeb 판본에서는 카리데모스, 현대 그리스 Kaktos 판본에서는 살해자인 것으로 보았다.
12 화자(話者)는 조령에 반대하는 이유를 다음과 같이 든다. ① 조령은 법을 위반한 것, ② 아테나이에 유익한 것이 아니라는 것, ③ 카리데모스는 그 같은 제안을 하

발언을 들으시는 여러분에게 무엇을 첫째, 둘째, 그리고 마지막으로 들고 싶은지 그 순서를 선택하는 기회를 드리겠습니다. 19. 여러분이 선택하는 순서에 따라 제가 말씀드릴 겁니다. 위법과 관련하여 먼저 시작할까요? 그럼 그렇게 하도록 하죠. 제 자신이 믿기로, 제가 여러분 모두에게 부탁할 뿐만 아니라, 요구할 수 있는 것이 여기에 있습니다. 여러분 가운데 누구도, 아테나이인 여러분, 카리데모스에게 속아서 그가 우리 은인인 줄로 여러분이 생각하여, 저를 적대시하고 법에 관한 저의 발언을 불쾌하게 듣는 일이 없도록 해 달라는 겁니다. 또 그 때문에 공정하게 투표하지 않는 일이 없도록 하고, 제가 자초지종 모든 것을 원하는 만큼 발언할 수 있는 권리를 빼앗지 말아 주십시오. 여러분은 제가 하는 말을 듣고, 여러분은 제 말이 타당한지를 판단하셔야 합니다. 20. 제가 법에 관해 논할 때, 여러분은 그 조령이 누구를 위한 것인지,[13] 어떤 목적을 가진 것인지 등은 무시하고, 오직 합법적인지 여부만 살피십시오. 나아가, 제가 카리데모스의 행실을 언급하고 또 그가 어떻게 여러분을 속였는지를 말씀드리면, 여러분은 제가 실제로 발생한 일을 말하는지 아니면 거짓말하는지를 살피십시오. 21. 또 제가 이 조령을 통과시키는 것이 우리 도시에 이로운지 아닌지를 말할 때, 여러분은 다른 것은 다 무시하고 오직 제 생각이 맞는지 여부만 판단하십시오. 이 같은 점에 유념하여 제 발언을 듣는

는 데 적합한 인물이 아니라는 것 등이다.

13 여기서 'hotoi'를 두고 해석이 다르다. Loeb 판본에서는 '누구를 위한 것인지', Kaktos 판본에서는 '누구에 의해 제안된 것이지'라고 번역되어 있다.

다면, 여러분이 아셔야 하는 것을 더 잘 이해하실 수 있겠습니다. 모든 문제를 한꺼번에 다루기보다 차례로 하나씩 검토함으로써 말이죠. 그러면 저도 드리고 싶은 말씀을 쉽게 전달할 수 있어요. 모든 사안에서 제 발언은 간단하게 할 겁니다.

22. 이 법을 들고 읽어 주십시오. 그러면 그들의 제안이 불법이라는 사실을 증명할 수 있습니다.

아레오파고스로부터 유래한 살인[14] 관련 법들 중 한 가지 법

아레오파고스 의회는 살인, 고의적 상해, 방화, 그리고 독을 써서 사람을 죽인[15] 경우, 독살 사건 등을 재판한다.

거기서 멈추어 주십시오. 23. 여러분은 법조문과 조령을 들으셨습니다. 아테나이인 여러분, 이 조령이 불법이라는 사실을 여러분이 어떻게 쉽게 이해할 수 있는지를 말씀드리겠습니다. 조령이 보호하려는 이가 이방인, 거류외인, 시민 중 어떤 범주에 속하는지를 생각해 보십시오. 만일 그를 거류외인이라고 한다면, 우리가 사실을 말하는 것이 아닙니다. 이방인이라고 해도, 바른 것이 아니지요. 민중의 호의로 그가 시민이 되었다는 사실을 인정하는 것이 그에게 공정한 것이니까요. 그래서, 그를 시민으로 간주하고 논의해야 할 것 같습니다.

---

14 *phonos.*
15 *ean tis apokteine(i).*

24. 신의 이름으로, 제가 그에 관해 얼마나 솔직하고 공정하게 논하려 하는지를 여러분은 보십시오. 제가 최대의 명예를 담보하는 자리에 그를 두려 하기 때문이지요. 그러나 우리 시민들도 갖지 않은 불법의 권리를 그가 행사하도록 해서는 안 되는 것이죠. 그게 뭐냐고요? 그(아리스토크라테스)가 조령에 언급한 것들 말이죠. 그런데 법에는 이렇게 되어 있어요. "(아레오파고스) 의회가 살인, 고의적 상해, 방화, 또 누가 약을 주어서 사람을 죽이는 경우, 독약 등에 대해 재판한다"[16] 25. 그리고 입법자가 보충하기를, "만일 죽이면"[17]이라고 했어요. 그래서 재판을 받도록 했고, 그전에 미리 가해자가 어떤 벌을 받을 것인지 규정하지 않았어요. 그게 당연한 것이고, 아테나이인 여러분, 도시 전체의 안위를 위해서 그렇게 한 것이죠. 무슨 뜻이냐고요? 우리는 모두 누가 사람을 '살해'[18]했는지 여부를 미리 알 수 없다는 말입니다. 입법자가 보기에, 누구라도 재판이 있기 전에 살해혐의를 지는 것은 있을 수 없으므로, 그래서 피해자를 위해 처벌하려 할 때, 가해한 사실 여부에 대해 우리가 알아야 하고, 알기 전이 아니라 알고 난 다음 그에 따라 처벌하는 것이 당연하죠. 26. 더구나 그(입법자)는 "누가 죽이면", "누가 신전을 약탈한다면", "누가 배반죄를 범한다면" 등 이 모든 전제는 재판이 열리기 전에 주어진 혐의로 보는 것이고, 재판과 유죄 선고가 있고 난 다음에야 범죄가 성립된다고 보았습니

---

16   참조, Aristoteles, *Athenaion Politeia*, 57. 3.

17   *ean apokteine* (i).

18   *androphonos*.

다. 혐의의 전제만으로 처벌하는 것이 아니라 재판을 받아야 한다는 것이에요. 그러니, 누가 다른 이를 죽이면 의회[19]에서 심리하도록 했을 뿐, 그(입법자)는 가해자가 유죄로 판정될 경우 어떤 벌을 내려야 하는지를 언급하지 않았습니다.

27. 입법자는 이와 같이 삼가는 태도를 보였어요. 그런데 이 조령의 제안자는 어떻습니까? "만일 누구라도 카리데모스를 죽이면"이라고 했어요. 입법자가 "누가 사람을 죽이면"이라고 한 것같이, 그(조령 제안자)도 발생 사건에 대해 같은 표현을 썼어요. 그런데 그다음이 다른 겁니다. 쟁송 과정을 생략하고 바로 가해자를 체포하도록 했거든요. 법에 규정한 재판 절차를 판결 없이 혐의를 주장하는 이들의 처분에 맡긴다는 것이에요. 죄 성립 여부가 아직 밝혀진 것도 아닌 이를 말이죠. 28. 그렇다면, 혐의자를 손에 넣은 이들이 고문, 학대하고 돈을 갈취할 수 있게 되는 것이죠. 그러나 그다음 이어지는 법 규정은 살해자[20]로 유죄 선고 되어 밝혀진 이들에 대해서도 노골적이고도 분명하게 그 같은 온갖 가해 행위를 금지하고 있어요. 후속의 법조문을 이분들(재판관)에게 읽어 주십시오.

---

19 아레오파로스 의회를 말한다. 이곳에서 살인사건을 재판했다. 참조, Aristoteles, *Athenaion Politeia*, 57. 3.

20 *andropbonoi*.

법

법 공지판(기둥21)에서 규정하고 있듯이, 우리 영토에서 살해자를 죽이고 체포하는 것은 합법적이다. 그러나 그들을 학대하거나 돈을 갈취해서는 안 된다. 이를 어긴 이는 끼친 피해의 두 배로 배상한다. 원하는 이를 위해 장관들은 사건을 재판에 부치고, 헬리아이아 재판소에서 판결한다.

29. 법조문을 들으시고, 아테나이인 여러분, 입법자가 훌륭하고 아주 타당하게 입법한 사실을 이해하고 깨달으셨을 줄로 압니다. 그(입법자)는 '살해자'라는 용어를 썼어요. 그런데 무엇보다 그가 '살해자'란 용어를 쓴 것은 판결을 통해 유죄 선고받은 이를 뜻합니다. 유죄로 판명되지 않은 이는 누구도 이 같은 용어를 적용할 수 없어요. 30. 어디에 그런 것이 나와 있겠습니까? 전자의 법조문이나 이 법조문에서나 공히 그러하죠. 전자에서는 입법자가 "누가 사람을 죽이면", (아레오파고스) 의회가 재판하도록 규정하고, 후자에서는 '살해자'로 증명된 이가 어떤 처우를 받아야 하는지를 규정한 것이거든요. 아직 혐의가 있는 단계에서는 심리22를 거쳐야 하고, 혐의자가 유죄로 판명되면, 그때 비로소 '살해자'라는 용어를 사용할 수 있고, 그런 이에 대한 처벌을 규정한 겁니다. 그러니 (입법자는) 유죄 선고받은 이들 관련하여 언급하는 것이죠. 뭐라고 했냐고요? "죽이고 구인23할

---

21 *axon*. 법을 적어 세워 놓은 판으로 기둥 모양으로 회전할 수 있도록 만든 공지판.
22 *krisis*.

수 있다"고 한 거예요. 31. 그런데 이것이 체포자가 자신의 집으로 끌고 가거나, 자신이 원하는 대로 하라는 것이겠습니까? 절대 아니지요. 어떻게 구인되어야 하겠습니까? "법 공지판(기둥)에서 규정하고 있듯이"라고 되어 있어요. 이게 무슨 뜻인지 여러분 모두가 알고 있듯이, 법무장관들[24]은 살인죄[25]로 추방된 이들을 사형으로 처벌할 수 있는 권한을 가지고 있어요. 작년에 여러분은 민회에서 범인이 그들에 의해 구인되는 것을 보았어요. (살해자를) 구인한다는 것은 이들(법무장관) 앞으로 데리고 간다는 말이에요. 32. 이것은 구인하는 이가 자기 집으로 끌고 가는 것과는 다르죠. 아테나이인 여러분, 하나는 합법적 권한을 가진 법무장관 앞으로 데리고 가라는 뜻이고, 다른 것은 자기가 제멋대로 처리하겠다는 것이거든요. 전자의 경우 법이 정하는 대로 처벌받으나, 후자의 경우 구인하는 이가 마음대로 하도록 하는 것이에요. 법에 의한 것과 사적 악의에 의한 보복은 아주 다르죠. 33. 법에는 "학대하거나 돈을 갈취하면 안 된다"고 했어요. 이게 무슨 뜻이겠습니까? 제가 확신컨대 만인이 알고 있는 것으로, 구타, 포박 등 그 같은 짓을 하면 안 된다는 것이고, 또 돈을 갈취하면 안 된다는 것은 배상금을 요구하면 안 된다는 겁니다. 34. 옛사람들이 '몸값'[26]이라고 불렀던 것이죠.

---

23 *apagein.*
24 *thesmothetai.*
25 *phonoa.*
26 *apoina.* 벌금(Homeros, *Illias*, 1. 13. 등), 혹은 시신을 돌려받기 위해 지불하는 대가, 살인자가 피해자의 근친에게 지급하는 배상금, 혹은 좋은 의미의 보상금.

이렇게 살인자[27]는 유죄로 판명되면 법에 따라 처벌되지만, 오직 피해가 발생한 본항에서만 그러할 뿐, (법 이외의) 다른 어떤 기준에 의해서도, 또 (피해 발생 지역 아닌) 다른 어떤 곳에서도 처벌받아서는 안 된다고 분명히 규정되어 있습니다. 그런데 이번 조령 제안자는 이런 법 규정을 송두리째 무시한 채, "카리데모스를 죽인 이는 장소를 불문하고 체포된다"라고 적었던 거예요. 도대체 당신이 무슨 말을 하는 거요? 35. 법에 따르면, 살인자로 밝혀진 사람이라 해도 아테나이 영토가 아닌 다른 곳에서는 체포하지 못하도록 하고 있어요. 그런데 당신은 재판도 받지 않은 이를 동맹국 도시 그 어느 곳에서나 체포할 수 있도록 하자는 거요? 법에는 아테나이 영토에서도 살인자를 아무 데고 마음대로 구인할 수 없도록 하는데, 당신은 모든 동맹국 땅에서 구인할 수 있는 권리를 주자고 하는 거요? 실로, 장소를 불문하고 체포를 허용하는 순간, 법이 금하는 처벌을 자의적으로 가할 수 있는 권리를 누구나 원하는 이에게 주게 되는 것이에요. 금전을 요구하고, 생명이 붙어 있는 한 학대하고, 고문하고 죽이는 것이죠. 36. 이보다 더 불법의 무모한 규정을 제안했던 이가 달리 있습니까? 여기에 두 가지 표현이 문제가 돼요. 하나는 혐의와 관련하여, 혐의를 받는 이는 "누가 다른 이를 죽이면"이라고 하고, 유죄 선고를 받은 이는 "누가 살인자[28]로 판명되면"이라고 하죠. 그런데 제안한 조령에서 당신은 말

(Pindaros, *Pythionikos*, 2. 26) 등을 뜻한다.

27 *androphonos*.

28 *dolophonos*.

이오, 전자의 경우만 말한 거요. 혐의를 받고 있지만 아직 재판을 받지 않은 사람에게 법에 따라 살인자로 드러난 사람에게도 금지하는 처벌을 적용하는 거예요. 중간에 재판 절차를 당신은 생략하고 조령 아무 데서도 언급하지 않았던 거요.

37. 다음의 법들 읽어 주시지요.

법

누가 경내(境內) 시장,29 경기, 신성동맹 제전에서 격리되어 있는 살인자를 죽이거나 살해한 혐의가 있으면, 아테나이인을 죽인 것과 같은 처벌을 받게 되고, 에페타이30가 이를 심리한다.

아테나이인 여러분, 여러분은 입법자가 부득이 이 법을 만든 목적을 아시게 될 겁니다. 그가 모든 조항을 세심하고도 합법적으로 규정하고 있음을 보시게 될 테니까요. 38. 그에 따르면, "누가 국경내(國境內) 시장,31 경기, 신성동맹 제전에서 격리되어 있는 살인자를 죽이거나 살해한 혐의32가 있으면, 아테나이인을 죽인 것과 같은 처벌을 받게 되고, 에페타이가 이를 심리한다"고 합니다. 이게 무슨 뜻일까요? 살인혐의로 유죄 선고 받은 가운데 이곳을 떠난 이는 망명하여 형을 모면하는 순간부터 피해자가 있는 조국으로 들어오지 못하는 것

---

29 *agora ephoria.* 같은 국경을 가진 시민들이 거래 등을 위해 모이는 공간.
30 *ephetai.*
31 *agora ephoria.* 국경내 시장은 변경에 연한 지역에서 상업이나 다른 이유로 사람들이 모이는 곳이다.
32 *aitios phonou.*

이 정당한 것이지, 장소를 불문하고 그를 죽이는 것[33]은 신성하지 못한 것이라고 입법자가 판단한 것이지요. 그 이유가 뭐겠습니까? 우리가 어디 다른 곳으로 망명해간 살인자를 죽인다면, 다른 이들은 이곳으로 망명해온 살인자를 죽일 수 있게 된단 말이거든요. 39. 그렇게 된다면, 불행에 처한 모든 이들에게 남은 유일한 생존의 기회를 박탈당하게 되죠. 이게 무슨 뜻이겠습니까? 가해 행위를 한 땅에서 피해 당한 이 없는 땅으로 망명하여 걱정 없이 더부살이할 수 있도록 하는 겁니다. 질곡을 피하고 끝없는 연쇄적 보복이 일어나지 않도록, 그 (입법자)가 "국경내 시장으로부터 격리되어 있는 살인자를 죽이거나"라고 한 겁니다. 이게 무슨 뜻이겠습니까? 우리 관할 지역 안에서란 말입니다. 제가 짐작하기로 아마, 옛날 우리는 물론 우리 도시의 이웃들이 모여들곤 했고, 그런 지역을 '국경내 시장'이라고 표현한 것이죠. 또 '신성동맹 제전'도 언급됩니다. 도대체 왜 이 제전에서 살인자를 배제했을까요?

40. 피해자가 생전에 참여하곤 했던 모든 것으로부터 가해자를 격리한 겁니다. 먼저 그 땅에서부터, 그리고 그 땅의 모든 것, 세속이나 신성을 막론하고 그 안에 있는 모든 것에서, 배제하려고, '국경내 시장'이란 표현을 썼고, 그다음에 신성동맹 제전이란 말을 쓴 것입니다. 피해자가 헬라스인이라면 거기에도 그가 참가했을 테니까요. "경기로부터"라는 말도 있어요. 왜 그럴까요? 헬라스에서 열리는 공동 경기는 모든 이에게 개방되어 있어서 모두가 참여하므로 피해자도 그

---

33 *kteinein*.

러하니까요. 그래서 가해자는 이런 것들로부터 배제되는 거예요. 41. 배제당한 이는 이런 것들을 멀리해야 합니다. 그러나 누가 여기 규정된 장소가 아닌 다른 곳에서 그를 죽이면, 아테나이인을 죽인 것과 같이 처벌됩니다. 입법자는 망명자가 그 도시 시민 자격을 가진 것이 아니니까, 유죄 선고한 도시의 시민으로서가 아니라 연루된 범죄의 이름으로 그를 지칭합니다. 그래서 "누가 살인자를 죽이면"이라고 했어요. 그런 다음, 살인자가 출입해서 안 되는 장소를 소개할 때, 합법적으로 처벌한다는 점과 관련하여 도시 이름을 언급한 것이에요. 이렇게 (기존의 법에서) "아테나이인을 죽인 것과 같은 처벌을 받게 된다"고 한 것은, 아테나이인 여러분, 이 조령이 제안하는 바와 같지 않습니다.

42. 법에 따라, 제가 언급한 바의 출입 금지된 장소만 피하면, 망명하여 안전하게 살 권리를 보장받는 이를 잡아서 양도한다고 하고, 이 불운한 이들이 범죄와 무관한 이들로부터 양해받은 권리를 박탈당하고 위험에 노출되게 하는 것은 황당한 일 아닙니까? 모든 이가 각기 자기 운을 예견할 수가 없는 것이므로, 세상 사람들 가운데 누구에게 그 같은 양해가 필요할지 모르는 마당에 말이죠. 이 사건 경우, 실제 상황에서 카리데모스를 죽인 이가 있다고 가정하고, 망명하여 합법적으로 격리된 상태에 있는 그를 사람들이 붙들어 죽였다고 한다면, 그 행위자는 살인사건 재판34에 회부되고, 당신도 같이 죄인이 되는 것이에요. 43. "(살인의) 원인을 제공한 이"라고 법에 적혀 있는데,

---

34 *phonikai dikai*.

당신이 조령을 제안하여 그 같은 것을 하도록 허용한 것은 원인을 제공한 것이니까요. 이 같은 상황이 발생했는데도 우리가 당신들을 무죄 방면한다면, 우리가 오염된 이들과 함께 살게 될 것이고, 그렇지 않고 만일 우리가 당신네를 소추한다면, 우리 자신이 결정한 바35에 부득이 반대되는 행위를 하게 되는 거예요. 그런데도 여러분이 이 조령을 기각해야 하는 이유가 사소하고 대수롭지 않은 것이오?

44. 다음 법을 읽어 주시지요.

법

만일 누가 국경 너머에 망명36해 있고 그 재산이 몰수되지 않은 살인자를 추격하여 구인하고 체포하면, 국내에서 가해한 것과 같이 처벌된다.

아테나이인 여러분, 이 법은 인도적이고 좋은 내용인데, 이 사람 (피고)이 이렇듯 이 법을 위반한 것으로 드러납니다. 45. 이 법에서는 "망명해 있고 그 재산이 몰수되지 않은 살인자"라고 했어요. 비고의 살인으로 망명한 이를 뜻합니다. 분명한 것은 말이죠, 그는 '망명'한 이일 뿐, '도망'37한 이가 아니라는 것이죠. 게다가 "그 재산이 '몰수되지 않은'"38 이라고 했어요. 고의적 살인의 경우는 재산이 몰수되거든요. 46. 그러니 여기서는 비고의적 살인을 말하는 것이죠. 무

---

35 문제가 된 당해 조령을 통과시킨 결정을 뜻한다.
36 *exelelythoton* (*exelelythotes*).
37 *peugonton*.
38 *epitima*.

슨 뜻이겠어요? "국경 너머로 추격하여 구인하고 체포하면"이라고 하잖아요. "국경 너머"라는 게 무슨 뜻이겠어요? 모든 살인자[39]에게 예외 없이 '국경'이라는 것은 피해자가 있는 조국 땅에서 배제된다는 겁니다. 그 땅 안에서는 살인자가 추격당하고 구인되지만, 그 너머에서는 그 같은 어떤 행위도 허용되지 않습니다. 이 법을 어기는 사람에 대해서 입법자는 국내에서 사람을 해친 것같이 처벌받도록 하여, 47. "국내에서 가해한 것과 같이 처벌된다"라고 적었던 것이죠.

그러니 이제 여기 있는 아리스토크라테스에게 이런 질문을 한다고 해서 여러분은 소갈머리 없는 짓거리라고 여기지 마십시오. 첫째, 누군가가 카리데모스를 죽이거나 아니면 그가 다른 어떤 방식으로 죽을 것이라는 사실을 그(아리스토크라테스)가 알고 있었느냐는 질문입니다. 제 소견에, 그는 알지 못했다고 대답할 것 같아요. 그렇지만 우리는 누군가가 그를 죽일 것이라고 가정해 봅시다. 그다음 질문은, 그 행위자가 고의인지 비고의인지, 또 이방인인지 시민인지 당신(아리스토크라테스)은 알고 있소? 안다고 말할 수가 없겠지요. 48. 그러니, 당연히 당신은 그런 것들을 적어 줘야 하는 거요. "고의 혹은 비고의로, 부당하게 혹은 정당하게, 이방인 혹은 시민인 그 누군가" 등으로 말이오. 그에 따라 누구라도 행위한 사람이 법에 따라 처벌받게 되는 것이지요. 제우스의 이름으로, 그냥 혐의만 적시한 다음에 "그(혐의자)를 체포할 수 있다"고 하는 것은 있을 수 없는 것이에요. 당신이 제안한 조령에서는 그(체포되는 이)를 위해 어떤 안전장치를

---

39 *androphonoi.*

마련하고나 있는 거요? (기존) 법에서는 분명히 국경 너머에서 살인자를 추격하지 못하도록 하는데도, 이 조령은 어디서나 구인할 수 있도록 하니 말이오. 49. 법에서는 국경 너머에서 추격40은 물론 구인도 하지 못하도록 하고 있어요. 41 그런데 당신이 제안한 조령의 내용에는 누구라도 원하는 이는 비고의로 사람을 죽여서42 망명한 이도 잡아서 강제로 피해자가 있는 고국 땅으로 데려올 수 있도록 하고 있잖소. 당신이 모든 인간 행위를 획일화하고, 발생한 행위의 동기가 좋은 것인지 비열한 것인지의 구분을 무시하는 것 아니요?

50. 여러분 보십시오. 법의 이 같은 구분은 살인사건43뿐 아니라 모든 경우에 적용되는 것입니다. 법에서 "만일 부당하게 먼저 다른 이를 상해할 경우"라고 했어요. 이 말은 상해가 방어하기 위한 것이라면, 무죄라는 뜻이에요. 법에서 "만일 다른 이를 거짓말로 비난하면"이라는 것은 진실을 말하는 것은 정당하다는 뜻이 되죠. 또 "만일 계획적으로 이를 죽이면"44이라는 표현은 그것이 계획 없이 죽이는 것과 같은 것이 아니라는 뜻이고요. "만일 다른 이를 고의로 부당하게 해치면"이란 표현도 있어요. 어디서나 행위의 성격을 규정하는 것은 동기라는 점을 우리가 보게 되는 것이죠. 그런데 당신은 그렇지 않아요. 아무런 정황의 단서 없이, "만일 누가 키리데모스를 죽이면, 구

---

40 *elauein.*

41 *agein.*

42 *apektonota* (*apekteino*)

43 *phonika.*

44 *apokteinei ek pronoias* (고의로 사람을 죽이면).

인된다"라고 할 뿐, 법에서 규정하는바 비고의였는지, 정당했는지, 자기방어였는지, 법이 허용되는 것인지, 무엇이나 그 같은 종류의 어떤 것 등에 대한 언급이 없는 겁니다.

51. 다음 법을 읽어 주십시오.

법

도망한 이[45]가 금지된 장소로 돌아오는 경우, 그이가 도망자임을 증명한 이는 살인혐의 재판[46]에 회부되지 않는다.

이 법은 〈드라콘법〉[47]이며, 아테나이인 여러분, 제가 비교를 위해 든 법들이 그러합니다. 52. 법이 뜻하는 바를 새길 필요가 있는데, "살인자가 금지된 장소로 돌아온 것을 증명한 이는 살인혐의 재판에 회부되지 않는다"고 하고 있어요. 여기에는 두 가지 정당성 조건이 인정되는데, 이 조령을 통해 그는 이 두 가지를 다 위반했지요. 하나는 살인자임을 증명하도록 허용할 뿐, 잡아서 구인하도록 하지 않는 것, 다른 하나는 아무 데서나 원하는 곳이 아니라 금지된 장소로 돌아왔

---

45 *pheugontes.*

46 *phonou dikai.*

47 드라콘은 기원전 7세기 아테나이 장관(아르콘)이며 입법자이다. 그가 만든 법이 너무 엄격하여, 훗날 데마데스는 "드라콘이 피로써 법을 썼다"고 평했다. 후에 솔론은 〈드라콘법〉 가운데 비고의 살인 관련 법을 제외하고는 다른 많은 법을 폐기했다고 전한다. 또 다른 전언에, 솔론이 드라콘의 다른 법도 유지시켰다고 하기도 한다. 비고의 살인 관련 법은 기원전 410/409년 법의 재정비가 이루어질 때 새겨진 금석문에 마모되지 않은 일부가 전하여, 그 내용은 데모스테네스에 전하는 법 조문으로 보충되어 상당 부분의 내용이 복원된 상태에 있다.

을 때라는 겁니다. 금지된 장소란 그가 도망해 나온 그 도시를 말하는 것이죠. 법이 이 점을 분명히 밝히는 것은, "누가 돌아오면"이라고 하기 때문입니다. 이런 표현은 그가 도망해 나온 곳 이외의 다른 도시를 지칭하는 것이 아니라는 뜻이죠. 원래 처분받은 곳이 아닌 곳으로는 '돌아온다'고 할 수가 없기 때문입니다. 게다가 법이 허용하는 것은 정보 고지일 뿐이고, 그것도 금지된 장소로 돌아왔을 때 그러합니다. 그러나 아리스토크라테스는 법이 금지하지 않는 장소에서도 "구인할 수 있다"고 했어요.

53. 다른 법을 읽어 주십시오.

법

운동경기 중이나 길에서 부딪쳐서, 혹은 전투 중에 의식하지 못한 가운데, 아내, 모친, 누이, 딸, 혹은 자유인의 자식을 얻기 위해 둔 첩과의 간음 현장 등에서 누가 비고의로 그 행위자를 죽인 이는 그 때문에 소(訴)에 회부되는 일은 없다.

아테나이인 여러분, 이 조령의 내용은 많은 법을 위반하지만, 방금 들으신 법보다 더 심각하게 위반한 것은 없어요. 법은 분명히 죽일 수 있다고 했지만 조건을 달았는데, 이 사람은 그 모든 조건을 다 무시하고 죽이는 절차와 관련 단서도 없이 처벌 조항만 제시한 것입니다. 54. 그러나 법을 마련한 입법자는 처음부터 그런 점들을 얼마나 올바르고 타당하게 조목조목 규정하는지를 여러분이 보십시오. 그에 따르면, 누가 운동경기 중에 사람을 죽이면, 유죄가 아니라고 합니다.

왜 그럴까요? 다름 아니라 행위자의 의도를 고려한 겁니다. 의도란 어떤 걸까요? 상대를 이기려고 했을 뿐, 죽이려 하지 않았다는 것이죠. 상대 선수가 허약하여 승리를 위한 싸움에서 버티지 못한 것이라면, 그런 불행의 책임이 그 자신에게 있다고 보아 죽인 이를 처벌하지 않는 것이죠. 55. 또 "전투 중에 의식하지 못하고" 사람을 죽인 이도 무죄입니다. 일리가 있죠. 제가 적이라고 생각한 이를 죽이면, 재판을 받지 않고 사면받을 자격이 있습니다. 또 아내, 모친, 누이, 딸, 혹은 자유인의 자식을 얻기 위해 둔 첩과의 간음 현장 등에서 비고의로 그 행위자를 죽인 이는 그 때문에 재판에 회부되지 않도록 했습니다. 48 이 같은 사면은, 아테나이인 여러분, 모든 것 가운데서 가장 공정한 것이에요. 이유가 뭘까요?

56. 우리가 적과 싸워 보호하려는 이들을 수모와 학대로부터 보호하기 위해, 이들을 모독하고 위법하게 죽인다면, 우리 우방이라 하더라도 그이를 죽일 수 있도록 입법자가 배려한 겁니다. 친구와 적이 딱히 따로 있는 것이 아니고 그 행위에 따라 구분되는 것이므로, 적대행위를 하는 이들을 적으로 간주할 수 있는 권리를 법에 따라 우리가 갖는 거예요. 다른 이를 죽여도 되는 경우가 이렇듯 여러 가지로 인정되는데도, 카리데모스의 경우만 유일하게 이런 권리가 적용되지 않는다는 것은 어처구니없는 일 아닙니까?49 생각해 보십시오. 57. 이미

---

48 간음 등 법조문 관련하여 참조, Lysias, 1. Lysias, 1 ; Ploutarchos, *Solon*, 23 ;
49 화자(話者)에 따르면, 만일 이 조령이 통과된다면, 카리데모스에게 절대적 자유를 주는 것이 되어 마음 내키는 대로 제멋대로 하도록 하는 결과를 초래하는 것이라고 한다.

다른 이에게 일어날 수 있는 상황이 카리데모스에게 일어날 것이라고 가정하고, 그가 트라케에서 물러나서 다른 도시로 와서 정착했다고 칩시다. 지금 그가 불법을 자행하도록 하는 특권이 그곳에서는 허용되지 않는데도, 그 성격과 습관이 그대로 남아서, 제가 말씀드린 그 같은 행위를 자행한다면, 카리데모스에게 모욕당한 이가 가만히 참고 있겠습니까? 그를 죽이는 것도, 또 이 조령에 의해 법에 호소하여 해결을 보는 일도 불가능하게 될 것입니다.

58. 만일 누가 저에게 "아니, 도대체 그런 일이 어디서 일어날 것 같습니까?"라고 묻는다면, 저는 바로 대놓고 다음과 같이 반문하렵니다. "그러면 카리데모스를 죽이는 이가 있을 것 같은가요?" 그러나 이런 문제는 비켜 가도록 합시다. 다만, 지금 이 재판의 현안으로 걸린 조령은 지난 일이 아니라 앞으로 그 발생 여부를 아무도 알지 못하는 사안에 관한 것이에요. 그러니, 미래에 원고와 피고가 각기 주장하는 것이 다 일어날 수 있다고 보고, 인간지사 순리에 맞게 기대치를 설정하고, 두 가지 경우가 다 발생했을 때의 상황을 검토하도록 합시다. 59. 만일 여러분이 이 조령을 기각한다 해도, 카리데모스에게 무슨 일이 일어나면 그를 위해 보복하는 길은 여전히 있어요. 다른 한편, 여러분이 조령을 통과시키는 경우, 만일 그가 죽기 전에 누구를 학대한다면, 그로부터 모욕당한 이가 보복하기 위해 법에 호소할 수 없게 되는 거예요. 그러니 어떤 경우를 보더라도 이 조령은 위법으로 폐기되어야 합니다.

60. 다음의 법을 읽어 주십시오.

법

누가 폭력적이고 부당하게 체포하여 구인하는 이에 대해 바로 자기방어에 의해 그를 죽이면, 처벌받지 않는다.

이것은 합법적으로 죽이는50 또 다른 경우입니다. 누가 다른 이를 폭력적이고 부당하게 구인하거나 체포하려 하다가 자기방어의 반격에 의해 바로 죽음을 당하면, 그 죽음에 대해서는 처벌하지 않는다는 겁니다. 제우스의 이름으로 이 법이 갖춘 혜지(慧智)를 보십시오. 죽여도 되는 조건을 적고는 거기에 '바로'라는 말을 붙임으로써, 입법자는 해를 끼치기 위해 오래 계획한 경우를 배제한 것이죠. 또 '자기방어에 의해'란 표현으로, 입법자가 다른 사람이 아닌 실제 피해 당사자에게 관용을 베풀고 있음을 분명하게 했습니다. 이렇듯, 이 법은 즉각적 자기방어에 의해 사람을 죽이는 것을 허용한 거예요. 그런데 아리스토크라테스는 그냥 "다른 이를 죽이면"이라고 함으로써, 정당하게 죽인 것인지, 혹은 법에 허용되는 경우인지 등과 관련하여 유보를 두지 않았습니다.

61. 제우스의 이름으로, 혹자는 제가 카리데모스를 헐뜯는 것이라고 말할 수도 있겠지요. 카리데모스가 누구에게 불법의 폭력을 행사하여 그 재산을 축내려 하겠습니까? 그 대상은 세상 모든 사람입니다. 여러분이 물론 아시는 것으로, 용병을 거느린 이는 자신보다 더 약한 이라면 그 누구든지 약탈하여 돈을 갈취합니다. 그러나, 오 땅이여

---

50 *kteinei.*

신들이시여, 제가 적인 것처럼 폭력으로 저의 재산을 빼앗아 가는 이에 맞서 저 자신을 지킬 수 없다면, 끔찍하고 노골적인 불법이며, 성문법뿐만 아니라 모든 인간의 보편적 법에 배치되는 것 아닌가요?[51] 어떤 상황에서도 카리데모스를 죽이지 못한다면, 또 그가 부당하게 남의 재산을 갈취하여 빼앗아 가는 판에 그를 죽인 이가 구인된다면 그렇게 되는 것이죠. 그 같은 상황에서 그를 죽인 이는 무죄라고 법에 규정되어 있는데도 말이에요.

62. 다음 법을 읽어 주십시오.

법

공직자이거나 사인(私人)이거나, 이 법[52]을 본말전도하거나 왜곡하는 이는 자격박탈[53]되고, 그 자식들과 재산도 그러하다.

이 법 내용을 분명히 들으셨죠, 아테나이인 여러분, "공직자이거나 사인(私人)이거나, 이 법을 폐기하거나 왜곡하는 이는 자격 박탈당하고, 그 자식들과 재산도 그러하다"고 합니다. 여러분이 보시기에,

---

51 데모스테네스는, 에우티클레스의 입을 빌려, '제정법'과 '모든 사람에게 공통된 법 (자연법)'에 대해 언급한다. 전자는 'nomos', 혹은 '만들어진 정의(thetiko dikaio)', 후자는 'physis(자연)' 혹은 'physiko dikaio(자연의 정의)'로 규정할 수 있다. 플라톤, 데모스테네스 등에게서 이 같은 법의 두 원천에 대한 것을 찾아볼 수 있다. 참조, 이 변론 §85.

52 *thesmos.*

53 *atimos.*

법의 유효성을 담보하고, 폐기되거나 왜곡되지 않도록 하기 위해 입법자가 마련한 이 같은 예방 조치가 하찮고 용렬한 것 같습니까? 그런데 아리스토크라테스는 이 법을 무시하여, 왜곡하고 본말전도했어요. 재판 절차를 생략하고 금지 기준이 되는 국경과 무관하게 처벌할 수 있도록 하고, 또 변호의 기회를 박탈한 채 바로 혐의자를 피해자 측으로 넘길 수 있도록 한 것이 왜곡이 아니고 뭡니까? 또 법에 적혀 있는 것과 완전히 반대로 제안하는 것이 본말전도가 아니고 뭡니까?

63. 실로 그가 이런 법들만 위반한 게 아니라, 아테나이인 여러분, 다른 많은 법이 또 있어요. 많아서 다 말씀드릴 수가 없어요. 그렇지만, 요점만 말씀드리겠습니다. 이 조령을 제안하면서 그(아리스토크라테스)는 살인 관련 법이라고 하는 것은 다 위반했지요. 이들 살인 관련 재판 법에 따라, 분쟁 쌍방이 소환되거나, 증거를 대거나, 맹세하거나 다른 각종 절차가 마련되어 있는데, 그(아리스토크라테스)는 이 모든 것을 위반했고, 이 모든 것에 역행하는 조령을 제안한 겁니다. 변호를 위한 소환도, 재판도, 증거 제출도, 맹세도 없이, 혐의가 주어진 상황에서 바로 처벌이 가해지고, 그것도 법에 금지된 처벌을 가하도록 하는 것이 그런 것이 아니고 뭡니까? 이런 절차는 법에 규정된 바, 다섯 개 재판소에서 시행됩니다.[54] 64. 제우스의 이름으로, 이런 절차는 무가치하고 올바른 것이 아니고, 피고의 제안이 바르고

---

54 §63~81는 조령의 위법성을 증명하는 것이다. 아레오파고스 의회, 팔라디온, 델피니온, 프리타네이온, 프레아토 등 살인사건 재판소 관련 법조문에 위배된다는 것이다. 살인사건을 재판하는 5개 재판소 관련하여 참조, Aristoteles, *Athenaion Politeia*, 57. 3.

좋은 것이라고 말하는 이도 있을 수 있겠죠. 그러나 이 (아리스토크라테스) 조령보다 더 저질의 것을 여러분이 본 적이 있는지 저로서는 알지 못하겠고, 더욱이 사람이 운영하는 재판소 중에 여러분의 재판소보다 더 신성하고 올바른 것이 있을 수 있는지도 저는 모르겠어요. 제가 간략하게 몇 가지 말씀드리려 하는 것은, 우리 도시를 선망의 대상, 존경할 만한 가치를 있는 것으로 만드는 것, 그리고 여러분이 듣고 흐뭇해할 그런 것입니다. 여러분이 더 쉽게 이해할 수 있는 것으로, 카리데모스에게 주어진 특혜에 대한 것부터 시작하겠습니다.

65. 우리들은 말이죠, 아테나이인 여러분, 카리데모스에게 시민권을 수여했어요. 그로써 그는 종교행사,[55] 세속의 재산권,[56] 법적 권리 등, 우리가 향유하는 모든 사안에 동참하게 되었지요. 우리 제도는 다른 곳에서 볼 수 없는 것들이 많지만, 그 가운데서도 특별히 우리에게만 있는 것이고 가장 성스러운 아레오파고스 재판소[57]가 있습니다. 이 의회 관련하여 저는 여러 훌륭한 사례들을 소개할 수 있는데, 그것은 다른 여느 재판소에서는 볼 수 없는 것들이에요. 그들 중 일부는 전설로 내려오는 것이고, 또 일부는 우리 자신이 목격한 것들이지요. 그중 한두 가지 사례를 들어 보시는 것도 괜찮을 것 같습니다. 66. 우리에게 전해 내려오는 말에 따르면, 옛적에 이 재판소에서 신들이 살인사건 재판[58]을 하고 배상을 요구하며, 분쟁 쌍방에 대해

---

55 *hiera.*
56 *hosia.*
57 참조, 이 변론 26.
58 *dikai phonou.*

심리했다고 하지요. 전설에 따르면, 포세이돈이 자기 아들을 위해 아레스를 상대로 소송을 제기했고,[59] 또 열두 신이 에우메니데스[60]와 오레스테스에 대해 판결[61]을 내렸다지요. 이런 사례는 옛이야기이니, 후대의 사례를 들어 봅시다. 이 재판소는 유일하게, 참주도 과두정도 민주정도 거기서 살인사건 재판[62] 권한을 감히 빼앗으려 한 적이 없었고, 모든 이가 스스로 내린 판결이 이 재판소에서 내려진 것보다 더 정확하지 못하다는 사실을 인정합니다. 이런 굉장한 장점 외에도, 이곳, 오직 이곳에서만, 유죄 선고받은 피고나 패소한 원고는 내려진 결정이 불공정하다고 항의한 적이 없어요.

67. 그런데 이 정의의 보루와 그것이 관장하는 합법적 처벌 권한을 무시한 채, 이 조령의 제안자는 카리데모스에게 그 생전에 하고 싶은 대로 할 수 있는 무한의 특권, 그리고 그 측근에게는 그가 죽으면 보복의 기소권을 주었던 것이죠, 여러분은 이런 시각에서 생각해 보십시오. 실로, 법에 따라 살인사건을 재판하도록 위임받고 의무를 갖게 된 아레오파고스에서의 재판이 어떻게 진행되는지 여러분 모두가 알

---

59 아레스가 자신의 딸을 강간한 포세이돈의 아들 할리로티오스(Halirrhothios)를 잡아서 죽였다. 이 사건이 아레오파고스 의회의 재판에 회부되었다.

60 Eumenides(복수의 여신들).

61 미케네 왕 아가멤논은 그의 아내 클리타임네스트라에게 살해되었고, 클리타임네스트라는 그의 아들 오레스테스에게 살해되었다. 이 모친 살해에서 그녀의 딸 엘렉트라가 오레스테스를 도왔다. 오레스테스의 모친 살해사건은 아레오파고스 의회에 회부되었다. 유무죄 판정에서 재판관의 표가 동수로 갈렸고, 재판장을 맡은 아테나 여신이 무죄에 투표함으로써 오레스테스는 무죄 방면되었다.

62 *phonikai dikai*.

고 있습니다. 첫째, 이 같은 혐의를 제기하는 모든 이가 스스로와 그 자식, 그 집안에 저주를 내리도록 맹세합니다. 68. 그것은 그냥 평범한 맹세가 아니라 다른 경우에는 아무도 하지 않는 특별한 절차를 동반해야 하는 겁니다. 곰, 양, 수소의 내장을 앞에 두는데, 그 짐승의 처분은 담당 공직자에 의해 정해진 날 이루어지며, 시간과 모든 절차는 가능한 한 신성하게 진행되어야 하는 것이죠. 그런데, 이 엄숙한 맹세를 하는 사람조차 즉각 신임을 얻는 것은 아닙니다. 만일 진실을 말하지 않은 것으로 드러나면, 위증(僞證)의 화가 그뿐만 아니라 그 자식과 친척에게까지 전가되고, 더는 아무것도 얻는 것이 없게 되죠. 69. 또 비난이 정당하고 살인자가 유죄 선고를 받는다 해도, 피고에 대한 처분권을 얻는 것은 아니고, 법을 관장하는 담당관들이 처벌을 시행하게 됩니다. 고소인은 처벌이 이루어지는 곳에 참관하는 권한 밖에 아무것도 가지는 게 없어요. 이런 절차는 원고의 경우에 해당하지만, 피고의 경우에도 맹세의 절차는 똑같아요. 그러나 피고는 첫 번째 변론 이후 도시를 떠날 수 있는 권한을 가지고 있어요. 여기에 대해서는 원고도 재판관도 다른 아무도 그를 방해할 수가 없어요. 70. 어떤 이유로, 아테나이인 여러분, 이런 절차를 두었겠습니까? 처음 입법한 이들은, 그게 누구였는지, 신들인지 영웅인지 모르지만, 그 같은 질곡을 냉혹하게 재단하기보다 인도적으로 법이 허용하는 한 그 불행에 대해 선처하려 한 것이죠.

이렇듯 격조 있고 합법적인 규정들을 이 조령 제안자는 명백히 위반했습니다. 조령에는 이 같은 법의 정신에 관한 일말의 흔적도 없는 것이죠. 제가 말씀드리고자 하는 첫 번째 요점은 이 조령이 성문법과 불

244

문법 공히 이 같은 (아레오파고스) 재판소의 존재를 무시했다는 것입니다. 71. 그다음 이 조령 제안자는 다른 재판소로 비고의적 살인과 관련하는 팔라디온63 재판소를 본말전도하고 그 법을 왜곡했어요. 이곳에서도 첫째 맹세, 둘째 변론, 셋째 판결의 절차가 있습니다. 이 중 아무것도 이 조령의 내용에는 들어 있지 않아요. 혐의자가 유죄 선고를 받고 범행한 것으로 밝혀지면, 원고나 어떤 다른 이가 그에 대한 처분권을 갖는 것이 아니라 오직 법이 관장합니다. 72. 법이 어떻게 조치하고 있습니까? 비고의 살인64으로 유죄 선고 받은 이는 정해진 날 정해진 길을 따라서 떠나고, 죽은 피해자 집안사람과 조정이 이루어질 때까지 돌아오지 못합니다. 돌아오는 것도 임의가 아니라 일정한 절차에 따릅니다. 제사를 드리고 정화하며, 아테나이인 여러분, 달리 법이 정하는 모든 절차를 행해야 합니다. 73. 고의 살인보다 비고의 살인의 경우 벌이 더 가볍게 규정된 것은 타당한 것이죠. 안전을 도모한 가운데 떠나는 것을 전제로 하여 추방을 명한 것도 일리가 있어요. 돌아올 때도 합법적 절차에 따라 정화 의식을 치르고, 모든 사안에서 법이 규정하는 바에 따르는 것, 이 모든 것이 양호하죠. 그런데 처음에 입법자가 올곧게 마련해 놓은 이 모든 절차를 이 조령 제안자가 깡그리 무시했고, 오랜 전통의 신성한 이 두 재판소와 함께 아주 먼 옛날부터 우리에게 전해 내려온 법들을 무엄하게도 짓밟아 버렸어요.

---

63 팔라디온은 일리소스강 근처 옛 신전이다. 여기서 비고의 살인, 살인 사주, 예속인, 거류외인, 이방인 살해 등에 대한 재판이 열린다.
64 *ep' akousioi phonoi.*

74. 이(앞의 두 재판소)에 더하여 세 번째 재판소가 있지요. 모든 재판소 중에서 가장 신성하고 가장 준엄한 것으로서, 피고가 가해했음을 진정하지만 정당방위였다고 주장하는 사건을 재판하는 겁니다. 이것이 델피니온65에서 열려요. 제 소견에, 오 재판관 여러분, 처음 이 재판소를 마련한 입법자들이 배려한 첫 번째 사안은 살인은 어떤 것도 정당하지 않은가, 아니면 어떤 경우는 법적으로 정당한 것이 있는가 하는 것이었습니다. 어머니를 죽인 오레스테스의 경우, 신성의 재판소에서 자신의 어머니를 죽인 사실을 인정했으나 무죄 판결을 받았지요. 신들은 그 살인이 정당하다고 판정한 겁니다. 신들이 잘못된 판정을 내릴 수는 없거든요. 입법자들은 이런 경우를 감안하여, 사람을 합법적으로 죽일66 수 있는 경우를 명확히 적어 규정해 놓았어요. 75. 그러나 이 사건 피고는 어떤 예외도 인정하지 않고, 누가 카리데모스를 죽이면, 정당한가, 법이 인정하는 경우인가 여부 등과 무관하게, 바로 구인할 수 있도록 한 겁니다. 그런데 모든 행동과 말에는 두 가지 속성이 있습니다. 정당한가, 부당한가 하는 것이에요. 이 두 속성은 어떤 행동과 말에 동시에 적용될 수가 없어요. 같은 행동이 어떻게 동시에 정당할 수도 있고 부당할 수도 있습니까? 모든 행동은 이 중 한 가지 속성을 갖는 것으로 검증되어야 합니다. 만일 부당한 것으로 드러나면, 사악한 것으로 판정받고, 정당한 것으로 드러나면, 타당하고 선량한 것으로 판정됩니다. 그러나 당신(아리스토크라토스)은

---

65 Delphinion.

66 *apoktinnynai.*

이 두 가지 속성을 죄다 생략하고 그냥 "누가 다른 이를 죽이면"이라고만 했어요. 이 행위의 속성을 규정하지 않은 채, 바로 구인하도록 한 것이죠. 그래서 이 세 번째 재판소와 그 법을 당신은 위반했소.

76. 또 네 번째 재판소가 있는데, 이것은 프리타네이온[67]에서 열리는 것이에요. 이곳은 어떤 사건을 다룰까요? 돌, 나무, 쇠, 혹은 그 같은 다른 것으로 사람을 상해하거나 죽이는 경우, 누가 그것을 던졌는지 알 수 없고 다만 그 죽음을 야기한 도구만 알려진 경우라면, 그 도구를 이 재판소로 가지고 가서 재판을 받습니다. 생명 없고 감각 없는 물건이라도 그 같은 중대한 혐의에 연루된 경우 재판하지 않는 것이 정당하지 않은 것이라면, 하물며 한 무죄한 인간이, 아니 죄를 지은 경우라 해도 어쨌든 우리와 같은 속성을 가진 인간인 마당에, 변론도 판결도 없이, 혐의만으로 체포된다는 것은 부당하고 가혹한 것이죠.

77. 게다가 또 다른 다섯 번째 재판소의 법도 이 사람(아리스토크라테스)이 위반한 사실을 여러분이 보시게 되겠습니다만, 그것은 프레아토[68]에서 열리는 것입니다. 이곳에서, 아테나이인 여러분, 비고의 살인[69]으로 추방되었으나 그를 추방한 피해자 측과 아직 화해가 성립되지 않은 이가 다른 고의 살인[70] 혐의를 받는 경우 재판받도록 했습

---

67 Prytaneion. 참조, Ploutarchos, *Solon*, 19. 죽인 자를 알 수 없는 경우, 사람의 죽음을 초래한 생명 없는 도구에 대한 심리가 이루어지며, 그것을 그곳에서 멀리 하도록 한다.

68 en Phreattoi.

69 *akousios phonos*.

70 *phonos ekousios*.

니다. 이 재판소를 마련한 이는 우리 땅으로 돌아올 수도 없고 또 유사한 혐의를 다시 진 데 대해 전에 이미 죄를 짓고 78. 다시 그 같은 혐의를 겼음에도, 그런 피고조차 홀대하지도 않았어요. 오히려 경건함의 체모를 유지하면서도 혐의자로부터 공정한 변론과 재판의 기회를 박탈하지 않는 방법을 찾아냈던 것이죠. 그래서 어떻게 했을까요? 재판관들을 프레아토라 불리는 해변 한끝으로 오도록 했던 것이에요. 피고는 배를 타고 그곳으로 접근하므로 육지에 오르지 않고 변론할 수가 있었던 겁니다. 재판관은 물론 육지에 앉아서 변론을 듣고 결정을 내리는 것이죠. 피고가 유죄로 결정되면, 순리에 따라, 고의 살인에 대한 처벌을 받게 됩니다. 무죄가 되면 고의 살인혐의를 벗게 되지만, 여전히 그 전에 진 (비고의) 살인죄가 있으므로, 그대로 추방형에 머물게 됩니다. 79. 무슨 연고로 이런 사안을 이같이 세심하게 배려했을까요? 입법자는 죄인을 방치하는 것이 무죄한 이를 재판도 없이 벌하는 것과 같이 크나큰 불경이라고 보았던 것이죠. 그러나 이미 살인자로 재판받은 이의 경우에도 이렇듯 세심한 규정이 마련되어 변론, 재판, 후속의 혐의 등과 관련한 온갖 측면의 공정한 절차를 보장하는 마당에, 아직 죄인으로 밝혀지지 않은 이, 가해한 것인지 아닌지, 비고의인지 고의인지도 밝혀지지 않은 사람이 비난하는 사람의 수중으로 넘어가도록 제안한 것은 참으로 언어도단이죠.

80. 합법적 구제를 위한 이 모든 조치에 더하여, 여섯 번째 처벌 절차가 있는데, 그도 또한 이 조령 제안자가 무시한 겁니다. 누가 (앞에서 소개한) 이 모든 절차를 다 위반하고, 각각 사안의 처리 기한을 넘기고, 또 다른 무슨 이유로 어떤 절차도 적용하지 않은 가운데, 살인

자가 성소(聖所), 시장을 돌아다니는 것을 보면, 그를 구인하여 감옥으로 보낼 수 있는 것인데, 이때 자기 집이나 원하는 아무 곳으로 구인해서는 안 되는 것이에요. 구인된 상태에서도 재판을 받을 때까지 어떤 불이익도 당하면 안 됩니다. 그가 유죄로 판명되면 그때 처형되는 것이죠. 또 그를 체포한 이가 5분의 1의 지지표도 얻지 못한다면, 1천 드라크메의 벌금을 물어야 합니다. **71** 81. 그런데 이 사람(아리스토크라테스)이 제안한 내용은 아주 달라요. 원고가 아무런 위험부담 없이 혐의를 제기하도록 하고, 혐의자는 재판도 없이 즉각 구인되도록 한 겁니다. 만일 사람들 중에 누가, 아니 실로 전체 도시가 말이죠, 제가 소개해 드린 모든 법들이 무시되고, 제가 언급한 모든 재판소, 신들이 도입하고 또 그때부터 지금까지 줄곧 세상 사람들이 찾아오는 그 재판소가 무용지물이 되는 것을 막고, 또 무례와 불법의 희생자를 구하려 한다면, 이 조령 제안자에 따르면, 그 같은 이는 추방되어야 하고, 또 그에게 변론도 재판도 허용하지 않은 채, 판결도 없이 바로 처벌되도록 해야 한다는 거예요. 어떻게 이보다 더 망측하고 불법적인 조령이 있겠습니까?

82. 이제 우리에게 어떤 법안이 더 남아 있습니까? 봅시다. 아, 여기 이것을 읽어 주십시오.

---

71 공소의 경우 원고가 재판관 5분의 1의 지지표도 얻지 못하면, 1천 드라크메의 벌금을 물고, 그 후 그 같은 유형의 고소를 하지 못 하게 금한다. 또 기소해 놓고 피고로부터 돈을 취하고도 소를 취하한 이도, 음해한 것으로 간주하여, 같은 처벌을 받도록 한다.

법

누가 폭력적 죽음을 맞게 되면, 그 친족은 그를 위해, 죽음에 연루된 이들이 살인사건 재판에 회부될 때까지 혹은 죽인 자들[72]을 내놓을 때까지, 그들을 인질로 붙잡아 놓을 수 있다. 인질은 세 명까지로, 그 이상은 안 된다.

많은 좋은 법이 있으나, 아테나이인 여러분, 제가 알기로, 이 법도 다른 어떤 것에 못지않게 양호하고 공정한 것입니다. 이 법이 품고 있는 합법적이며 참으로 인도적인 정신을 눈여겨보십시오. 83. 입법자는 "누가 폭력적 죽음을 맞게 되면"이라고 하고 있어요. 첫째, 그가 '폭력적'이라고 한 것은 "부당하게"를 뜻하는 것으로 우리가 이해할 수 있는 지표가 되는 것이죠. "그 친족은 그를 위해, 죽음에 연루된 이들이 살인사건 재판에 회부될 때까지 혹은 죽인 자들을 내놓을 때까지 인질을 잡아 놓을 수 있다"고 합니다. 보십시오, 이 조문이 얼마나 바람직한지를. 무엇보다 먼저 재판이 열려야 한다고 한 겁니다. 그다음, 그런 것을 원치 않으면 죽인 자를 내놓으라고 한 것이죠. 이도 저도 다 안 하면, 친족은 더 많이는 안 되고 세 명까지만 인질을 잡을 수 있도록 하고 있습니다.

그러나 이 (아리스토크라테스의) 조령은 이 법을 통째로 위반하고 있어요. 84. 첫째, "누가 다른 이를 죽이면"이라고만 하고, "부당하게" 혹은 "폭력으로" 혹은 그 같은 부류의 다른 말을 더하지 않았어요. 그

---

72 *apokteinantai.*

다음, 재판을 청구하기도 전에 바로 혐의자가 구인되도록 했어요. 게다가 피해가 발생한 곳에 있던 이들이 재판에 회부되지 않거나 가해자를 내놓지 않는다면, 법에 따라 죽은 이의 친족은 그들 중 세 명을 인질을 붙들어 놓을 수가 있어요. 85. 그러나 이 사람(아리스토크라테스)은 (죽음에 연루된) 이들이 무죄인 것으로 간주하고 아무런 언급도 하지 않은 겁니다. 오히려 인간의 보편적 법에 따라서 도망자에게 호의를 베풀면서, 또 제 소견에 그즈음엔 이미 망명해 버린 상태에 있는 혐의자를 품어 준 이들이, 자신들에게 탄원자로서 온 그 혐의자를 내놓지 않으면, 동맹에서 추방되도록 제안하는 거예요. 이렇듯 그는, 누가 다른 이를 죽일 때, 어떻게 죽였는지를 특정하지 않았고, 재판 절차를 생략했으며, 판결나기 전 망명의 권리를 인정하지 않았고, 혐의자를 장소 불문하고 체포하도록 했으며, 또 피해 발생에 연루된 이들이 아니라 혐의자에게 피난처를 제공한 이들을 벌하도록 한 것이죠.

86. 다음의 법을 읽어 주십시오.

법

모든 아테나이인이 아니라 특정인에게만 적용되는 법을 제안하는 것은 허용되지 않는다.

방금 읽어드린 이 법은 살인 관련 법이 아니지만, 아테나이인 여러분, 다른 법 못지않게 바람직한 것이에요. 이 법을 만든 이는 모든 이가 제각기 정치적으로 동등한 권리를 가지듯, 법 앞에서도 동등하다고 여겼어요. 그래서 "모든 아테나이인이 아니라 특정인에게만 적용되는 법을 제안하는 것은 허용되지 않는다"라고 규정한 것이죠. 조령의 내용은 법을 따라야 한다는 사실에 동의가 이루어져 있으므로, 카리데모스를 특정하여 조령을 작성한 이는, 이 조령이 여러분 모두에게 적용되는 것이 아니므로, 분명히 이 법조문을 위반한 것이지요. 법으로 만드는 것이 불가하면 87. 조령에서도 합법적으로 제안할 수가 없는 것이에요.

다음 법을 읽어 주십시오. 아니면 이제 동이 난 것인가요?

법

의회나 민중의 조령은 법에 우선하지 못한다. 73

그만 멈추어 주십시오. 제 소견에, 이 조령이 법을 위반했다는 사실을 밝히는 데 많은 말이 필요 없을 것 같습니다. 이렇듯 많은 법을 있는 대로 다 위반하는 조령을 제안하고, 사적 이해를 조령에 개입시키며, 나아가 자신이 제안한 조령의 권위가 법보다 더 우월한 것이라고 주장하는 것으로밖에 달리 어떻게 볼 수 있겠습니까?

88. 저는 우리 도시에 기여한 이들을 위해 제정된 한두 개 조령을

---

73 조령은 법에 우선하지 못한다. 그래서 위법한 조령은 제안하지 못한다. 다만, 법의 수정, 보충, 혹은 새로운 법 제정을 위한 절차가 마련되어 있다. 의회가 예비심사(probouleuma) 하고, 민회가 필요하다고 표결하면, 입법위원들(nomothetoi)이 선출되어, 시민이 제안한 법의 수용 여부를 검토한다. 입법위원은 500명 혹은 1천 명에 달하기도 한다. 법의 수정이나 새 법 제정에 대한 검토가 이루어진 다음 민회의 표결에 부치고, 통과된 법안은 다른 절차 없이 유효하다. 이런 절차는 아테나이 민주정체의 합법성을 보증하는 것이다.

여러분에게 소개하려 합니다. 그 같은 조령을 합법적으로 제안하는 것이 얼마나 용이한 것인지를 여러분이 이해하도록 하려는 거예요. 그런 이에게 명예를 부여하고 우리 자신의 권리를 공유한다는 사실을 분명하게 표현하기 위해 조령이 제정될 때만이, 다시 말하면, 겉으로만 그런 흉내를 내고 속으로는 여러분을 해치고 속이려는 것이 아닐 때 말이죠. 그 조령들을 읽어 주십시오. 여러분이 오래 듣지 않아도 되도록, 각각의 조령에서, 제가 이 사람을 고소한 현안과 관련되는 요점만 추린 겁니다. 읽어 주시지요.

조령들

89. 보십시오. 아테나이인 여러분, 모든 조령이 같은 방식으로 적혀 있습니다. "누가 아테나이인을 죽인 경우와 같은 처벌이 그에게 내린다"고 말이에요. 그 같은 범죄 관련한 기존의 법을 왜곡함 없이, 그 법을 다른 이에게 공유하는 은혜를 베풂으로써 법의 권위를 강화하는 것이죠. 그러나 아리스토크라테스는 그러지 않았고, 최선을 다하여 법을 진창에 밀어 넣으려고 했어요. (기존) 법이 아무런 가치도 없는 것처럼, 자신의 것을 만들어내려 했던 것이죠. 여러분이 카리데모스에게 시민권을 부여한 의미도 폄하했어요. 아직도 여러분이 그에게 감사해야 할 빚을 지고 있다고 여기고, 게다가 그이(카리데모스)가 겁 없이 마음대로 해도 여러분이 그를 보호해야 한다는 조령을 그가 제안하는 것을 보면, 그 행위에 대한 제 평가가 어떻게 안 맞는 것이겠습니까?

90. 사실 제가 모르지 않는 것은, 아테나이인 여러분, 아리스토크라테스가 불법이 아닌 조령을 제안한 것이라는 사실을 증명하지 못한다는 점도 있지만, 모든 것 가운데 가장 치명적인 사실로서, 그가 제안한 조령 어느 구석에서도 혐의 관련한 재판 절차를 전혀 언급하지 않았다는 겁니다. 그 점 관해 저는 많은 말이 필요 없다고 봅니다만, 피고가 재판 절차에 회부되어야 한다고 그 자신이 생각조차 하지 않았던 사실을 조령 자체의 내용에서 저는 분명히 증명할 수 있습니다. 91. 이렇게 되어 있거든요. "누가 카리데모스를 죽이면, 그는 구인된다. 만일 어떤 도시나 개인이 그에게 피난처를 제공하면, 공동체에서 추방된다." 그러니 "재판을 받도록 양도하지 않으면"이 아니라 무조건이에요. 만일 조령이 재판을 전제한다면, "재판을 받도록 보호하고 있는 이를 양도하지 않는 이는 처벌받는다"고 적었을 것이란 말이죠.

92. 더욱이, 제 소견에, 그이(아리스토크라테스)는 여러분을 기만하려고, 이 조령이 무효라고 주장할 것 같아요. 이 조령은 의회의 예비심의만 거친 것이고, 또 법에 따라 예비심의 통과한 안건의 유예기간은 1년에 불과하니,**74** 만일 지금 그를 무죄 방면해도 도시는 큰 재난을 입지 않는다는 것이죠. 93. 그러나 제 소견으로는 그 반대로 다음과 같이 여러분이 생각하셔야 한다고 봅니다. 이 사람이 조령을 제안할 때, 그것이 결국 무효가 되어 여러분에게 어떤 피해도 끼치지 않

---

74 의회의 예비심사를 통과한 안건은 민회로 넘겨 표결에 부친다. 예비심사 통과했으나 민회의 표결에 부쳐지지 않은 안건의 예비심사 효력은 1년간 유효하다. 이 변론에서 화자(話者)는 민회의 최종 표결 여부와 무관하게, 법안을 제한한 이의 의도에 따른 책임을 추궁한다.

도록 하려는 뜻이 아니었다는 점이에요. 만일 도시를 위하려 했다면, 아예 그 같은 제안 자체를 하지 않았을 것이니까요. 오히려 그는 여러분이 속고, 사람들이 여러분 이익에 반하여 행동하도록 수작을 부린 것이죠. 그런데, 이 조령에 대해 문제 제기하고 유보 기간을 설정하고 그로 인해 무효가 되도록 한 것이 우리에요. 여러분이 우리에게 감사해야 할 것들이 오히려 이들을 살리는 데 도움이 된다는 것은 말이 안 되는 것이죠. 더구나, 상황은 누구나 흔히 생각하기 쉬운 그런 단순한 것이 아니에요. 94. 여러분의 이익을 무시하면서 그 같은 조령을 제안하는 어떤 다른 이가 나타나지 않는다면 문제가 없겠지요. 그러나 지금 그런 이들이 많으므로, 이 조령은 폐기해야 합니다. 만일 이 사람(아리스토크라테스)이 방면되면, 많은 이들이 용기백배하여 그 같은 조령을 제안할 것이고, 모두가 그런 것들을 통과시킬 것이고, 거기에 대해 아무도 반대할 엄두를 내지 못할 거예요. 그러니 여러분이 유념하셔야 하는 것은, 이 조령이 세월이 흘러서 무효가 될 것이라는 사실이 아니라, 여러분이 피고(아리스토크라테스)를 방면한다면, 그로써 여러분을 속이려는 모든 이에게 길을 터주는 것이라는 점입니다.

95. 제가 또 염려하는 것은, 아테나이인 여러분, 솔직하고 정당하게 변명할 수 없고 또 어떤 방법으로나 자신을 정당화할 수 없는 처지에 있으면서도, 아리스토크라테스가 터무니없는 주장을 할 것 같다는 겁니다. 유사한 조령이 그전에도 여러 사람들에 의해 많이 통과되었다는 주장이에요, 그가 개진하는 사실이, 아테나이인 여러분, 조령들이 합법적이라는 사실을 증명하는 것이 아닙니다. 여러분이 자주

속아 온 많은 주장들이 있었어요. 96. 예를 들면, 생각해 보십시오, 어떤 조령은 실제로 통과되지 않았으나 아무도 이의 제기하는 이가 없어서, 실로 유효한 것으로 간주되기도 했어요. 이것이 불법제안이 아니라는 사실을 뜻하는 것이 아니에요. 또 한 조령은 이의 제기가 있었으나 유효한 것이 되었어요. 고소인이 이의 제기를 철회했거나 무능하여 그 취지를 잘 개진하지 못했기 때문이었죠. 그 같은 실패가 조령이 불법이 아니라는 사실을 보증하는 것이 아니지요. 그렇다면, 그 같은 경우 재판관들이 맹세를 지키지 않은 건가요? 지켰죠. 어떻게요? 제가 말씀드리겠습니다. 그들은 가장 공정한 판결을 내리겠다고 맹세했으나, 그들이 내리는 판단은 듣는 내용에 달려 있어요. 그 판단에 따라 투표하는 이들은 맹세를 지킨 겁니다. 97. 친소 관계, 혹은 다른 어떤 부당한 원인에 의해 흔들리지 않고 스스로의 판단에 따라 투표하는 이는 맹세를 지킨 거예요. 만일 변사에게 속아 넘어가 사실을 제대로 파악하지 못한 것이라면, 그 때문에 처벌당해서는 안 되고, 오히려 사실을 알면서 재판관에게 감추거나 속이는 이가 저주받습니다. 그래서 민회가 열릴 때마다 전령은, 속임당한 이가 아니라, 의회, 민중(민회), 헬리아이아[75] 재판소를 속이는 이가 저주받을 것이라고 경고하는 거예요.

---

75 Heliaia. 헬리아이아가 민회 혹은 재판소(*dikasterion*)와 어떻게 유사한 점이나 차이점이 있는지는 분명하게 알려져 있지 않다. 원래는 민회와 같은 존재로, 경우에 따라 6천 명 시민을 필요로 하는 안건을 결정하는 곳이었다고도 하고, 또 나중에 법정으로서의 기능을 가지게 되었다는 견해도 있다. 10개 법정 혹은 부족별로 나뉘어서, 501, 401, 201명 등으로 헬리아이아 법정이 구성된다고 보는 것이다.

98. 그러니 그 같은 조령들도 있었다고 둘러대도록 놔두지 마시고, 그것이 합법적인 것인지 증명하도록 하십시오. 그 조령들은 다른 재판관들도 인정했다고 할 것이 아니라, 그들 주장이 여러분들 것보다 더 정당하다는 점을 증명하도록 하십시오. 만일 그가 그렇게 하지 못한다면, 여러분 자신의 의견보다 다른 이의 기만에 더 큰 힘을 실어 주는 것이 여러분에게 바람직하지 못하다고 저는 생각합니다. 99. 더구나, 과거에도 그 같은 조령이 통과되었다는 구실이 제게는 극도로 후안무치한 것으로 보입니다. 언젠가 불법이 있었고 당신이 그것을 따랐다고 해서 당신이 무죄가 되는 것이 아니에요. 오히려 그것은 당신이 가중 처벌되어야 하는 이유가 되는 것이죠. 과거에 그 같은 제안자 중 누구라도 유죄 선고를 받았더라면, 지금 당신이 그런 제안을 하지 않았을 테니 말이오. 그리고 지금 당신이 유죄가 되면, 다른 이가 그 같은 제안을 더는 하지 않게 될 것이오.

100. 제 소견에, 아리스토크라테스는 조령이 전적으로 명백하게 불법이 아니라는 사실을 절대로 증명하지 못합니다. 제가 이전에 견문한 바, 아테나이인 여러분, 불법제안으로 공소 제기되어 유죄로 판결받은 상황에서도, 자신의 제안이 여러분에게 득이 된다고 강변하는 겁니다. 그런 주장은 어리석은 것, 아니 오히려 뻔뻔한 것이죠. 101. 다른 모든 점에서 그 제안이 유익하다고 해도, 법률에 따른 재정을 실시할 것을 맹세한 제군을 향해, 스스로도 올바른 제안이라고 증명할 수 없는 것을 시인해 달라고 요구하는 한, 그것은 불이익이 아닙니까, 뭐니 뭐니 해도 맹세를 지킨다는 것은 누구에게나 가장 중요한 일이니까요. 하기야 이 두께 얼굴에는 그만한 이치가 없는 것은 아닙니다. 그러나

그 이치로 제군을 내세울 수 없습니다. 그렇죠? 그 정도로 이 법령은 대단히 법에 반하고 있습니다만, 위법인 이상으로 불이익한 것입니다.

제안된 조령이 다른 모든 면에서 유익한 것이라고 칩시다. 그러나 법에 따라 판결하겠다고 맹세한 여러분에게, 그이 스스로도 정당성을 증명할 수 없는 조령을 통과시키도록 여러분에게 요구하는 것은 득 되는 것이 아닙니다. 모든 이가 맹세에 대한 신실함을 최고의 가치로 여긴다는 사실을 숙지한다면 말이죠. 그런데 이 같은 철면피도 이유가 있어요. 그러나 그 이유는 그(아리스토크라테스)가 여러분을 향해 호소할 수 있는 것이 아니에요. 이 조령은 아예 법에 반대되는 것이므로, 범법[76]보다 더한 불이익을 가져오니까요. 102. 제가 그 점에 관해 여러분께 말씀드리려 합니다. 최대한 약술하기 위해 여러분 모두가 아시는 사례를 들겠습니다. 테바이인이나 라케다이몬인이 강성한 것은 우리 도시에 득이 안 된다는 것, 테바이인은 포키스인에 의해, 또 라케다이몬인은 또 다른 이들에 의해 견제되어야 한다는 사실을 여러분은 아시지요. 그런 역관계에서만, 우리가 최강이 되고 안전하게 거주할 수가 있으니까요.

103. 그러니, 케르소네소스에 거주하는 시민들에게도 그 같은 상황이 득이 되며, 트라케인들 가운데 어떤 이도 강하면 안 된다는 점을 여러분은 유념하셔야 합니다. 사실 트라케인들 간 분쟁과 상호 질시는 케르소네소스의 안전을 도모하는 최선의 가장 든든한 보증이니까요. 그런데 지금 이 조령은, 폐기되지 않으면, 케르소블렙테스의 일

---

76 *paranomon.*

을 돌보는 이의 안전을 도모하고, 다른 왕들77 휘하의 장군들을 겁주고 위축시킴으로써, 다른 왕들은 약화되고, 전자는 강해지는 것이죠. 104. 여러분의 조령이 그렇게 큰 위력을 갖는다는 사실에 의아해하시는 분이 없도록, 세상 사람이 다 아는 예를 들겠습니다. 밀토키테스78가 코티스에게 반기를 들고 전화(戰禍)가 상당 기간 계속되었고, 에르고필로스가 교체되고 아우토클레스가 사령권을 접수하기 위해 출발하려던 즈음, 여기서 조령 하나가 통과되었어요. 그로 인해 여러분의 지지를 상실했다고 믿게 된 밀토키테스가 겁을 먹고 물러서는 덕분에, 코티스가 히에론 오로스[聖山]와 함께 그 보물을 차지했지요. 그 후, 아테나이인 여러분, 밀토키테스를 파멸로 몰아넣었다는 혐의로 아우토클레스가 재판에 회부되었으나, 그 조령을 제안한 데 대한 기소 시효가 지나 버렸고, 아테나이는 실익을 놓쳤어요.

105. 지금 여러분이 명심하실 것은, 만일 이 조령을 폐기하지 않는다면, 트라케 왕들과 장군들은 절망하게 되리라는 겁니다. 여러분이 그들을 버리고 케르소블렙테스 쪽으로 편승한다고 생각할 테니까요. 이런 생각으로 그들은 케르소블렙테스가 기회를 포착하여 공격해 들

---

77 트라케 각 지역에 여러 왕이 있는데, 케르소블렙테스 이외의 다른 왕들을 뜻한다.
78 기원전 362년 아테나이인이 트라케 왕이며 케르소블렙테스 부친인 코티스와 싸운 사건을 뜻한다. 반란을 일으킨 밀토키테스가 아테나이인에게 도움을 청하면서, 케르소네소스의 주도권 장악에 기여했으나, 아테나이인은 코티스의 연막 작전에 말려서 밀토키테스를 방치했다. 그 후 아테나이인은, 이 사태를 그르쳐 실패를 초래한 죄를 물어, 밀토키테스를 원조하기 위해 파견했던 장군 아우토클레스를 재판에 회부했다.

어올 때면 언제라도 항복할 태세에 있게 되는 것이죠. 그뿐 아닙니다. 신들의 이름으로 케르소블렙테스가 우리를 공격해 오는 경우 또 어떤 상황이 전개될지 생각해 보십시오. 106. 개연성이 없지 않고 오히려 아주 높은 것으로서, 케르소블렙테스가 우리에게 행패를 부리면, 우리가 그곳 다른 두 왕들을 찾아가 그들 도움을 받아 그를 견제하려 하지 않겠습니까? 그러면 그때 그들이 우리에게 이렇게 말할 겁니다. "오, 아테나이인 여러분, 그이(케르소블렙테스)가 우리를 해칠 때, 여러분은 우리를 돕는 것은 고사하고 겁을 먹여서 우리 자신을 방어할 수도 없게 했어요. 여러분이 조령을 통과시켜서, 누구라도 우리와 여러분의 이익을 해치는 그를 죽이면 바로 구인되도록 했지요. 여러분 스스로는 물론 우리에게 잘못된 결정을 내리는 순간부터 여러분은 우리에게 도움을 요청할 자격이 없는 거요." 어떻습니까? 그들이 이렇게 말한다면, 우리보다 더 정당한 것 아닌가요? 저는 그렇다고 봅니다.

107. 제우스의 이름으로, 제 소견에, 여러분은 당당하게 조롱당하고 기만당했다고 말할 수도 없을 것 같네요. 다른 아무것도 보지 못하고 스스로 깨칠 능력이 없었다 해도, 올린토스인의 사례를 본보기로 삼을 수 있었을 테니까요. 필리포스가 그들을 어떻게 대했고, 또 그들이 그를 어떻게 대했는지 말이죠. 마치 지금 케르소블렙테스가 케르소네소스를 두고 여러분에게 양도한 것처럼, 필리포스가 그들(올린토스인)에게서 포테이다이아를 빼앗지 못하자, 그들에게 그것을 넘겨주지 않았나요?79 필리포스는 여러분을 상대로 전쟁을 일으켜 많은 자금을

---

79 기원전 357년 필리포스가 암피폴리스를 포위했을 때, 올린토스인이 아테나이인에

쏟아부어 포테이다이아를 장악하고, 아무런 다른 조건 없이 그것을 그들에게 양도했어요. 원했다면 자신이 가질 수도 있었는데 말이죠. 108. 그런데, 처음에는 필리포스의 힘이 그렇게 크지 않고 또 그를 신뢰할 수 있다고 본 올린토스인이 그편에 서고 그의 동맹국이 되어 우리를 적대하여 싸웠던 거예요. 그러다 급기야 그를 믿기에는 그 힘이 너무 강하다는 사실을 깨달은 그들은 누구라도 필리포스의 패권에 기여하는 어떤 이를 죽인[80] 사람을 구인할 수 있는 권리를 그들 동맹국에게 부여하는 조령을 만들지 않았고, 109. 여러분과 우의를 다지고 동맹을 맺기로 약속하기에 이르렀어요. 필리포스의 친구 혹은 필리포스 자신을 죽이는 것을 세상 모든 이들 가운데 가장 기뻐할 여러분과 말이지요. 이렇듯 올린토스인조차 앞날을 내다볼 줄 아는 판에, 아테나이인 여러분, 여러분은 그렇게 하지 않으시렵니까? 정치적 담론에서 뛰어난 능력을 가진 것으로 명성을 얻는 여러분이 정작 자신의 이익을 찾는 데는 올린토스인보다 더 못한 것으로 낙인찍힌다는 것은 수치죠.

110. 제가 듣기로, 아리스토크라테스는 언젠가 아리스토마코스가 민회에서 한 변론과 같은 효과를 갖는 발언을 할 것이라고 합니다. 케

게 동맹을 제안했다. 아테나이인은 이 제안을 거절했다. 그에 앞서 필리포스가 암피폴리스를 장악하면 그것을 아테나이인에게 넘겨주기로 한 약속을 믿었기 때문이다. 필리포스는 암피폴리스뿐만 아니라, 그 이듬해에 아테나이가 관할하던 피드나를 장악했다. 또 포테이다이아를 점령하고서는, 올린토스인의 환심을 사기 위해 이것을 이들에게 넘겨주면서, 그 통치자들에게 선물을 함께 보냈고, 안테무스(마케도니아 지역의 도시)도 이들에게 넘겨주었다. 참조, Demosthenes, 1. 21~22.

80 *apokteinei*.

르소블렙테스가 케르소네소스를 여러분으로부터 탈취함으로써 일부러 여러분의 적의를 유발하는 일은 있을 수 없는 일이라는 것이죠. 그가 그곳을 장악 보유한다 해도 자신에게 아무 쓸모가 없을 것이기 때문이라고 합니다. 실로 그 나라가 전쟁 중이 아니라면 그 수입이 30탈란톤을 넘지 않고, 또 전쟁 중에는 단 1탈란톤에 미치지 못해요. 반면, 유사시에 항구가 폐쇄되면, 수입이 200탈란톤을 상회할 것이랍니다. 그래서 우리 우방으로 있으면 더 많은 이익을 거둘 텐데 적은 것을 택하고 우리 적이 될 하등의 이유가 없다고 생각한다는 것이죠. 111. 그러나 저로서는 이들 연사들의 말을 믿고 케르소블렙테스의 권력을 강화하기보다, 합리적 의심을 가질 수 있는 많은 사례들을 확실하게 여러분에게 제시할 수 있습니다만, 가장 비근한 예를 드는 것으로 그치겠습니다. 실로, 아테나이인 여러분, 여러분은 모두 저 마케도니아인 필리포스를 알고 계시죠. 그에게는 위험부담이 따르는 암피폴리스보다 온 마케도니아 영역에서 세금을 거두는 것이 더 득이 됩니다. 또 자신의 부친을 추방한 적이 있는 테살리아인보다, 전통의 우방인 여러분을 자기편으로 두는 것이 더 바람직하죠. 112. 그런데 그런 사정과는 별도로 이런 점을 아셔야 합니다. 아테나이인 여러분, 여러분은 우방을 배반한 적이 없으나, 테살리아인은 모두를 배반했어요. 81 그러나, 이런 상황에서도, 그는 작은 이득, 믿을 수 없는 친구들, 그리고 안전을 누리기보다 위험을 감내하는 쪽을 택했지요.

---

81 참조, Demostenes, 1. 21~22. 테살리아인의 정치적 입지에 대한 불신과 불안정성은 이미 당대에 회자한 바 있다.

113. 도대체 그 이유가 무엇이겠습니까? 실로 사물의 이치는 그렇게 단순한 것이 아니에요. 다만, 아테나이인 여러분, 모든 이에게 해당하는 두 가지 밑천이 있어요. 가장 중요하고 최대 자산인 행운, 그리고 행운보다는 못하지만, 다른 무엇보다 중요한 적중한 분별력이 그것입니다. 그런데 사람들은 이 좋은 밑천을 한꺼번에 갖지 못하고, 어떤 행운아도 더 많이 얻으려는 욕심에 한계나 종점을 설정하지 않아요. 그래서, 더 많이 얻으려는 욕심에 사람들은 가끔 이미 얻은 것조차 잃게 되는 것이죠. 114. 여기에 필리포스나 다른 이를 소환할 필요가 무엇이겠습니까? 케르소블렙테스의 부친, 코티스 자신은 내분이 벌어지면, 우리에게 사신을 보내어 수습하도록 하고, 우리 도시와 전쟁을 벌이는 것이 아주 불리하다는 점을 알 수 있었지요. 그런데 그(케르소블렙테스)가 전 트라케의 지역을 손에 넣은 시점부터 시들을 점령하고 해악을 끼쳤으며, 우선 그 자신, 그다음 우리들을 광포한 혼동의 도가니로 몰아넣었고, 전 영역을 장악하면서 상황이 질곡으로 빠져들었어요. 여러분이 보시듯이, 더 많은 것을 탐내는 이는 부딪치게 될 난관은 고려하지 않고, 성공했을 때 얻을 이익에만 골몰하는 것이에요. 115. 그러니, 제 소견으로는, 케르소블렙테스가 마땅히 여러분을 배려한다면야 여러분이 그에게 해를 끼치면 안 되지만, 건방지게 여러분을 해치려 한다면, 힘이 더 강해지지 않도록 처벌할 방법을 강구해야만 합니다. 패권을 장악하고 여러분의 땅을 뺏기 전에 그가 티모마코스[82]에게 보낸 편지를 제가 여러분께 읽어드리겠습니다.

---

82 티모마코스는 아테나이인 장군이다. 기원전 367년 이스트모스(코린토스 지협)에

116. 아테나이인 여러분, 이 일을 알고 계시지요. 그 같은 사례를 생각하더라도 제 말에 일리가 있다고 생각하실 겁니다. 또 필리포스가 암피폴리스를 점령할 때, 여러분에게 양도하기 위한 것이라고 말했지만 그곳을 장악하자 포테이다이아[83]까지 여러분에게서 빼앗아 갔지요. 그런 사실을 반면교사로 삼아 여러분은, 회자하는 소문에다가, 에피알테스의 아들 필로크라테스가 라케다이몬인에게 했던 말도 새겨 보실 수 있겠습니다. 117. 라케다이몬인이 그를 속이려고 무엇이든 그가 원하는 것을 주겠다고 제안했지요. 그러자, 그가 대답하기를, 그들이 자신에게 줄 수 있는 유일한 보증이란, "만일 여러분이 우리를 해치려 해도 힘이 없어 그러지 못한다는 사실을 증명하는 것이오. 여러분이 언제나 우리를 해치려 한다는 것을 제가 익히 알고 있으므로, 여러분이 힘을 가진 한, 저는 여러분을 믿을 수 없습니다"라고 했어요. 그 같은 입장을 이 트라케인에 대해 여러분이, 저의 말을 받아들이신다면, 가지셔야 합니다. 그가 트라케의 주인이 되는 순간, 그가 여러분에게 어떤 소회를 가지고 있는지를 물을 필요가 없어요.

118. 이 같은 조령들을 제안하거나 그 같은 특혜를 부여하는 것은 완전히 정신머리 없는 이들의 소치라는 사실은 많은 사례로부터 드러

서 테바이의 에파메이논다스를 저지하려 했으나 실패했다. 기원전 361년에는 트라케 해변, 아테나이인들이 관할하는 도시들을 지키기 위해 파견되었으나 그도 실패했다. 급기야 재판을 받고 처형되었다.

83 기원전 357년의 사건을 말한다. 참조, 이 변론 §107.

납니다. 아테나이인 여러분, 여러분 모두가 저와 같이 익히 알고 있는바, 언젠가 신실한 친구라고 여겨 여러분이 코티스에게 여러분이 가진 것 같은 시민권을 부여했지요. 게다가 금관까지 수여했는데, 만일 그를 적으로 여겼다면 그렇게 하지 않았을 테지요. 119. 그러다 그가 교활해지고 신들의 적이 되고 여러분을 해쳤을 때, 여러분은 그를 죽인 이들, 아이노스 출신의 피톤과 헤라클레이데스[84]가 여러분의 은인이라고 여겨 그에게 시민권을 부여하고 금관을 하사했어요. 코티스를 여러분 편이라고 여겼을 때 누군가가 조령을 제안하여, 누구든 그를 죽이는 이는 처단받도록 했더라면, 여러분은 피톤과 그 형제를 버리시겠습니까? 아니면 조령을 무시하고 그들에게 시민권을 주고 시혜자로서의 명예를 베푸시겠습니까? 120. 또 테살리아의 알렉산드로스도 있지요. 그가 펠로피다스를 잡아 인질로 삼았을 때, 테바이인에 대해서는 누구 못지않은 최대 앙숙이었고, 여러분을 향한 그 호의는 너무 극진하여 여러분에게 장군을 파견해 줄 것을 요청했어요. 여러분은 그를 도와주었고 알렉산드로스는 많은 우대를 받았지요. 제우스의 이름으로, 알렉산드로스를 죽이는 이는 구인된다는 조령을 제안했더라면, 그 후 누구라도 그가 저지른 포악한 행위를 처단하려는 이는 어떻게 안전을 도모할 수 있겠습니까?

121. 실로 다른 사례들을 끌어델 필요가 있습니까? 지금 우리 최대의 적으로 간주되는 필리포스의 예가 있으니 말이죠.[85] 그는 언젠가

---

84 피톤과 헤라클레이데스는 형제로서, 그 부친의 죽음을 두고 코티스에게 보복한 것이었다. 이 형제는 플라톤의 제자였던 것으로 전한다.

우리 시민들 중 아르가이오스86를 복귀시키려던 이들을 체포했으나 석방했고 그들이 잃었던 모든 재물을 돌려주었어요. 그러고는 서신을 보내어 우리와 동맹을 맺고 전통의 우의를 갱신하고자 했을 때, 만일 그가 우리에게 이 같은 특혜를 요구하고, 그가 석방한 이들 가운데서 누가 "누구든 필리포스를 죽인다면" 구인되도록 하자고 제안했더라면, 정말로 우리가 낭패할 뻔했겠지요. 122. 실로 눈으로 보고 알고 있잖습니까, 아테나이인 여러분, 이 모든 사례 하나하나에서, 만일 그 같은 결정을 내렸다면, 정신 나간 이들이라고 무척 많은 욕을 얻어먹었을 거란 사실 말이죠. 제 소견으로는, 한 사람을 친구로 여기고 그렇게 큰 믿음을 갖는다고 해도 혹여 해치려 들 때 자신이 방어할 수단까지 없애 버리는 사람은 제정신이 아닙니다. 또 어떤 사람을 적으로 여겨서 너무 미워한 나머지, 혹여 그가 적대행위를 중단하고 친구가 되려 해도 받아들이지 않는 것도 마찬가지이죠. 우리가 좋아하고 미워하는 그 어느 것이라도 중도를 벗어나서는 안 된다고 저는 봅니다.

123. 또 제가 이해할 수 없는 것은, 카리데모스에게 특혜를 부여한다면, 여러분에게 기여한 모든 이들이 왜 그 같은 특혜를 요구하지 않

---

85 기원전 352년에 발표된 이 변론에서 데모스테네스는, 필리포스가 왕위에 오른 지 약 7년이 지난 시점인데도, 그가 가진 현실의 힘을 감지하지 못하는 것처럼 발언한다. 물론 화자(話者)는 필리포스가 아테나이의 주적(主敵)이라는 사실을 언급하고, 또 이 변론 끝부분(§192)에서는, 다소간 케르소블렙테스를 도울 수도 있음을 인정한다. 필리포스와 케르소블렙테스 간 적대 관계를 아테나이가 유리하게 이용할 수 있기 때문이다.

86 아르가이오스는 마케도니아 왕위에 대한 권리를 요구했다. 필리포스 즉위 초기, 그는 아테나이의 도움을 받아 도전했으나, 실패했다.

겠냐는 것이에요. 여러분이 원한다면, 시몬, 비아노르, 아테노도로스 등 수천 명 다른 이들을 들 수 있죠. 이들 모두를 위해 조령을 통과시킨다면, 우리도 모르는 사이 용병들같이 이들을 지키는 호위대가 만들어져 버릴 거예요. 만일 다른 이들에게 특혜를 베풀지 않는다면, 당연히 그들이 불평하겠지요. 124. 에레트리아의 메네스트라토스,[87] 포키스 출신 파일로스,[88] 아니면 다른 유지들이 자신에게도 그 같은 특혜를 달라고 하는 경우를 가정해 보십시오. 또 우리가 필요해서 번번이 친구를 만드는데, 이들 모두를 위해 조령을 통과시켜야 할까요? 아닐까요? 제우스의 이름으로 통과시킨다고 합시다. 그러면, 아테나이인 여러분, 헬라스인의 자유를 지킨다고 하는 우리가 민중을 억압하고 자신의 안위를 위해 병력을 가진 이들의 호위대가 된다면, 어떤 변명을 할 수 있겠습니까? 125. 저는 찬성하지 않지만, 만일 우리가 어떤 사람에게 그런 특권을 부여한다면, 첫째, 우리를 해친 적이 없는 사람, 둘째, 우리를 해치려 해도 그 같은 힘을 갖지 못한 사람, 그 다음엔 방자하게 이웃을 괴롭히는 사람이 아니라 스스로 험한 꼴을 안 당하려고 하는 사람, 실로 그런 사람에게 그런 특권이 부여되어야 하는 것이죠. 카리데모스는 우리에게 누를 끼치지 않은 그런 사람이 아니고, 또 스스로 곤경을 피하려고 그런 특권을 구하는 사람이 아닙니다. 앞으로 그가 신의를 유지하지 않을 것이라는 제 말에 주의하시

---

87 메네스트라토스는 에우보이아섬 남쪽 연안 에레트리아의 참주이다.
88 파일로스는 제 3차 신성전쟁(356~346 B. C.)에서 포키스의 장군이었고, 오노마르코스의 형제이다.

고, 제 의견에 일리가 있는지 살펴주십시오.

126. 제 소견으로, 아테나이인 여러분, 우리 관습과 법을 선망하여 시민이 되고자 하는 이들은 그 자격을 얻는 즉시 우리와 함께 머물고 원하던 것들을 함께 추구합니다. 그러나 그런 것들을 원하거나 선망하지 않고, 오히려 두각을 드러냄으로써 여러분에 의해 주어질 이득에만 눈독을 들이는 이들은 말이죠, 제 소견에, 아니, 제가 참으로 잘 알고 있는 것으로서, 그들은 다른 더 큰 이득이 될 만한 것이 눈에 띄기만 하면 바로 그쪽으로 관심을 틀고, 여러분은 거들떠보지 않게 될 겁니다. 127. 제가 이런 말씀을 드리는 이유를 여러분이 이해하시도록 예를 들겠습니다. 피톤이 코티스를 죽인 다음 다른 곳은 안전하지 못하다는 생각에 여러분에게로 망명해서, 아테나이 시민으로 살기를 청하고, 여러분이 모든 이들 가운데 가장 낫다고 여겼어요. 그런데 필리포스에게 가 붙는 것이 더 득이 된다고 판단되자, 여러분에 대한 추호의 미련 없이 그에게로 가 버렸지요. 아테나이인 여러분, 어떤 경우에도 이익을 좇아서 사는 이들을 믿어서는 안 되는 것이, 신념도 양심도 없기 때문입니다. 신중한 사람은 이런 사람들을 조심해야 하고, 믿었다가 나중에 비난할 것이 아니라는 것이죠. 128. 아테나이인 여러분, 사실은 그렇지 않지만, 카리데모스가 우리에게 신실했고 앞으로도 그럴 것이며, 또 다른 마음을 먹지 않는다고 가정한다 해도, 그를 위해 그 같은 조령을 통과시키는 것은 일말의 의미가 없습니다. 그가 케르소블렙테스 관련이 아니라 다른 목적으로 그 같은 조령에 의해 안전을 보장받는 것이라면, 위험은 줄어들게 되었을 테지요. 그러나 실로, 냉정하게 따져 볼 때, 특권을 부여받게 될 사람이,

여러분이나 그 자신 모두에게, 신실한 것 같지 않습니다.

129. 제가 하나하나 꼼꼼하게 검토하고 참으로 마땅히 두려워한다는 사실을 여러분이 살펴 주십시오. 제가 알기로, 코티스는 이피크라테스의 사돈이었고, 케르소블렙테스는 카리데모스의 사돈이었지요.89 그런데 이피크라테스가 코티스에게 봉사한 것이 카리데모스가 케르소블렙테스에게 한 것보다 훨씬 더 많았어요. 130. 이런 점을 생각해 보십시오. 여러분이 주지하듯이, 아테나이인 여러분, 이피크라티스를 위해 청동상을 세우고, 프리타네이온에서 식사를 하도록 여러분이 배려했고, 다른 많은 혜택과 명예를 베풀어서 행복한 이로 거듭났지요. 그런데 코티스 편에 서서 무모하게도 여러분의 장군들에 대항하여 해전을 벌였고, 그에게 은혜를 베푼 여러분이 아니라 그(코티스)의 안전에 더 연연했어요. 여러분의 분노가 그의 무모함보다 더 절제된 것이 아니었다면, 아무것도 그가 사람들 가운데 가장 처참한 이가 되는 것을 막지 못 했을 거예요. 131. 그런데, 이피크라테스 덕분에 살아났고 실제로 그 충성의 정을 확인한 코티스는 안전을 확보했다고 여기자, 그에 대한 감사의 정을 표하지도 않고, 또 자신의 행적에 대해 양해를 구하기 위해90 그를 통해 어떤 호의의 정을 여러분에게 표하지도 않은 채, 오히려 여러분이 가진 다른 요새를 포위 공격하는 것을 도와주도록 그(이피크라테스)에게 요구했지요. 132. 그가 거절하자,

---

89 *kedestes*(사돈). 장군 이피크라테스는 코티스의 딸과 혼인했고, 카리데모스는 케르소블렙테스의 누이와 혼인했다. '*kedestes*(사돈)'의 개념에 대해서는 참조, Demosthenes, 30. 1.

90 이피크라테스를 뜻한다.

그(코티스)는 자신의 이민족 부대와 이피크라테스에 의해 모집된 병력, 거기다 이 카리데모스를 고용한 병력을 더하여 직접 요새 공격에 나섰어요. 이렇게 그가 이피크라테스를 막다른 골목으로 몰아넣자, 이피크라테스는 안티사로 갔다가, 91 후에 드리스92로 가서 살았어요. 그이 생각에, 한편으로 트라케인 이민족을 선호하여 홀대했던 여러분에게로 흔쾌히 돌아올 수 없었고, 133. 다른 한편으로, 그는 왕에게서도 자신의 안전을 도모할 수가 없었던 거예요. 왕이 그(이피크라테스)의 안전을 시답잖게 여기는 것을 보았던 것이죠. 아테나이인 여러분, 만일, 지금 우리가 카리데모스에게 부여하려고 하는 면책특권으로, 케르소블렙테스가 자신의 입지를 강화한 다음, 카리데모스를 경멸하면서, 표변하여 여러분에게 도전하는 경우를 가정해 보십시오. 혹여 카리데모스가 속아 넘어가는 것이라면, 여러분은 여러분 자신을 해치게 될 힘을 이 트라케인(카리데모스)에게 부여하는 데 동의하십니까? 저로서는 찬성하지 않습니다. 제가 올바른 판단으로 보는 것은 말이죠. 만일 카리데모스가 이런 상황을 깨닫고 그 미래를 예견하면서도, 134. 이 같은 특권을 얻기를 원한다면, 그것은 여러분을 해치려는 뜻이 있다는 점을 여러분이 간파함으로써 그런 특권을 부여하면 안 된다는 겁니다. 반면, 만일 그가 이 같은 위험을 간파하지 못하는 것이라면, 여러분이 그에게 애정을 가지면 가질수록, 여러분 자신은 물론 그

---

91 안티사는 레스보스섬 서쪽 해변의 도시이다(참조, Thucydides, 3. 18, 8. 23). 이곳은 서정시인 테르판드로스의 고향이다.

92 드리스는 트라케의 도시이다.

를 위해서도 더 신중을 기해야 하는 것이죠. 진솔한 친구들은 양측에 모두 재앙을 초래할 그 같은 호의를 선의의 친구들에게 베풀지 않거든요. 오히려 공동의 이익을 도모하는 사안에 협조해야 하는 것이죠. 친구보다 더 먼 안목을 가진 사람은 최선을 도모하되, 순간의 호의를 미래보다 더 큰 가치를 갖는 것으로 여겨서는 안 되겠지요.

135. 더구나 저로서는 케르소블렙테스는 이민족이며 믿을 수 없는 사람이지만, 카리데모스를 그렇게 치명적으로 해치지는 않으려고 삼갈 거라는 생각에 동의하지 않습니다. 코티스가 눈곱만큼 한 배려도 없이 이피크라테스에게서 빼앗으려 했던 것들을 돌이켜 생각해 보면, 케르소블렙테스도 카리데모스가 잃게 될 것들에 대해 전혀 구애받지 않을 것이라고 저는 믿습니다. 136. 코티스는 이피크라테스에게서 명예, 프리타네이온에서 식사할 권리, 동상 건립, 그를 부러움의 대상으로 만들어 줄 조국 등 모든 것을 빼앗으려 했어요. 한마디로, 삶을 가치 있는 것으로 만드는 모든 것을 말이죠. 그러나 그(코티스)는 전혀 개의치 않았지요. 그런데, 실로 그런 이가 카리데모스에게서는 무엇을 빼앗지 않으려고 삼갈 것 같은가요? 그에게는 자식도, 조각상도, 친척도 그 외 어떤 것도 여러분 옆에 함께하는 것이 없어요. 137. 케르소블렙테스가 천성으로 믿을 수 있는 사람이 아니라면, 그 과거의 행적으로 신용을 잃은 것이라면, 또 그 입장과 천성에도 불구하고 카리데모스를 위해 배려하도록 상황을 만들 수가 없다면, 무엇 때문에, 참으로 바보처럼 소갈머리 없이, 우리가 우리 자신을 위기로 몰아가면서, 그가 원하는 바를 실현하도록 도와준단 말입니까? 저는 그럴 이유가 없다고 봅니다.

138. 이 조령은 실제 상황에 도움이 안 된다는 사실은 별론으로 하더라도, 평판에서도 그 같은 조령을 통과시키는 것은 도시에 득이 되지 않는다는 점을 여러분이 아셔야 합니다. 아테나이인 여러분, 이 조령이 우리 도시에 거주하고 그 법에 따라 정치활동 하는 이를 위해 제안된 것이라면, 황당하긴 하지만 창피는 덜했을 거예요. 그러나 지금은 카리데모스를 위한 거란 말이죠. 그는 어떤 도시의 시민도 아니고, 트라케 왕의 장군이며, 그 왕의 도움으로 많은 이들을 해치고 있어요. 139. 여러분이 주지하듯이, 이들 용병의 장군들은 헬라스 도시들을 점령하면 권력까지 요구하고, 자기 땅에서 자유롭게 그 법에 따라 살고 싶어 하는 이들에 대해, 바른 대로 표현하면, 공동의 적이되어 온 땅을 휘젓고 다니는 것이죠. 아테나이인 여러분, 한편으로, 욕심을 채우기 위해서 만나는 사람마다 음해하는 이를 위해 조령으로 여러분이 보호하려는 것을 세상에 내보이고, 다른 한편으로, 스스로의 자유를 지키려 하는 이들을 여러분의 동맹에서 나가라고 예고하는 것이 바람직하고 올바른 처사인가요? 140. 저로서는 그런 조치가 바람직한 것도 아니고 여러분의 위상에 어울리는 것도 아니라고 봅니다. 한편으로 라케다이몬인이 (페르시아) 왕에게 아시아의 주민들에게 무엇이든 원하는 대로 할 수 있도록 협약[93]한 것, 다른 한편으로 에우로페의 주민들, 그리고 카리데모스가 지배할 수 있다고 생각하는 모든 이들을 케르소블렙테스의 처분에 맡기는 것이 어떻게 수치스러운 일이 아니겠습니까? 이 조령이 초래하는 효과는 다름 아니라,

---

93 기원전 387년 안탈키다스 평화조약을 말한다. 참조, Isokrates, 4. 120.

그(케르소블렙테스) 휘하 장군이 해도 되는 것과 안 해야 하는 것 사이에 아무 구분도 없는 상황에서, 그의 공격에 저항하는 모든 이에게 그 같은 테러의 위협이 존재한다는 거예요.

141. 여기서, 아테나이인 여러분, 제가 지난 일화를 하나 여러분께 소개하겠습니다. 여러분이 이 조령을 필히 폐기해야만 하는 사실을 명백히 보여 주는 것이에요. 지난날 언젠가 여러분이 아리오바르자네스는 물론 그의 소개로 필리스코스에게도 시민권을 부여한 적이 있었지요. 지금 케르소블렙테스를 위해 카리데모스에게 시민권을 부여하는 것과 같은 것이죠. 이력상 카리데모스를 닮은 필리스코스[94]가 아리오바르자네스[95]의 권력을 뒷배로 하여 헬라스 도시들을 장악하기 시작했어요. 그는 침략하여 폭력을 자행하고 자유인 소년들을 해치고 여인들을 능욕하는 등, 법도 없고 바람직한 제도도 없는 곳에서 자란 모든 이가 권력을 잡으면 하게 되는 그 같은 짓거리를 자행한 겁니다. 142. 거기에 람프사코스인 두 명이 있었는데, 한 명은 테르사고라스, 다른 이는 엑세케스토스였지요. 이들은 참주들에 대해 우리와 같은 견해를 가져서, 정당방위로서 필리스코스를 죽였어요. 조국을 자유롭게 해야 한다고 생각했던 것이에요. 그(필리스코스)가 페린토스에서 용병을 고용하고, 헬레스폰토스를 온통 장악하고, 총독들 가운데

---

94 필리스코스는 프리기아의 페르시아 총독 아리오바르자네스의 부하인데, 아테나이인이 그에게 시민권을 부여했다.
95 아테나이인은 프리기아의 페르시아 총독 아리오바르자네스에게 시민권을 부여했다. 기원전 365년 그가 페르시아 왕 크세르크세스에게 반란을 일으키고 아테나이에 도움을 청했다.

서 가장 강성했을 때, 누군가 필리스코스를 변호하는 이가 있어서, 지금 이 사람(아리스토크라테스)처럼 그 같은 조령을 제안하여, 누구라도 필리스코스를 죽이면 그를 동맹국 영토에서 구인할 수 있도록 했다고 칩시다. 제우스의 이름으로, 우리 도시가 처하게 될 치욕이 얼마나 큰 것이 될지 여러분이 한번 생각해 보십시오. 143. 테르사고라스와 엑세케스토스는 레스보스로 와서 살았어요. 그런데 필리스코스의 친구 아니면 아들 중 누가 그들을 요구한다면 여러분의 조령에 의거하여 그들을 추방해야 합니까? 그 같은 공적을 남긴 이들을 위해 청동상을 세우고 최대의 명예를 수여해 보란 듯이 추모하는 여러분이, 다른 곳에서 조국을 위해 그 같은 정신을 실천한 이들을 추방하도록 하는 조령을 통과시킨다면, 그것이 얼마나 부끄럽고 염치없는 소치이겠습니까? 필리스코스의 경우를 두고 제가 기꺼이 말씀드리려 하는 것은, 여러분이 속아 넘어가서 그 같은 수모를 당하지 마시라는 겁니다. 이번 사안에서 여러분이 제 말에 일리가 있다고 생각하시면, 신중하십시오. 아무런 제한 조건도 없이 그냥 "누가 카리데모스를 죽이면"이라고 해서 조령이 통과된다면, 이 같은 상황이 발생하게 될 것이니까요.

144. 이제 제가 카리데모스의 행적에 대해 간단히 말씀드리려 합니다. 그를 칭찬하는 이들이 참으로 뻔뻔하기 그지없다는 사실을 밝히려는 것이에요. 제가 이런 사실과 관련하여 한 가지 확약을 드리는바, 그 때문에 여러분이 저를 오해하지는 말아 주십시오. 제가 밝히려는 것이, 그(카리데모스)가 이 사건 피고가 제안한 특혜를 받을 자격이 없을 뿐만 아니라, 오히려 마땅히 최고의 벌, 여러분을 해치고 속이고 언제나 여러분의 뜻을 거역하는 이들에게 마땅히 돌아가는 그 같은 벌

을 받아야 한다는 겁니다. 145. 혹여 여러분 가운데, 그가 처음에는 시민권을 부여받고, 그 후 시혜자로서 금관을 하사받은 사실을 생각하시는 분이 있다면, 여러분을 속이는 것이 이렇듯 쉬웠던가 하는 사실에 놀라게 될 거예요. 아무쪼록, 아테나이인 여러분, 여러분은 속았다는 사실을 숙지하셨으면 합니다. 왜 그렇게 당할 수밖에 없었는지 그 이유를 제가 말씀드리겠습니다. 아테나이인 여러분, 여러분은 올바른 많은 의견을 가지고 있으나, 그것을 끝까지 실천하지 않아요. 146. 무슨 말이냐고요? 누가 여러분에게, 우리 도시의 모든 족속 가운데 가장 비열한 부류가 누구라고 생각하느냐고 묻는다면, 농부, 상인, (은)광산업자, 혹은 그 같은 일에 종사하는 이들을 들지는 않을 것 같습니다. 그러나 누가 매수되어 변론하고 법안을 제안하는 이들이라고 한다면, 제가 확신컨대, 여러분이 모두 동의할 것 같네요. 그 점에서 여러분은 명석하게 판단하시는 겁니다. 그런데 그다음이 바르지 못한 겁니다. 147. 어떤 사람의 자질에 관한 의견을 구할 때, 여러분은 세상 사람들 가운데 가장 비열하다고 여기는 바로 그런 이들의 말을 믿는단 말이죠, 그들이 이러저러한 사람을 유덕하다, 비열하다고 평가할 때, 그 의견은 정직한 진실이 아니라, 돈에 팔리는 겁니다. 변사들이 카리데모스와 관련하여 줄곧 작업해온 것도 바로 그런 식이에요. 그의 행적 관련하여 제 말을 들으신다면 여러분도 이해하실 것입니다.

148. 그가 처음에 투석병(投石兵) 혹은 경무장 보병으로 우리 도시의 공격에 가담했던 이력이라든가 언젠가 해적선으로 여러분 동맹국을 약탈한 것을 두고 트집 잡는 것이 아닙니다. 그런 것들은 그냥 넘어가죠. 왜냐고요? 아테나이인 여러분, 어떤 것을 하고 하지 않을지

결정하는 것은 불가피한 상황입니다. 그래서 어떤 사안을 타당하게 검토하려는 이는 너무 세세한 것까지 파고들면 안 되는 것이죠. 그러니, 저는 일정 병력을 휘하에 두고서 용병대장으로 나서면서부터 그가 우리를 해친 것에 대해서만 말씀드리겠습니다.

149. 다른 무엇보다 이 사람은 이피크라테스 휘하에 고용되어 3년 이상 용병으로 있었어요. 여러분이 이피크라테스를 면직하고 티모테오스를 암피폴리스와 케르소네소스로 보냈을 때,[96] 첫째, 그(카리데모스)가 한 일이 이피크라테스가 하르팔로스로부터 받아서 유치하고 있던 암피폴리스인 포로들을 암피폴리스인들에게 양도해 버린 겁니다. 여러분이 의결을 통해 그들을 여러분에게로 데려오도록 명했는데도 말이죠. 이렇듯 방해를 받아서 여러분이 암피폴리스를 장악하지 못했던 것이에요. 둘째, 그때 티모테오스가 그(카리데모스)와 그 휘하 병력을 고용하고자 했을 때, 그는 그 제안을 거절하고는, 여러분의 것인 소형 30노선을 가지고 바다를 건너 코티스에게로 가 버렸어요. 코티스는 여러분에게 세상에서 둘도 없는 철천지원수라는 것을 잘 알면서 말이죠. 150. 그 후 티모테오스가 케르소네소스를 장악하기 전에 암피폴리스를 먼저 점령하려고 마음을 정했을 때, 그곳(코티스 휘하)에서는 여러분을 해칠 수 없으므로, 다시 여러분의 적으로 당시 암피폴리스를 장악하고 있던 올린토스인에게로 와서 고용되었어요. 그(카리데모스)는 카르디아[97]에서 함대를 거느리고 암피폴리스로 와서 우리

---

96 기원전 364년 장군 티모테오스가 이피크라테스의 후임으로 들어섰으나, 둘 다 암피폴리스를 장악하는 데 실패했다.

도시와 싸우려 했는데, 중도에 우리 삼단노선에 의해 나포된 겁니다. 그런데 당시 긴급한 상황에서 암피폴리스와 싸우는 데 용병이 필요했으므로, 서로 확약을 주고받는 선에서 여러분의 보조 군단으로 편입되었던 것이에요. 인질을 내놓지도 않고 또 소형 30노선을 가지고 여러분의 적인 코티스에게로 가 버린 사실이 있었는데도 말이지요.

151. 그러니 그는 여러분에게 감사해야 하는 거예요. 처형되어 마땅한 목숨을 구하게 되었으니까요. 그런데 그가 고마워해야 할 그 도시가 오히려 그에게 화관을 수여하고 참정권98과 함께 여러분이 알고 있는 그 모든 것을 선사했어요. 제 말이 진실임을 증명하기 위해 인질, 이피크라테스와 티모테오스의 파견, 그다음 여기 있는 증언을 읽어 주십시오. 제가 어처구니없는 비난이 아니라 진실을 말하고 있음을 여러분이 아실 수 있도록 말입니다. 읽어 주시지요.

조령, 서신들, 증언

152. 서신들과 증언을 통해 드러나는 것은, 처음부터 이 사람(아리스토크라테스)은 다른 곳으로 갈 수 있는 곳이 많았으나 여러분을 적대할 것이라 여긴 곳으로 가서 휘하 용병 병력을 고용하게 했어요. 또 여러분이 주지하듯이, 그곳에서도 여러분에게 타격을 가할 수 없다

---

97 카르디아는 케르소네소스의 한 도시로, 바로 해협 목병에 위치해 있어 전략적 요충지인데, 필리포스와 동맹했다. 참조, 이 변론 §182; 19. 174.
98 *politeia*.

는 사실을 깨닫고는, 다시 우리 도시를 해칠 수 있는 곳으로 다시 배를 타고 갔던 겁니다. 이렇게 이 사람은 우리가 암피폴리스를 손에 넣지 못하게 된 온갖 원인 가운데 가장 큰 장애 요인이었어요. 이것이 카리데모스가 한 첫 번째 짓거리였고, 그다음 다른 행적도 여러분이 보시겠습니다.

153. 그 후, 여러분이 코티스99와 이미 전쟁에 돌입한 상태에서, 그가 서신을 보내 케르소네소스를 여러분에게 양도하겠다는 뜻을 전했는데, 실제로는 정반대로 하려고 마음먹고 있었던 겁니다. 실로 그 서신은 여러분에게라기보다 케피소도토스100에게 보내는 것이었어요. 그 행적을 잘 알고 있는 도시를 속이기는 아주 불가능하다고 생각했던 것이죠. 이 서신의 내력을 여러분이 아셔야 하는데요. 간단한 이야기예요. 처음에 이 사람(카리데모스)이 여러분을 어떻게 사주했는지를 아시려면 말입니다. 154. 당시 티모테오스에게서 해고된 다음, 그는 암피폴리스를 떠나 바다를 건너 아시아로 갔어요. 당시 아우토프라다테스101가 아르타바조스를 체포한 상황이었어요. 그런데 그는 아르타바조스의 그 일가를 위해 그 자신과 휘하 병력을 가지고 고용되어 있었거든요. 서로 확약을 주고받은 사이였으나, 카리데모스는 약속을 무시하고 어겼어요. 그 지역 사람들이 그를 친구로 여기

---

99 코티스에 반기를 든 밀토키테스를 말한다. 참조, 이 변론 §104.
100 케피소도토스는 아테나이 장군으로, 기원전 360년 헬레스폰토스로 파견되었다. 서신의 수납자가 장군이라고 하는 것은 그이가 용병 지휘관들에게 영향력을 행사하기 때문이다.
101 아우토프라다테스는 리디아의 페르시아 총독이다.

고 또 그 땅에 수비대가 없다는 점을 이용하여, 그가 스켑시스, 케브렌, 일리온 등을 점령했던 거예요.

155. 이들 요새를 손아귀에 넣고는, 장군으로 자처하는 이는 말할 것도 없고 보통 사람도 당할 것 같지 않은 질곡에 그가 처하게 되었어요. 그곳은 바다에 연해 있지 않아서 군대를 위한 식량 공급이 원활하지 못했고 또 그 땅에도 식량이 없어, 주변을 약탈하러 다니지 않고, 해를 끼치려고 마음먹은 차제에, 성안에 머물러 있었던 겁니다. 그러다가 아우토프라다테스에 의해 풀려난 아르타바조스가 군대를 모아서 등장했던 겁니다. 그(아르타바조스)는 우방이었던 고지 프리기아, 리디아, 파플라고니아로부터 식량을 구해 들였으나, 그(카리데모스)는 수성(守城)을 고수하는 것 이외 다른 방법이 없었어요. 156. 마침내 질곡에 처했음을 깨닫고, 다른 도리가 없으면 기아에 봉착하게 될 지경에 처하자, 누구의 자문을 받았는지 자신의 생각인지, 유일한 구원의 길이 모든 이를 구원하는 바로 그 점에 있다는 사실을 찾아냈던 겁니다. 그것이 무엇이냐고요? 아테나이인 여러분, 그것은 이른바 여러분의 아량, 아니면 다른 뭐라 표현할 수도 있는 것이었지요. 거기에 생각이 미치자, 여러분에게 서신을 보냈어요. 그 내용을 여러분이 들어 둘 필요가 있습니다. 케르소네소스를 여러분에게 돌려주기로 언약하고, 또 그것이 코티스와 이피크라테스의 적이었던 케피소도토스의 호의라고 생색을 낸 그의 저의는 여러분에게서 함대를 유지하는 식량을 얻어서 아시아를 탈출하려는 것이었지요.

157. 그런데 바로 어떤 일이 발생하여 그런 꼼수가 현장에서 드러나게 되었겠습니까? 아르타바조스의 사위들인 멤논과 멘토르[102]는 젊은

이들로서 뜻밖에 아르타바조스의 인척이 된 것을 감사하게 여겼는데, 당장에 평화롭게 그 땅을 통치하고 전쟁이나 위험부담이 없다는 칭찬을 듣고 싶어 했어요. 그래서 아르타바조스를 설득하여 카리데모스에 대한 보복을 포기하고 협상으로 그를 떠나보내라고 하면서, 그 (카리데모스) 가 원하지 않더라도, 여러분이 그를 저편으로 데려갈 것이고, 거기에 저항할 수 없을 것이라고 귀띔하였습니다. 158. 이렇듯 생각지 못한 뜻밖의 변수로 살길을 찾은 카리데모스가 협상에 근거하여 혼자서 케르소네소스로 건너갔지요. 그런데 그는 코티스를 공격하지 않았어요. 자신이 공격하면 코티스가 버티지 못할 것이라고 써 놓고는 말이죠. 또 여러분이 케르소네소스를 회복하도록 돕는 일도 없었고, 오히려 코티스 휘하에 고용되어 남아 있는 우리들 요새인 크리토테와 엘라이우스를 포위했습니다. 아시아에 있으면서 여러분에게 서신을 보낼 때부터 그 같은 복심을 가지고 여러분을 속였던 사실이 (헬레스폰토스) 해협을 건너온 사실에서 증명됩니다. 시종 여러분에게 적대적이었고 세스토스(아비도스 맞은편) 를 공격하는 기지였던 아비도스에서 코티스가 장악하고 있던 세스토스로 건너왔으니까요.

159. 그가 여러분에게 서신을 보낸 마당에, 아비도스인이나 세스토스인이, 그가 여러분을 속이려고 그 서신을 보냈던 사실을 알지 못했거나 아니면 그 속임수의 일당이 아니었는데도, 그를 받아들였을 거라고 여러분이 생각하시면 안 됩니다. 그들은 여러분이 그의 병력

102 멤논과 멘토르는 아르타바조스의 일가이다. 아르타바조스가 아우토프라다테스에 의해 체포되었을 때 카리데모스가 이들을 도와주었다.

을 안전하게 건네주기를 바랐던 것이고, 일단 아르타바조스의 허락하에 그가 건너온 다음에는 자신이 원하는 대로 그를 쓰려고 했던 겁니다. 실제로 상황이 그러했음을 증명하기 위해, 그(카리데모스)가 보낸 서신과 케르소네소스의 관리들로부터 온 서신을 읽어 주십시오. 서신들을 통해 여러분은 이 같은 사정을 알게 될 것이니까요. 읽어 주십시오.

서신

160. 유념하실 것은 그가 아비도스에서 세스토스로 건너갔다는 사실입니다. 그러니, 그가 우리에게 이 서신을 보냈을 때, 아비도스인이나 세스토스인이 그와 한패거리가 아니었다면 그를 받아들였을 것이라고 여러분은 보십니까?

이 편지를 읽어 주십시오. 그리고, 아테나이인 여러분, 여러분에게 적어 보낸 사안을 두고, 이것은 이미 해낸 것이고 저것은 앞으로 할 것이라면서, 스스로 으스대며 치던 허풍을 생각하십시오. 읽어 주세요.

서신

161. 대단하죠, 안 그렇습니까, 아테나이인 여러분? 아주 감사해야 할 것이에요. 사실이기만 하면 말이죠. 그러나 실은 협상이 이루어질 것이라는 사실을 미처 예상하지 못했을 때 쓴 거짓말이었어요. 그런데 협상이 이루어지자, 그가 어떻게 했는지 읽어 주십시오.

서신

우리가 상실한 땅을 돌려주기로 약속한 이 알량한 양반이 (헬레스폰토스) 해협을 건너자, 크리토테의 장관103이 알려오기를, 우리가 가지고 있던 나머지 땅이 전보다 더 큰 위험에 빠져 있다는 겁니다. 그 사실을 증명하기 위해 다른 서신을 읽어 주십시오.

서신

또 다른 것도 읽어 주세요.

서신

162. 온통 드러나는 것이, 카리데모스가 코티스와 싸우려는 것이 아니라 코티스와 협력하여 우리를 적대하려 했던 사실입니다. 또 다른 서신을 하나만 더 읽어 주시고, 나머지는 그만두십시오. 그만큼만 해도 그이가 여러분을 속인 사실이 확실히 드러나니까요. 읽어 주시지요.

---

103 *archon*.

서신

멈추어 주십시오. 여러분이 유념하실 것은, 그가 우리에게 케르소네소스를 돌려주겠다고 적어 보내고는, 우리 적에게로 가서 고용되어 우리가 가진 나머지 땅도 빼앗으려 한 사실입니다. 알렉산드로스[104]가 자신에게 사신을 파견했으나 만나지 않았다고 여러분에게 적어 보낸 다음, 그는 알렉산드로스의 해적들과 같은 짓을 했어요. 이 사람이 여러분에게 단순히 호의를 가진 것이라고 여러분은 알고 있는 것이죠? 그렇지 않습니까? 거짓말도 안 써 보내고 속임수를 쓰지도 않는 사람이라고 말이죠.

163. 그가 하는 말과 우리 도시를 위하는 것 같은 행색을 연출하는데 일말의 진실이 없다는 것이 드러나지만, 지금까지 언급한 것만으로도 충분하지 않다면, 그 후 발생한 상황을 보면 더욱 선명해집니다. 피톤[105]이 여러분의 적이며 비열한 코티스를 죽였는데요, 잘한 일이죠. 지금 그곳 왕이 된 그의 아들 케르소블렙테스는 당시 아이였는데, 코티스의 또 다른 아들들도 다 그랬어요. 그래서 그곳에 있으면서 병력을 장악했던 카리데모스가 상황을 주도하게 되었던 거예요. 우리 장군이었던 케피소도토스가 그(카리데모스)의 위 서신을 받고는 그를 도우려고 삼단노선을 가지고 그곳으로 갔어요. 아직 그의

---

104 테살리아 지역 페라이의 참주 알렉산드로스이다. 잔인하고 포악한 이로 이름이 났다. 참조, Xenophon, *Hellenika*, 4. 6. 35; Ploutarchos, *Pelopidas*, 27~29, 35.
105 코티스는 기원전 358년 살해되었다. 참조, 이 변론 8, 43.

입지의 안전이 불확실했고 또 아르타바조스가 그를 용서하지 않았으니까요. 164. 아테나이인 여러분, 만일 진실로 그가 여러분의 친구라면, 여러분의 장군이 함께한 이후 그가 어떻게 해야 했겠습니까? 그를 질시하는 이들과 한패라고 주장할 수 없고, 여러분 가운데서 스스로 그를 선택해서 친구가 되고자 했고 또 서신까지 보내서 불렀던 사람이란 말이에요. 코티스가 죽었고 자신이 상황을 좌지우지하는 형편에서 그가 어떻게 해야 했겠습니까? 그곳 땅을 당장에 여러분에게 넘기고 여러분과 조율하여 트라케 왕을 세우고, 그 기회에 자신이 여러분에게 호의를 가지고 있음을 증명해야 하는 것 아닌가요? 165. 제 소견은 그렇습니다. 그런데 이런 것 중에 뭐라도 한 게 있나요? 전혀 없어요. 온통 7달을 공공연히 우리에게 적대하고 전쟁 상태에 있었을 뿐, 한마디 덕담도 건넨 적이 없어요. 처음에 우리가 10척의 배로 페린토스에 정박했어요. 그가 그 부근에 있다는 말을 듣고는 만나서 서로 의논하려 했던 겁니다. 그런데 그는 기병과 경무장 보병을 대동하고 와서는, 우리 병사들이 아침 식사 할 때를 기다렸다가 우리 배를 나포하려 하고 다수 해병을 죽이고, 모든 이를 바다로 몰아냈어요.

166. 그 후 간신히 우리가 출항하게 되었는데, 그것은 트라케의 땅이나 요새를 노린 공격이 아니었어요. 그러니 아무도 "제우스의 이름으로, 그가 방어했을 뿐, 해를 끼치려고 한 게 아니었어요"라고 말할 수가 없는 겁니다. 그러한 상황이 아니었거든요. 우리가 공격한 것은 트라케가 아니라 케르소네소스의 일부로서 우리 관할에 속했던 알로페콘네소스였어요. 이곳은 곶(岬)이고 트라케에서 멀리 떨어져 있

으며, 임브로스 맞은편으로 도둑과 해적이 득실거리는 곳이에요. 167. 우리가 그곳으로 가서 그곳에 있는 이들을 포위하고 있을 때, 카리데모스가 여러분이 관할하는 케르소네소스를 온통 가로질러 와서 우리를 공격하면서 도적과 해적들을 도우려 했던 겁니다. 그에 앞서 여러분의 장군106을 압박하여, 그(카리데모스) 자신이 맹세와 협약 가운데 어떤 것을 실천하도록 케피소도토스에 의해 설득당하는 대신, 오히려 케피소도토스로 하여금 여러분을 위해 일하지 말도록 설득하거나 강요했고, 그것을 케피소도토스와의 협약으로 남겼어요. 그 때문에 여러분은 너무 곤혹스럽고 낭패하여 여러분의 장군을 파면하고, 그에게 5탈란톤의 벌금을 부과했지요. 당시 그는 겨우 3표 차이로 처형을 면했습니다.

168. 아주 이상한 일 아닙니까? 아테나이인 여러분, 같은 사안을 두고, 한 사람은 잘못을 범했다고 해서 호되게 처벌받고, 다른 사람은 지금도 여전히 시혜자로 존경받다니 말입니다. 이 장군이 당한 변에 관하여 제가 드리는 말씀이 진실임은 여러분 스스로가 증인입니다. 여러분이 재판하고, 여러분이 장군을 면직하고, 그에게 화를 냈으며, 이 모든 것을 여러분이 주지하고 있습니다. 그러나 페린토스와 알로페콘네소스에서 일어난 사건을 밝히기 위해, 삼단노선주를 증인으로 소환합니다.

---

106 케피소도토스를 뜻한다.

증인들

169. 그 후, 케피소도토스가 장군직에서 파면되고, 그(카리데모스)와 맺은 협약이 부적절하고 불공정하다고 생각했을 때, 언제나 여러분에게 호의를 가졌던 밀토키테스가 스미키티온에게 속아서 이 알량한 카리데모스에게 체포된 것입니다. 트라케인들 사이에는 서로 죽이는 것이 법적으로 금지되어 있으므로, 케르소블렙테스에게 그를 넘기면 살아남게 될 것이라고 생각한 카리데모스는 그를 여러분의 적인 카르디아인에게 넘겼습니다. 카르디아인은 그(밀토키테스)와 그 아들을 배에 태워 바다 한가운데로 가서 아이의 목을 자르고, 그 아버지는 아들이 죽는 것을 지켜보게 한 다음 뱃전 너머로 던져 버렸어요.

170. 그 일로 모든 트라케인이 분노했고, 베리사데스와 아마도코스107가 연합하게 되었지요. 아테노도로스도 호기를 맞아 그들과 연맹하고 전쟁 준비에 들어갔어요. 그러자 놀란 케르소블렙테스에게 아테노도로스가 협상을 제안했지요. 그에 따라 케르소블렙테스가 여러분과 (트라케) 다른 왕들에게 맹세하기를, 트라케는 삼분하여 각기 통치하고, 이들이 모두 케르소네소스를 우리에게 넘기기로 했습니다.

171. 여러분은 카브리아스108를 선출하여 그 전쟁을 맡도록 했어요.

---

107 트라케 왕 케르소블렙스의 반대편 적을 뜻한다. 참조, 이 변론 §8 이하.

108 카브리아스는 아테나이 장군이다. 아이기나에서 라케다이몬인에게 승리하던 기원전 388년 이후 여러 번 원정에 나서서 성공을 거두어 아테나이인의 사랑과 신임을 받았다. 그런데 기원전 358년 오로포스를 테바이인에게 넘겨준 혐의로 재판에 회부되었다가 무죄 방면되었다. 기원전 358년 다시 장군으로 선출되어, 케르소블

그런데 차제에 아테노도로스가 휘하 병력을 해체해 버렸던 거예요. 전쟁에 소요되는 자금과 물자를 여러분이 지급하지 않았기 때문이었지요. 그래서 카브리아스는 딱 배 한 척만 가지고 출항했어요. 그때 카리데모스가 다시 뭘 한 줄 아세요? 아테노도로스와 맺은 협약에 따라 부여된 임무를 거부하고, 또 케르소블렙테스에게도 주어진 의무를 거부하도록 사주한 겁니다. 그러고는 카브리아스와 새 협약을 맺었는데, 이것이 케피소도토스와 맺은 것보다 더욱 불리한 것이었어요. 제 소견에, 카브리아스는 힘이 없어 이 같은 요구에 응할 수밖에 없었던 것 같아요.

172. 여러분이 이 같은 상황을 보고받고는, 민회109에서 많은 논란이 일었고 그 협약이 소개되었죠. 여러분은 카브리아스나 그 지지자들의 체면을 고려하지 않고 그 협약을 무효로 했습니다. 그리고 글라우콘이 제안한 조령을 통과시키고, 그에 따라 여러분 중 사신 10명을 뽑아 보내서, 만일 케르소블렙테스가 아테노도로스와의 약속을 존중하면 다시 맹세하도록 하고, 그렇지 않으면 나머지 두 왕의 맹세를 받도록 하며, 여러분은 그(케르소블렙테스)와 어떻게 싸울 것인지 생각

렙테스를 도우러 나섰다. 이것은 카리데모스와 맺은 조약에 따른 것이었다. 이 원정은 성공하지 못했는데, 그 병력이 충분하지 못했기 때문이다(참조, 이 변론 §171). 동맹시 전쟁(356~346 B. C.) 시기 키오스 부근 해전에서 그가 탄 배가 침몰하면서 전사했다. 파우사니아스(1. 29. 3.)는 아테나이에서 페리클레스와 트라시불로스 무덤 옆에 그의 무덤이 있는 것을 보았다고 서술했다. 참조, Xenophon, *Hellenika*, 5. 1. 10, 5. 4. 61, 7. 1. 5; Ploutarchos, *Phokion*, 6, *Agesilaos*, 27; Diodoros Sikeliotes, 15, 16.

109 *demos*.

하기로 했습니다. 173. 그리하여 사신들이 배를 타고 떠났어요. 그런데 이들이 빈둥거리면서, 진솔하고 올곧게 여러분을 위해 일하지 않아서 시간만 하릴없이 지나가고 사태가 질곡에 처하게 되었어요. 그래서 우리가 원군을 에우보이아110로 보내고, 이방인 용병을 거느리고 온 카레스는 여러분에 의해 전권의 장군으로 임명되어 케르소네소스로 파견되었지요. 한편 아테노도로스와 두 왕이 임석한 가운데 카리데모스가 카레스와 새 협약을 맺었는데, 이 새 협약은 아주 바람직하고 공정한 것이었어요. 이렇듯 그는 우리 도시를 음해하기 위해 호기를 노릴 뿐, 일말의 진솔함이나 공정함이 없다는 사실을 행위를 통해 스스로 증명했던 거예요.

174. 그러니, 그가 억지로 친구가 되고, 그것도 여러분이 가지고 있는 힘에 따라 입장이 바뀌는 것을 보면서도, 언젠가 그가 강자가 되도록, 그것도 여러분의 도움으로 그렇게 되도록 방관해야 한다고 여러분은 생각하십니까? 그러면 상황을 직시하지 못한 것입니다. 제 말이 진실임을 이해하시도록, 첫 번째 조약이 체결된 다음 온 첫 번째 서신을, 그다음 베리사데스의 서신을 들으시겠습니다. 그러면, 상황을 아주 잘 이해하실 수가 있을 테니까요.

---

110 레욱트라 전투(371 B. C.) 이후 에우보이아는 테바이의 지배하에 있었다. 기원전 358년 에레트리아(에우보이아 남쪽 연안)의 요청으로 아테나이는 티모테오스와 카레스 휘하에 원군을 파견하여 에우보이아를 테바이의 지배에서 해방시켰다. 참조, Demosthenes, 8. 74, 4. 17, 1. 8.

서신

다시 베리사데스의 서신을 읽어 주십시오.

서신

175. 이렇게 해서, 케피소도토스의 조약이 무효가 된 다음, 두 왕과의 동맹이 체결되었지요. 그때는 이미 킬토키데스가 죽은 다음이었고, 또 카리데모스가 실제로 우리 도시의 적이라는 사실이 드러난 다음이었어요. 모든 트라케인 가운데 여러분에게 가장 신실했던 이를 포로로 잡아서 여러분의 적인 카르디아인에게로 넘겼던 이 사람은 여러분에게 크나큰 적의를 가졌음을 증명한 것이 아니고 무엇이겠습니까? 그 후 트라케인과 아테노도로스와의 전쟁을 두려워하여 케르소블렙테스가 제안한 조약을 지금 읽어 주십시오.

조약

176. 바로 이것을 그 사람(카리데모스)이 제안하고 서명한 것이고, 그가 한 맹세를 여러분이 들으신 것입니다. 그런데 아테노도로스가 병력을 해체하고, 카브리아스가 삼단노전선 한 척만 가지고 온 것을 보고는, 이피아데스111의 아들도 여러분에게 넘겨주지 않았고, 자신이 맹세

111　이피아데스는 아비도스의 통치자로서 아테나이에 적대적인 세력의 선봉이었다.

한 의무의 어떤 것도 실천하지 않았으며, 조약의 모든 사항을 위반하고 새로 조약을 제안한 겁니다. (그가 새로 제안한) 조약을 읽어 주십시오.

조약

177. 유념하실 것은 그가 통행세와 10분의 1의 물품세를 징수할 권리가 있다고 하고, 전 (트라케) 영역이 자기 관할이라고 다시 주장하는 겁니다. 게다가 자기 휘하의 세리가 관세를 징수해야 한다고 우기고, 세스토스를 확보하기 위해 인질로 잡고 있던 이피아데스의 아들을 아테노도로스에게 양도하려 하지 않았어요. 이 사안과 관련하여 여러분이 내린 결정문을 들고 읽어 주십시오.

조령

178. 그런 일이 있고 난 다음 사신들이 트라케로 갔을 때, 케르소블렙테스가 여러분에게 서신을 보내왔는데, 공정하다고 동의한 것이 하나도 없어요. 또 다른 (두) 왕들도 서신을 보내왔죠. 이들(재판관)에게 읽어 주십시오.

서신

(두) 왕들이 보낸 편지도 읽어 주시지요. 이들이 여러분에 대해 정작 아무런 불평이 없는지 여러분이 살펴보십시오.

서신

보시고 숙지하십시오, 아테나이인 여러분, 온통 뒤죽박죽인 그의 비열함, 신실하지 못함을 말이죠. 그는 처음에 케피소도토스를 해쳤어요. 그 후 아테노도로스를 겁내어 하던 짓거리를 멈추었고요. 그다음 카브리아스를 음해하다가 다시 카레스에게 가서 붙었지요. 그는 언제나 일관성이 없었고, 진솔하고 올곧은 사람이 아니었습니다.

179. 그 후 여러분이 헬레스폰토스에 병력을 주둔시키는 동안, 그는 여러분에게 아첨하고 속여 왔어요. 그러다 여러분이 헬레스폰토스에서 병력을 빼자마자, 그는 (트라케) 두 왕의 권력을 빼앗아 자기 손에 집중시키려 했지요. 두 왕을 제거하기 전에는 자신이 여러분에게 한 약속을 위반하지 못한다는 사실을 실제 부딪쳐 보고 알고 있었거든요. 180. 이 같은 목적을 손쉽게 달성하기 위해서, 그는 여러분의 조령이 필요했던 거예요. 만일 조령이 통과되었다면 말이죠, 사실 우리가 소를 제기하여 문제 삼지 않았더라면 통과되었을 것이지만, 그랬다면 두 왕은 공공연히 피해 보았을 것이고, 장군들, 비아노르, 시몬, 아테노도로스 등은 조령 때문에 해코지를 당할까봐 겁내어 복지부동했을 것이며, 그 특권을 이용하여 전체 왕국을 손아귀에 쥐려 한 사람은 여러분의 강력한 적이 되었을 겁니다.

181. 그는 항시 카르디아인의 도시를 장악하고 기지로 삼았어요. 모든 협약 체결에서 특별히 그곳을 유치했고, 마침내 공공연히 여러분에게서 빼앗아 가 버렸지요. 우리에게 어떤 악감정을 전적으로 갖지 않고 또 솔직하고도 전적으로 신실하게 우리에게 호감을 가진 사

람이라면 왜 우리에게 대적하여 전쟁에 쓸 유용한 기지를 유치하려 하겠습니까? 182. 제가 확신컨대, 여러분이 모두 알고 있는 거예요. 여러분 가운데 그곳에 가 본 이들은 확실히 아실 것이고, 또 다른 이들은 그들이 전하는 말을 들어서 아는 것이지요. 그것은 카르디아가 지정학적으로 갖는 조건인데요, 만일 케르소블렙테스와 트라케인의 관계가 개선되기만 한다면, 24시간 전 통지(通知)로서 아주 안전하게 케르소네소스를 침략해 들어갈 수가 있다는 겁니다. 실로 트라케와의 관련에서 카르디아인의 도시가 케르소네소스에서 차지하는 위치는 에우보이아의 칼키스가 보이오티아에 대해 갖는 위치에 버금갑니다. 여러분 가운데 그 지역을 아시는 분은 누구라도, 어떤 이점 때문에 그(케르소블렙테스)가 이곳을 점령하고 또 여러분이 그곳을 장악하지 못하도록 그렇게도 신경을 써왔는지를 모르지 않으실 거예요.

183. 그러니 여러분은 그가 여러분을 공격하도록 도움을 줄 것이 아니라, 그를 막아서 힘을 얻지 못하도록 해야 하는 것이죠. 그는 어떤 기회도 놓치지 않고 포착하는 이라는 사실을 분명히 증명해왔으니까요. 필리포스가 마로네이아112로 들어오자 그(케르소블렙테스)는 아폴로니데스를 그(필리포스)에게 보내서, 그(필리포스)와 팜메네스에게 우의를 다짐했어요. 만일 그 지역을 통치하던 아마도코스가 필리포스가 그 땅에 발을 들여놓지 못하도록 금하지 않았다면, 그때 이미 아무런 완충 기제 없이 우리가 카르디아인과 케르소블렙테스와의 전

---

112 마로네이아는 트라케 해변 도시이다. 기원전 353년경, 필리포스는 테르모필라이에서 아테나이에 의해 저지당하자, 이곳을 경략하게 된다.

쟁으로 돌입했을 겁니다. 제 말씀이 진실임을 증명하기 위해 카레스의 서신을 들고 읽어 주십시오.

서신

184. 이런 점에 유의하셔서, 그를 믿지 마시고 속지도 마시고 시혜자로 여기지도 마십시오, 부득이한 상황에서 케르소블렙테스가 표하는 기만적 우정의 표시, 또 카리데모스가 여러분으로부터 찬사를 얻어내기 위해서 연사와 장군들에게 소액을 투자한다고 해서 여러분이 감사할 필요가 없어요. 그 같은 그의 시도가 여러분에게 해를 유발하는 것을 훨씬 더 경계하셔야 합니다. 그는 원하는 대로 할 수 있는 힘을 얻는 모든 곳에서 해를 끼친다는 사실을 우리가 알고 있기 때문이지요. 185. 여러분 옆에서 함께했던 다른 모든 이들은 여러분이 받은 혜택의 보답으로 명예를 수여받았어요, 그런데 카리데모스만은 여러분을 해치려 했으나 해칠 수 없었던 사실에 의해 명예를 수여받은 유일한 사람입니다. 그런데 그는 받아야 할 처벌을 면한 것만 해도 여러분에게서 아주 큰 혜택을 받는 것이에요. 그러나 연사들은 그렇게 보지 않네요. 그를 시민, 시혜자로 만들고, 화관과 특권의 혜택을 부여하려 하니까요. 그것도 그가 이들에게 사적으로 베푼 것에 대한 보답으로 말이죠. 나머지 여러분은 속아서 무슨 일인가 하고 가만히 앉아만 있고요. 186. 급기야 이 예비제안으로 이들은 여러분을 카리데모스의 호위대로 만들었어요. 우리가 이 소(訴)를 제기하지 않았다면, 카리데모스를 보호하려고 우리 도시가 용병과 인력을 고용해야 할 뻔

했어요. 대단한 일 아닌가요? 제우스와 신들의 이름으로, 여러분의 적을 지키기 위해 고용되었던 이가 지금부터 여러분의 조령에 의해 보호받는 것으로 나타나다니 말입니다.

187. 혹 여러분 가운데서 제게 이렇게 묻고 싶은 분이 있을 수 있어요. 이렇듯 정확하게 전말을 알고 또 그 비행 중 일부를 추적해온 제가 왜 침묵해왔고, 이 조령이 제안되기 전 그를 아테나이 시민으로 만들 때 왜 아무런 이의를 제기하지 않았냐는 거예요. 아테나이인 여러분, 제가 자초지종을 말씀드리겠습니다. 그가 자격이 없다고 생각하면서도 여러분이 그에게 이런 명예들을 부여할 때 제가 임석했고 아무 말도 하지 않았다는 사실을 인정합니다. 188. 왜 그랬냐고요? 처음에는, 아테나이인 여러분, 진실을 여러분에게 말해도, 그(카리데모스)를 위해 여러분에게 거짓말하려 하는 이들보다 제가 더 무력했던 겁니다. 그다음, 제우스와 모든 신들의 이름으로, 그가 여러분을 속여서 얻은 이 모든 명예를 제가 전혀 질시하지 않았고, 또 여러분에게 해를 끼친 이를 용납하고 그때부터라도 여러분에게 더 바람직하게 기여하도록 독려한다면, 여러분도 큰 손해를 보지 않을 것이라 생각했던 것이죠. 더구나 시민권과 화관을 수여하는 것 둘 다 그런 뜻에 부합하는 것이었어요.

189. 그러나 지금은 그가 새로운 음모를 획책한다는 사실을 제가 감지하게 되었습니다. 만일 그가 이곳에 있는 사람들을 추동하여 사리를 도모한다면, 해외에 있는 여러분의 친구들, 그가 여러분을 배반할 때 막아 줄 수 있는 이들, 예를 들어 아테노도로스, 시몬, 비잔티온인 아르케비오스, 트라케의 두 왕들 말이죠, 이들이 그에게 대항하

거나 위협을 가할 수가 없게 되는 것이에요. 그래서 제가 나서서 소
(訴) 제기하게 된 겁니다. 190. 제 소견에, 우리 도시에 크게 해 되는
것 없이 그가 누리는 혜택을 트집 잡는 것은 사적 원한이거나 험담 나
부랭이에 해당하지만, 도시에 심각한 불이익을 초래하려는 그의 음
모를 차단하는 것은 유능하고 애국적인 사람으로서 제 의무입니다.
그래서 그때 침묵했던 제가 지금 말하는 것입니다.

191. 그들이 여러분을 낭패로 이끄는 그 같은 유의 또 다른 구실이
있어요. 아마 그들은 이렇게도 주장할 것 같습니다. "케르소블렙테스
와 카리데모스가 아테나이와 적이었을 때 적대행위를 했으나, 지금
은 우방이 되어 쓸모 있는 친구로서 우리에게 기여하려 합니다. 그러
니 우리가 앙심을 품으면 안 되겠지요. 그같이 우리가 라케다이몬인
을 구했을 때도, 그들이 적으로서 우리에게 끼쳤던 피해를 우리 마음
에서 지워 버렸던 겁니다. 테바이인, 그리고 최근 에우보이아인들113
에게도 그랬어요"라고요. 192. 그러나 제가 보기에, 만일 그들이 케
르소블렙테스와 카리데모스를 구하러 원정을 가자고 하는데 우리가
반대할 때 이 같은 주장을 했더라면, 그 말은 적중했을 것 같습니다.
그러나 지금은 그런 경우도 아니고 그 같은 취지의 제안도 아니에요.
그냥 여러분이 그 휘하 장군들(카리데모스 등)에게 부여하는 특권을
통해 그이(케르소블렙테스)를 더 강하게 만들자고 하는 것이거든요.
저는 이들이 하는 이 같은 짓거리가 위험하다고 보는 거예요. 아테나
이인 여러분, 안전을 도모하려는 이가 해야 하는 그 같은 주장을, 여

---

113 참조, Demosthenes, 16. 14, 18. 98.

러분을 해치는 힘을 가진 이를 정당화하기 위해, 여러분 앞에 개진하는 것은 올바른 것이 아니죠. 193. 그런 점을 차치한다고 하더라도, 그가 적으로서 여러분을 해쳤으나 친구가 되었다면, 그 같은 주장은 아마도 수용할 수도 있겠습니다만, 그렇지 않고 이른바 친구라고 천명한 날 이후 아주 많은 속임수를 쓴 것이 드러나는 경우, 이전 이력으로 그를 괘씸하게 생각하는 것이 아니라, 그 후 행위로 인해 신뢰해서는 안 되는 거예요. 아무튼 '앙심을 가져서는 안 된다'는 점과 관련하여, 저는 이렇게 봅니다. 해를 끼치기 위해 원한을 되씹는 것은 앙심을 가진 사람이지만, 자신을 보호하고 피해를 당하지 않기 위해 과거 일을 기억하는 것은 현명한 이의 소치입니다.

194. 혹여 이들이 이렇게 말할 수도 있어요. 그이가 지금 막 친구가 되려고 마음을 먹고 우리 도시에 기여하려 하는 판에, 우리가 조령을 기각해 버리면, 그가 낙심천만하여 우리를 불신하게 될 것이라고 말이죠. 그러나, 아테나이인 여러분, 제 생각을 좀 들어 보십시오. 만일 그가 성심으로 진술한 우리 친구라면, 제우스의 이름으로, 우리를 위해 기여만 하면 되는 것이므로, 그런 그들 말에 넘어가서는 안 된다고 저는 봅니다. 제 소견에, 우리가 맹세를 어기면서까지 또 공정을 그르치는 그런 조령을 통과시킬 정도로 크게 기여할 사람은 아무도 없을 겁니다. 195. 속임수를 쓰고 어떤 믿을 만한 행위도 한 적이 없는 판에, 여러분이 조령을 기각하면 다음과 같은 두 가지 가운데 어느 쪽이든 한 가지 득을 보게 되는 겁니다. 더 이상 속일 수 없다는 생각에 허위 가장을 그만두든지, 아니면, 그가 진실로 우리와 잘 지내고자 하는 경우, 속임수로 목적을 달성할 수 없다는 사실을 깨닫고

는 선을 행하려 할 것이라는 것이죠.

196. 여기서, 아테나이인 여러분, 시민이든 이방인이든 가리지 않고 우리 선조가 실제로 기여한 이들에게 명예와 포상을 부여했냐는 사실을 돌아볼[114] 필요가 있겠습니다. 그런 선례가 지금 여러분들의 것보다 더 낫다고 생각되면, 그 선례를 따르는 것이 좋겠지요. 그러나 여러분 것을 선호한다면, 여러분이 결정하는 대로 하시면 됩니다. 무엇보다 살라미스 해전에서 승리를 거둔 테미스토클레스, 마라톤에서 지휘한 밀티아데스, 그 외 다른 이들이 지금 우리 장군들에 비할 수 없는 공을 세웠으나, 그들을 위해 청동상을 세우거나 과분한 호의를 표하지도 않았어요. 197. 공로를 세운 이들에게 정작 감사하지 않은 것이겠습니까? 극진하게 감사했지요, 아테나이인 여러분, 감사하는 이들 자신과 감사받는 이들에게 함께 어울리는 감사의 정을 드렸지요. 선조들은 모두 덕성을 갖추었으나, 앞장서서 자신들을 선도할 이들을 선출했습니다. 현명하고 진실을 직시하려는 이들에게는 훌륭한[115] 사람들 가운데 탁월한 이로 인정받는 것 자체가 청동상보다 더 고귀한 것이었어요. 198. 실로 당시 이룬 공적들에 아무라도 동참하지 않은 이가 없었지요. 누구라도 살라미스 해전이 테미스토클레스의 것이라고 말하는 이는 없어요. 그것은 아테나이인의 해전이었으니까요. 또 마라톤 전투는 밀티아데스가 아니라 아테나이인의 공적이라고

---

114 여기서부터는 이 변론의 맺음말에 해당한다. 화자(話者)는 먼저 선조를 기리며 현재와의 관련성을 언급하고, 그다음 아리스토크라테스 조령이 위반한 법조문에 대해 간략히 정리한다.

115 *kaloi kagathoi.*

말하죠. 그러나 지금은, 아테나이인 여러분, '티모테오스가 케르키라를 장악했다', '이피크라테스가 (스파르타) 연대116를 궤멸했다', '카브리아스가 낙소스 해전에서 승리했다' 등으로 말하죠. 이들 개개인을 위해 여러분이 과도한 명예를 수여한다는 것은, 거기 참여한 다른 이들의 공적을 여러분이 무시하는 것같이 보이는 거예요.

199. 이렇듯, 한편으로, 선조들은 정치적 포상을 공정하고도 유익하게 자신들에게 돌렸는데, 우리는 잘못하고 있어요. 다른 한편으로, 이방인 관련은 어떻게 되는 건가요? 파르살로스 출신 메논은 암피폴리스 부근 에이온 전투에서 12탈란톤을 우리를 위해 기부했고, 휘하 농노117로 구성한 기병 200기를 원군으로 보내왔어요. 그러나 선조들은 메논을 죽이는 이는 누구라도 구인된다는 조령을 통과시킨 적이 없습니다. 그를 시민으로 만들었을 뿐,118 그로써 충분한 명예를 부여한 것이라고 보았던 것이에요. 200. 또 페르디카스의 경우를 봅시다. 그는 페르시아가 침공해올 때 마케도니아 통치자였는데, 페르시아 군대가 플라타이아에서 퇴각할 때 페르시아인을 격파했고, 왕의 패배를 불가역적인 것으로 만들었지요. 선조들은 우리를 위해 페르시아 왕의 적의를 샀던 페르디카스를 죽이는 이는 누구라도 구인된다는 조령을 통과시키지 않았고, 다만 그에게 참정권을 부여했을

---

116 *mora*. 모라는 라케다이몬(스파르타)의 군대 단위이다.
117 *penestai*. 페네스타이의 어원은 '*penomai* (가난하다)'와 '*pono* (일하다)'의 합성어이다. 테살리아 지역의 농노이며 '*thessaloiketai*'로도 불렀다. 스파르타에서는 '*heilotai* (헤일로타이)'로 불렀다. 참조, Herodotos, 7. 132; Thucydides, 1. 12.
118 메논은 아테나이에서 면세(*ateleia*) 특권을 부여받았고, 시민권은 받지 못했다.

뿐이에요. 실로 당시에는 여러분 같은 시민이 되는 것만으로도 세상 모든 이에게 굉장한 명예로 비쳐서, 여러분을 위해 그 같은 기념비적 공헌을 기꺼이 제공하려 했던 것이죠. 그런데 지금은 이렇듯 가치가 없어져, 이미 시민권을 받은 적지 않은 이들이 공공연한 적보다 더 못된 짓거리를 여러분에게 해대는 겁니다. 201. 도시에서 부여하는 이 명예뿐만 아니라, 저주받아 신들의 적이 된 연사들이 감히 이 같은 조령을 제안할 정도의 비열함 때문에, 모든 것이 천덕꾸러기로 경멸받는 지경에 이르렀습니다. 이들은 누추한 욕망의 과도함으로 인해, 명예와 여러분으로부터 주어지는 포상을, 마치 도붓장수가 허접한 싸구려 물건을 팔러 다니면서 한 떼거리 구매자들에게 무엇이든 그들이 원하는 내용의 조령을 헐값에 공급하는 것같이 전락시켜 버렸어요.

202. 먼저, 가장 최근의 사태를 돌아보도록 합시다. 이들의 주장에 따르면, 아리오바르자네스와 그 세 아들이 요구하는 명예는 무엇이든 다 들어주어야 한다고 할 뿐 아니라, 그이 외에도 아테나이를 가장 증오하는 데다 가장 비열한 두 명의 아비도스인, 필리스코스와 아가우오스를 추가한 겁니다. 그 후 티모테오스가 다소간 공훈을 세운 것으로 보이자, 가장 큰 명예를 그에게 부여했을 뿐 아니라, 프라시에리데스와 폴리스테네스를 거기다 추가했어요. 이 두 사람은 자유인도 아니고 또 지각 있는 이들은 입에 올리는 것조차 꺼리는 짓거리를 자행한 이들이에요. 203. 마지막으로 현재 좋다고 여기는 모든 명예를 다 케르소블렙테스에게 수여하려 하면서, 거기다 다른 두 명을 추가했지요. 그중 한 사람은 얼마나 많은 질곡을 우리에게 초래했는지, 여러분이 알 것이고, 다른 한 사람은 에우데르케스라는 사람인데

누군지 아무도 몰라요. 그러니, 아테나이인 여러분, 과거에 대단했던 명예가 지금은 보잘것없는 것이 되어 버린 것 같고, 상황은 더더욱 열악해지고 있어요. 그런 것(전통의 명예)만 가지고는 충분하지 않고, 여러분이 그들 하나하나를 지켜 주지 못한다면, 일말의 감사한 마음조차 갖지 않을 것 같습니다.

204. 상황이 이렇듯 망조가 드는데도, 아테나이인 여러분, 제가 단도직입적으로 말씀드린다면, 여러분 자신보다 더 큰 오류를 범하는 이는 아무도 없어요. 부당행위를 한 이들을 심판하려 하지 않으니까요. 우리 도시에서 응징이 사라졌어요. 우리 선조가 피해 끼친 이들에 대해 어떻게 징벌했던가를 생각하시고, 그들의 조치가 여러분들 것보다 더 좋은 것이 아닌지를 반성하십시오. 205. 테미스토클레스가 방자하게 그들 위에 군림하려 했을 때, 선조들은 그를 아테나이에서 추방해 버렸고, 또 친메디아(친페르시아) 혐의가 있다고 보았어요. 키몬이 자의로 선조의 정치체제를 교란했을 때, 겨우 3표 차이로 사형을 면하게 했고 50탈란톤 벌금을 물게 했지요. 119 선조의 조치는 도시에 공적을 남긴 이들에 대해서도 이렇듯 가차 없었어요. 선조들은 자신의 자유와 자신의 공적에 대한 자긍심을 그들에게 넘기지 않았던 것이죠. 이들이 바르게 행하는 한 명예를 부여하고, 잘못을 범하려 하면 용납하지 않았어요.

---

119 키몬은 부친 밀티아데스가 파로스 원정의 실패로 인해 도시에 진 공적 채무(벌금) 50탈란톤을 갚은 것으로 알려져 있다. 데모스테네스가 언급한 공적 채무의 이유는 이와 다르다.

206. 그런데, 아테나이인 여러분, 여러분은 막중한 범죄를 저지르고 분명히 유죄가 증명되는 이를 풀어 줍니다. 여러분이 그들에게 유죄 선고라도 내리게 되면, 벌금을 25드라크메로 책정하는 겁니다. 지난날 우리 도시는 공적으로 부유하고 번듯했지만, 사적으로는 아무도 다수 대중을 능가하지 못했어요. 207. 그 증거가 있죠. 여러분 중 누군가가 테미스토클레스나 밀티아데스, 혹은 다른 어떤 유명인이 사는 집이 어떤지 보았다면, 여느 보통 집보다 조금도 나은 것이 없다는 사실을 깨달았을 겁니다. 120 또 공공건물과 도시의 다른 조형물들은 너무나 많고 멋있어서 어느 것 하나도 후대 작품이 능가할 수 없어요. 프로필라이아, 121 계선장(繫船場·조선소), 스토아(柱廊·주랑), 페이라이에우스, 122 그 외 또 다른 것들이 우리 도시를 꾸미는 것을 여러분이 보고 있습니다. 208. 그런데 지금은 공무에 종사하는 이들 각각이 너무 많은 재산을 가지고 있어서, 어떤 집들은 여러 공공건물보다 더 화려하고, 또 일부는 이 재판소에 있는 이들의 것을 다 합친 것보다 더 많은 땅을 장악하고 있어요. 여러분이 지어 올려 회를 바르는 공공건물은 얼마나 보잘것없고 누추한지 제가 말하기조차 부끄럽습니다. 선조들이 케르손소스, 암피폴리스, 그리고 영광의 고귀한 공적을 우리에게 물려주었듯이, 여러분도 공동으로 획득하여 후손에게 물려줄 어떤 것이 있다고 말할 수 있나요? 그 선조의 영광은 모두 뒤엎어 버린다

---

120 참조, Demosthenes, 3. 26.
121 아테나이 아크로폴리스의 입구를 이룬 건물.
122 아테나이의 외항.

해도 완전히 소멸시킬 수는 없어요. 당연하죠. 209. 지난날 아리스테이데스가 (델로스 동맹국의) 세액을 책정하는 책임자가 되었으나, 그 직에서 한 푼[123]도 더 득 본 것이 없었고, 그가 죽었을 때 도시에서 장례를 치렀어요. 여러분도, 뭔가 하려 할 때, 나머지 헬라스인이 다 합쳐서 가진 것보다 더 많은 공금을 여러분은 가지고 있었습니다. 그래서 원정에 소요될 것으로 예상되는 기간만큼 필요한 경비를 조달할 수가 있었어요. 그러나 지금은 도시에서 세력을 가진 이들이 빈자에서 일어나 부자가 되고, 오랜 기간 사는 데 충분한 식량을 마련해 두었지요. 반대로 공공기금은, 여러분이 무엇을 하려 하면, 하루도 버틸 수가 없고 어디서 조달해야 할지도 여러분은 알지 못해요. 지난날엔 민중이 정부의 주인이었으나, 지금은 종이 된 겁니다. 210. 이 사건의 책임자는 이 같은 조령을 제안한 이들로서, 여러분이 자신을 경시하고 한두 개인을 대단하게 여기도록 사주했거든요.

그래서 그들이 여러분의 명예와 유산의 계승자가 되었고, 여러분은 그런 전통에서 아무것도 향유하지 못하고, 그저 타인의 부를 목격하는 방관자일 뿐, 아무것에도 동참하지 못한 채 마냥 속고만 있는 것이죠. 영광과 자유를 위하여 자신의 목숨을 바친 다음 많은 고귀한 공적의 기념비를 뒤에 남긴 저 위대한 이들의 탄식이 얼마나 크겠습니까? 지금 우리 도시의 모양새와 입지가 하인같이 변하고, 카리데모스가 개인적으로 보호받아야 할 것인지를 두고 왈가왈부하고 있다는 사실을 안다면 말이죠. 맙소사.

---

123 *dracheme.*

302

211. 그러나 진실로 심각한 문제는 우리의 생각이 덕성에서 온 세상 사람들을 능가했던 선조들에 비해 더 못하다는 것이 아니라, 온 세상 사람들에 비해 더 못하다는 사실입니다. 아주 작은 섬에 살면서 자랑거리라고는 아무것도 갖지 못한 아이기나124인은 지금까지도 여전히, 헬라스인 가운데서 최대 규모 선박업자로서 그들 도시와 항구를 건설해 준 람피스에게 시민권을 주지 않고, 그냥 거류외인세만, 그것도 마지못해, 면제시켜 주었다고 하는데, 이런 상황이 좀 야박하게 보이지 않나요? 212. 저주받을 메가라인은 자신의 도시에 대한 긍지가 대단해서, 라케다이몬인이 사신을 보내어 조타수(操舵手)인 헤르몬에게 시민권을 주도록 부탁했는데, 메가라인이 대답하기를, "그들 (라케다이몬인)이 그(헤르몬)를 스파르타인으로 만드는 것을 보게 되면 우리도 그를 시민으로 인정할 것이다"라고 했어요. 헤르몬은 리산드로스와 함께하면서 아이고스 포타모이 해전에서 우리가 패전할 때 우리 배 200척을 나포한 사람이었어요. 213. 오레오스인은 에우보이아의 4분의 1을 차지하는데, 카리데모스의 모친이 이 도시 출신이었어요. 그의 아버지가 누구인지 어디 출신인지는 제가 말하지 않겠습니다. 그에 대해 불필요한 이야기를 할 필요는 없을 것 같으니까요. 이렇게 카리데모스는 반쪽의 혈연으로 관련이 있었으나, 오레오스인은 나머지 반쪽의 시민권을 오늘날까지 인정하지 않았으므로, 그의 조국에서 사생아로 등록되어 있어요. 마치 이곳에서 사생아가 키노사르게스125에 등록되는 것과 같아요.

---

124 아테나이가 있는 아티카반도 서남쪽 해안, 살라미스섬 동남쪽에 있는 섬.

214. 그런데 여러분은 말이죠, 아테나이인 여러분, 그에게 완전한 시민권을 부여하는 것만으로 모자라서, 또 그렇게 많은 다른 명예를 그에게 수여하는 것으로도 부족해서 모든 다른 것에 더하여 또 특권을 부여하려 합니까? 이유가 뭡니까? 그가 여러분을 위해 배를 나포해 와서 배를 잃은 이가 자신에게 원한을 품도록 한 적이 있습니까? 어떤 도시를 점령하여 여러분에게 넘겨준 적이 있습니까? 여러분을 지키기 위해 그가 어떤 위험을 감내한 적이 있습니까? 그가 여러분의 적을 자기편으로 끌어들인 것이 언제입니까? 아무도 그렇다고 대답할 수가 없을 거예요.

215. 연단을 내려가기 전에, 아테나이인 여러분, 인용한 법조문 관련하여 간단한 요약을 더하겠습니다. 여러분이 제 의견을 기억하신다면, 이들이 여러분을 우롱하고 오도하려는 속셈을 더 잘 간파하실 수 있으리라고 봅니다. 첫 번째, 법조문이 분명히 규정한 것은 누가 다른 이를 죽이면, (아레오파고스) 의회[126]가 심리한다는 겁니다. 그런데 그(아리스토크라테스)는 그 같은 살인이 일어나면 다른 절차를 생략하고 바로 구인되도록 했습니다. 그 점을 유념하시고 재판도 없이 법익을 박탈하는 것은 재판 절차에 위배됩니다. 216. 두 번째, 법조문은 살인자[127]로 유죄 선고를 받은 경우에도 학대나 금품갈취는 금지합니다. 그런데 그(아리스토크라테스)는 구인되도록 함으로써 그

---

125 아테나이의 디오메이아구(區·demos)에 속하는 지역으로, 성벽 바깥 리케이온 부근에 있다.
126 아레오파고스 의회를 뜻한다. 참조, 이 변론 §26.
127 androphonos.

같은 일탈이 일어날 수 있도록 했어요. 체포한 이들이 원하는 대로 할 수 있기 때문이죠. 법조문은, 피해자가 있는 조국에서 가해자가 체포되었다 해도, 그를 법무장관들에게로 넘기도록 규정하고 있거든요. 그러나 그는 가해자가 국외에서 체포된 경우에도, 체포한 이의 수중으로 넘어가도록 했습니다.

217. 또 법조문은 부당행위를 하는 이를 죽이는 것을 허용하기도 합니다. 그러나 그는, 불가피하게 허용되는 상황에서 사람을 죽인 경우에도 유보를 두지 않고, 법에 따라 무죄인 이까지 처벌받도록 했습니다. 누가 부득이 가해자가 되면, 법에 따라 먼저 중재 재판에 회부되어야 합니다. 그러나 그는 아무데도 그 같은 절차를 언급하지 않고, 또 누가 그 같은 재판 절차에 회부하는지도 언급하지 않고, 가해자를 바로 구인하도록 하고, 만일 누가 피난처를 제공하면, 추방하도록 규정했습니다. 218. 법조문에 따르면, 가해자의 도시가 가해자를 양도하지 않으면, 그 도시민 3명까지 인질로 잡아둘 수 있습니다. 그러나 그는 처음부터 재판도 받기 전에, 혐의자를 체포하려는 이의 손으로부터 혐의자를 빼앗아 간 이는 추방하도록 하고 있습니다. 전체 시민에 적용되지 않는 입법은 허용되지 않는 겁니다. 그러나 이 사람 (아리스토크라테스) 은 한 사람에게 특혜를 부여하고자 조령을 제안했어요. 법은 조령이 법보다 더 우위에 서지 못하도록 하고 있습니다. 그러나 이 사람은 그 많은 법을 무효로 하면서 자신이 제안한 조령에 권위를 부여하려 합니다. 128

---

128 자세한 내용은 참조, 이 변론 §22~90.

219. 여러분은 이런 점을 유념하시고 이 자리에 앉아 있는 동안 기억하십시오. 그들의 거짓부렁에 현혹되지 마시고, 그들이 그런 말을 주절거리도록 허용하지도 마십시오. 재판해야 한다고 조령 어디에 적었는지, 혹은 살인에 유죄 선고를 받으면 처벌받는다는 말을 조령 어디에 적었는지 여러분께 적시해 달라고 하십시오. 어딘가에서 재판에 회부되어서 유죄 선고를 받은 사람은 처벌받아야 한다든가, 살인했는지 여부를 가리기 위해 재판을 열어야 한다거나, 살인이 정당했는지 여부와 관련한 말을 적었다면, 그는 잘못이 없습니다.

220. 그러나, 그는 "누가 사람을 죽이면"이라고만 적고, "살인으로 유죄 선고를 받으면", "죽인 사실이 밝혀지면", "살인사건 재판에 회부된다", 혹은 "아테나이인을 죽인 것과 같은 처벌을 받게 된다" 등의 수식어를 부가하지 않았어요. 그러니 그는 온갖 재판 절차를 다 생략하고, 그냥 사람을 체포하도록 한 것이죠. 여러분은 현혹당하지 마시고, 이 조령이 모든 것 가운데 가장 위법한 것이라는 사실을 숙지하십시오.

지은이 · 옮긴이 소개

지은이_ 데모스테네스 (Demosthenes, BC 384?~BC 322)

데모스테네스는 파이아니아 데모스(아테나이 동쪽 히메토스 산기슭)에서 태어났다. 그의 부친은 그와 같은 이름으로 부유한 자산가였고, 모친 클레오불레는 스키티아 계통이었다. 7살 무렵 부친이 타계하며 거액의 유산을 남겼으나, 성인이 되어 후견인들로부터 되돌려 받은 것은 그 10분의 1에 불과했다. 그는 부친의 재산을 되찾기 위해 변론인이 되기로 결심한 후, 유산상속 사건의 변론으로 유명한 이사이오스를 가정교사로 들이고 유산으로 받은 돈을 투자하여 법률과 변론술을 익혔다. 데모스테네스는 변론가이자 기원전 4세기 중후반 아테나이에서 영향력이 큰 정치가로 성장했다. 그는 마케도니아에 대항해 페르시아와 제휴한 반면, 그의 경쟁자 이소크라테스는 마케도니아와 손잡고 페르시아에 저항했다. 기원전 388년 카이로네이아 전투에 패배한 아테나이는 마케도니아에 종속되었다. 알렉산드로스가 바빌로니아에서 사망한 직후인 기원전 322년, 그는 마케도니아에 맞서는 아테나이의 반란에 앞장섰고, 아테나이 서북쪽 라미아에서 벌어진 마지막 전투에서 패배한 후 자살했다. 최고의 법정 변론인이자 명성 있는 정치가로서 이력을 가진 그의 변론문은 정치, 사회, 경제, 법률 등 기원전 4세기 아테나이 사회를 거울같이 조명하는 데 손색이 없는 귀중한 고전이다. 데모스테네스의 변론문집은 변론문 총 61개, 서설 56개, 서신 5개, 그 외 산발적으로 전해 내려오는 단편, 주석 등이 있다.

옮긴이_ 최자영 (崔滋英)

경북대 문리대 사학과를 졸업(1976) 하고, 동 대학교에서 석사학위(1979) 를 취득했으며 박사과정을 수료(1986) 하였다. 그리스 국가장학생(1987~1991) 으로 이와니나대 인문대학 역사고고학과에서 "고대 아테네 아레오파고스 의회"로 역사고고학 박사학위(1991), 이와니나대 의학대학에서 의학 박사학위(2016) 를 취득했다. 그리스 오나시스 재단 방문학자(2002~2003), 부산외국어대 교수(2010~2017), 한국서양고대역사문화학회 학회장(2016~2017) 을 역임했다. 현재 한국외국어대 겸임교수이자 ATINER (Athenian Institute for Education and Research) 의 유럽 지중해학부 부장으로 재임하고 있다. 저서로 《고대 아테네 정치제도사》(1995), 《고대 그리스 법제사》(2007), 《시민과 정부 간 무기의 평등》(개정판, 2019) 등이 있다. 역서로는 아리스토텔레스의 〈아테네 정치제도〉 등을 번역한 《고대 그리스 정치사 사료》(공역, 2003), 기원전 4세기 아테나이 변론가 이사이오스의 《변론》(2011), 크세노폰의 《헬레니카》(2012), 기원전 5~4세기 아테나이 변론가 리시아스의 《리시아스 변론집》 1, 2권(2021) 등이 있다.